国家社会科学基金教育学一般课题
"民间资金参与学生资助的公共财政扶持政策研究"
（课题批准号：BIA130076）

民间资金参与学生资助的公共财政扶持政策研究

冯 涛◎著

人民出版社

策划编辑：李　冰
责任编辑：李　冰　李甜甜
封面设计：胡欣欣
责任校对：苏小昭

图书在版编目（CIP）数据

民间资金参与学生资助的公共财政扶持政策研究/冯涛 著. —北京：
　人民出版社,2019.9
ISBN 978－7－01－021168－8

Ⅰ.①民… Ⅱ.①冯… Ⅲ.①助学金-中国 Ⅳ.①G526.78

中国版本图书馆 CIP 数据核字（2019）第 184216 号

民间资金参与学生资助的公共财政扶持政策研究
MINJIAN ZIJIN CANYU XUESHENG ZIZHU DE GONGGONG CAIZHENG FUCHI ZHENGCE YANJIU

冯　涛　著

人民出版社 出版发行
（100706　北京市东城区隆福寺街 99 号）

北京建宏印刷有限公司印刷　新华书店经销

2019 年 9 月第 1 版　2019 年 9 月北京第 1 次印刷
开本：710 毫米×1000 毫米 1/16　印张：17
字数：202 千字

ISBN 978－7－01－021168－8　定价：58.00 元

邮购地址 100706　北京市东城区隆福寺街 99 号
人民东方图书销售中心　电话（010）65250042　65289539

目　　录

绪　　论

一、研究背景

20世纪末我国开始对大学收费体制进行改革,并于1994年大规模地对37所试点高校收取较高水平的学费以来,来自城市和农村贫困家庭的子女就学问题就凸显出来,对这部分困难学生的资助就成为党和政府非常关心的高等教育问题之一,同时也成为社会热点。这个问题如果得不到很好的解决,不仅会影响困难学生的顺利就学,导致人力资本无法顺利地形成和积累;从长远来看还会影响经济增长,同时也会制约高等教育的发展,甚至积累一定的社会矛盾,影响社会的长治久安。因此,学生资助①已经成为党和政府在高等教育领域的一项重点工作,并需要不断对其制度设计进行改革和创新,以保障困难学生顺利完成大学学业。

2016年9月9日,习近平总书记在北京市八一学校考察时指出,"教育公平是社会公平的重要基础,要不断促进教育发展成果更多更公平惠及全体人民,以教育公平促进社会公平正义",以及"保障贫困

---

① 本书提到的学生资助,除特别说明外,仅指狭义的学生资助,即高等教育阶段的学生资助,因为由于学费水平等原因,高等教育阶段的学生资助是整个学生资助体系中规模最大、最重要的,这个界定在本课题立项的申请书中已经详细界定清楚。

地区办学经费,健全家庭困难学生资助体系"。党的十九大报告中也论及要"健全学生资助制度"。李克强总理在十三届全国人大一次会议政府工作报告中指出:"各类学校贫困学生资助使 4.3 亿人次受益",在十三届全国人大二次会议政府工作报告中指出:"2018 年资助各类学校家庭困难学生近 1 亿人次"。教育部部长陈宝生于 2018 年 3 月 1 日在《人民日报》上发表了《进一步加强学生资助工作》一文,2019 年 3 月 1 日在《人民日报》上发表了《学生资助要在脱贫攻坚中发挥更大作用》一文,对学生资助工作进行了深刻的论述。这些论述指出了在发展的新时期,学生资助具有更加重要的意义,可能面临新的形势,需要制度设计的创新,从而确保"不让学生因为贫困而失去上大学的机会",并实现全社会的人力资本持续积累及提升,为经济发展、社会进步和中华民族的伟大复兴提供人力资本的保障。

改革开放以来,中国的大学历经扩招、收取学费等一系列高等教育体制的变革,学生资助也经历了多年的政策积累,发展到一个比较完备的程度。目前对困难学生的资助主要包括:(1)奖学金,主要是政府出资的国家奖学金[①]、国家励志奖学金和民间资金捐赠的奖学金,国家奖学金每人每年 8000 元,但所有学生都可以申请;竞争十分激烈;国家励志奖学金每人每年 5000 元,只有家庭困难的学生才可以申请,民间资金捐赠的奖学金则根据不同学校的捐赠情况各不相同。(2)国家助学金,每人每月 200—300 元,一般发放十个月(在校期间),用于困难学生的生活支出。(3)勤工俭学,安排困难学生承担大学内的各种助理岗位,并获取一定的报酬,同时锻炼他们的工作和实践能力。(4)减免学费,又分为部分减免和全额减免,覆盖面比较窄。(5)困难补助,指

[①] 虽然所有学生都可以申请国家奖学金,不仅限于困难学生,学界对国家奖学金是否属于学生资助尚无定论;但教育部学生资助管理中心发布的《中国学生资助发展报告》将其列入对困难学生的资助中,这里和教育部口径保持一致。

不定时发放给困难学生的补贴,金额一般较少,一般用于困难学生的生活支出。(6)国家助学贷款,分为生源地助学贷款和校园地助学贷款,本科生每人每年8000元,研究生每人每年12000元,这个资助主要用于困难学生的学费支出。

　　学生资助资金目前在我国还主要来源于各级财政拨款(国家奖学金、国家励志奖学金、助学金、勤工俭学、减免学费和困难补助);金融机构的贷款资金(国家助学贷款),包括政策性银行——国家开发银行和商业银行(主要是国有控股商业银行),国家开发银行主要经办生源地助学贷款,商业银行需要经过招标、投标、中标的过程,经办校园地助学贷款;以及高校提取的事业收入;民间资金的份额极少。根据最新的数据,2017年全国资助资金包括财政投入,国家助学贷款,学校、社会以及个人资助等,总额是1882.14亿元。其中,各级财政共投入资助资金为1210.62亿元,是学生资助资金的主要来源,财政资金占当年资助资金总额的比例为64.32%。[①] 2017年企事业单位、社会团体和个人捐助(这三类合称“民间资金”)等各类资助资金共129.69亿元,占资助资金总额的6.89%,除财政资金和民间资金之外,学生资助资金还包括国家助学贷款和学校资金,这两者合计占资助总资金的28.79%,这是全国各级教育资助资金总额的情况。如果仅以高等教育学生资助的情况来看,2017年政府、高校及社会设立的各项高校学生资助政策共为全国普通高等学校学生提供资助资金1050.74亿元。其中,财政资金为508.83亿元,占2017年度高校资助资金总额的48.43%;政策性银行和商业银行发放国家助学贷款284.20亿元,占高校资助资金总额的27.05%;高校事业收入中提取并支出资助资金238.21亿元,占高校资助资金总额的22.67%;社会团

　　① 教育部:《介绍2017年学生资助工作进展情况及成效》,2018年3月1日,http://www.moe.edu.cn/jyb_xwfb/xw_fbh/moe_2069/xwfbh_2018n/xwfb_20180301/201803/t20180301_328199.html。

体、企事业单位及个人捐助资助资金 19.50 亿元,占高校资助资金总额的 1.85%。① 无论是在整个各级教育资助总金额中的 6.89%的比例,还是仅就普通高校学生资助金额中的 1.85%的比例,都在很大程度上说明民间资金参与学生资助还有很大的空间可以挖掘。

受限于发展中国家的现实,我国除了东部发达地区以外,中西部地区各级财政还比较紧张,这制约了学生资助的规模和力度(根据笔者调查的结果,即使是有借有还的助学贷款,中西部地区的困难学生也不能很容易获得,原因一是银行体系的贷款资金不足,二是地方财政的贴息经费不足)。发达国家学生资助的很多资金来源于民间资金,这是由其经济的发达、民间财富的充裕,以及慈善文化的普及等多种因素造成的。在市场经济下,捐赠的经济主体(包括企业和个人)都是"经济人",需要获得一定的收益(并不一定仅仅是物质收益),才愿意对学生资助进行捐赠;而政府对其进行一定政策的扶持则正好保障了民间资金的捐赠者的收益获得,满足了其"经济人"的需求。因此,民间资金投入学生资助事业一定程度上需要公共财政资金的补贴,才能撬动大量的民间资金进入学生资助领域,这已经被发达国家的实践所证实。以美国为例,作为全世界经济和教育最发达的国家,由于受历史传统、近年来金融危机的现实等多种因素的影响,其近年来大学学费保持在一个很高的水平上,尤其是私立大学。这就要求大学必须对优秀的困难学生提供奖学金来进行资助,否则那些来自困难家庭的优秀学生是无法完成大学学业的;而这些奖学金中,尤其是私立大学的奖学金,相当大的份额都来源于民间资金的捐赠,由于历史传统、文化背景、社会氛围等因素的综合影响,民间资金对慈善事业进行捐赠已经相当普及和兴盛。2018

---

① 全国学生资助管理中心:《2017 年中国学生资助发展报告》,2018 年 3 月 1 日, http://www.moe.gov.cn/jyb_xwfb/xw_fbh/moe_2069/xwfbh_2018n/xwfb_20180301/sfcl/ 201803/t20180301_328216.html。

年,美国慈善捐赠总额为 4277.1 亿美元,其中 14% 捐给了教育领域,捐赠总额中最大来源是个人捐赠,为 2920.9 亿美元,占总捐赠额的 68%。[①] 中国的民间资金参与高等教育,尤其是学生资助的慈善捐赠,由于文化氛围、历史传统、社会环境和发达国家相比还存在着较大局限,今后在这方面还很值得挖掘。

近年来,中国富豪对高等教育的捐赠也逐渐成为社会和媒体关注的焦点,这其中,相当一部分用在了学生资助领域。

关于这方面的例子有很多,富豪对学生资助的捐赠虽然比较容易吸引眼球;但实际上,慈善捐赠的主体还是社会公众,即使是美国,公众的慈善捐赠也还是占了捐赠额的主要部分,更关键的是,大量社会公众的参与营造了民间慈善捐赠的文化和氛围。在这样的背景下,近年来,教育部也出台了一系列文件,鼓励和引导民间资金进入学生资助乃至整个教育领域。综合以上因素,高等教育的扩招带来了贫困生数量的提升,各级财政资金不能完全满足学生资助的需要,而目前社会的慈善捐赠氛围已经形成,"经济人"的本质决定了捐赠主体需要政府政策的扶持来满足自己的捐赠收益。因此,对民间资金参与学生资助的公共财政扶持政策进行研究,顺应全球学生资助的趋势,符合教育部文件的精神,弥补学生资助领域研究的缺乏,同时对学生资助政策的丰富和进一步改进都有着较大的政策意义。

二、核心概念界定

广义的学生资助,包括所有教育阶段乃至工作后培训领域的学生资助。本书的学生资助,指狭义的学生资助,即高等教育阶段的学生资

---

① National Philanthropic Trust:*NPT Curates Statistics from Recent Studies and Reports on Charitable Giving in the U.S.Please Refer to the Footnotes for Original Sources*,2019 年 7 月 19 日,https://www.nptrust.org/philanthropic-resources/charitable-giving-statistics/.

助,是指对在高等教育机构就读的、家庭经济条件困难的本科生、专科生、研究生进行经济上的资助,帮助他们完成学业的行为。由于学费水平等原因,义务教育阶段对学生资助的需求不大,高中阶段从中国当前的国情来看,也不算急迫,没钱交学费导致无法就读高中的情况还比较少见;而高等教育阶段学费水平相对于以前的教育阶段有一个较高水平的提升,这个阶段的学生资助需求较大,也是整个学生资助体系中规模最大、最重要的,因此本书将学生资助限定在高等教育阶段。

民间资金指除了国家各级财政资金以外,来自社会团体、企事业单位及个人捐助的资助资金,有时也被称为"社会资金",这个界定和教育部全国学生资助管理中心统计数据的口径一致,以方便开展研究。目前在我国,民间资金参与学生资助主要是以大学的教育基金会或者社会设立的慈善基金会作为中介,通过捐赠的方式,从而满足现行法律对慈善捐赠税收减免的规定,但也有一些捐赠方不在意税收减免,直接捐赠给学生的情况。

公共财政是指国家各级财政,包括中央财政和地方财政。根据世界各国的普遍经验和中国的实践,民间资金参与学生资助的公共财政扶持政策主要包括税收减免和财政匹配政策。税收减免主要包括企业对教育捐赠的税收减免和个人对教育捐赠的税收减免;财政匹配则指中央政府和地方政府对教育捐赠按照一定比例(不一定是 1∶1)加以匹配。目前我国的实践主要是教育部对部属院校的教育捐赠每年核定总额进行匹配;一些经济发达地区对本行政区域内捐赠给地方高校的资金或其他资产加以匹配,匹配比例不一,根据各地财力以及激励捐赠的考虑来确定。

三、相关文献综述

经过文献搜集和回顾,发现国内外关于本主题的研究主要体现在以下方面,国内外研究有相同点,也有不同点,研究的着眼点不同,代表了不同文化的反映,以下分别加以详细介绍(见表0-1)。

表0-1　国内外关于慈善捐赠的研究领域比较

范　围	国内研究	国外研究
相同点	慈善捐赠的影响因素	慈善捐赠的影响因素
不同点	慈善捐赠的财政扶持政策(困难和措施)	慈善捐赠的财政扶持政策(效应和比较)
	大学的民间资金来源情况、用途以及学生资助	慈善机构募集资金的举措

(一)国内的相关研究

目前,国内有关本主题的研究主要集中在以下几个方面。

1. 慈善捐赠的影响因素

陈晓宇、冯倩倩①(2011)分析了我国高校捐赠收入的影响因素,发现:捐赠收入高度集中于少数著名高校,捐赠收入的多少受教学科研水平、学校募捐的努力程度,以及学校所在地区不同的影响。张敦力、汪佑德和汪攀攀(2013)揭示了慈善捐赠的动机,主要包括早期的利他,当时的捐赠有自发自愿性质,其理论基础是社会责任理论;中期的自利,即慈善捐赠可以给企业自身带来广告效应,从重大外部公共事件中减少处罚和追逐管理效用;20世纪70年代以来的互利,可以给企业带来声誉和竞争优势,同时社会福利也得到改善,企业和社会获得了互利。② 唐恒书、何万波、梁丽(2011)研究发现:在公司高管任期长且不确定的情况下,一般都积极参与赈灾捐赠活动;在公司高管任期短且确定的情况

---

① 陈晓宇、冯倩倩:《我国高校的捐赠收入及捐赠人行为研究》,《北京大学教育评论》2011年第1期。

② 张敦力、汪佑德、汪攀攀:《慈善捐赠动机与后果研究述评——基于经济学视角》,《广西财经学院学报》2013年第4期。

下,大部分对赈灾捐赠活动反应平淡,高管的任期和捐赠活动呈正相关关系。① 罗公利、杨选良、李怀祖(2007)指出:捐赠行为给捐赠者带来的效用主要包括:心理与精神上的满足感,社会影响力的提高,企业文化的提升,机会主义利己目的的实现,如当捐赠者为使自己的子女就读某一理想大学而向该大学提供带有附加条件的捐赠。② 郭健(2009)指出:影响和决定捐赠主体进行捐赠的内在动机为利他主义、互惠和直接收益,外在影响因素主要有公益需求、捐赠主体因素、捐赠方式因素、非政府组织因素和经济政策因素。③ 郭垿、何娟、洪成文(2017)对 211 高校和 985 高校的校友捐赠现象进行了研究,结果发现:造富能力、是不是 985 高校的身份、高校基金会的筹资费用对高校校友捐赠收入有显著影响,并提出了提升办学能力和认可度,积极开展筹资活动,完善高校的校友管理体制以吸引校友捐赠的建议。④ 黄道余(2018)探究了海南省慈善发展水平的影响因素,发现人均社会捐赠款物数额,海南省远远低于全国平均水平,现有的基金会数量基本能满足需要,第三产业占地区生产总值比重是影响人均社会捐赠款物数额的重要因素。⑤ 曾建光、张英、杨勋(2016)发现信仰宗教的民企高管层个人捐赠更多,信仰西方宗教没有信仰东方宗教对捐赠的影响大。⑥

---

① 唐恒书、何万波、梁丽:《基于行为经济学的企业赈灾捐赠机制研究》,《软科学》2011 年第 4 期。

② 罗公利、杨选良、李怀祖:《面向大学的社会捐赠行为的经济学分析》,《经济理论与经济管理》2007 年第 5 期。

③ 郭健:《社会捐赠运行机制及其影响因素的经济学分析》,《经济学家》2009 年第 7 期。

④ 郭垿、何娟、洪成文:《高校校友捐赠收入影响因素研究》,《中国高教研究》2017 年第 2 期。

⑤ 黄道余:《海南省慈善发展水平影响因素分析》,《社会保障研究》2018 年第 3 期。

⑥ 曾建光、张英、杨勋:《宗教信仰与高管层的个人社会责任基调——基于中国民营企业高管层个人捐赠行为的视角》,《管理世界》2016 年第 4 期。

2. 捐赠政策介绍及捐赠的财税扶持政策

郭健(2009)探究了社会捐赠的影响因素,认为税收是影响社会捐赠的外在影响因素之一,并分析了税收激励社会捐赠的机理及效应,激励效应可以分解为价格效应和收入效应。介绍了发达国家税收激励社会捐赠的政策,并通过调查研究对中国社会捐赠的税收激励进行了测算,发现税收激励对个人捐赠的影响非常小,而对企业捐赠的影响比较显著,企业的捐赠价格弹性系数为-2.14,即捐赠的税收价格如果降低1%,则捐赠额将会增加2.14%。[①] 张小萍、周志凯(2012)对中国高校捐赠收入问题进行了研究,提出了构建高校捐赠制度的新路径,其中包括全面启动捐赠配套(即财政匹配)资金工程,提高捐赠的所得税扣除比例及增加向后结转的年度,适时开征遗产税,以及简化税前扣除程序等财税方面的建议。[②] 张继华(2014)介绍了美国大学社会捐赠的社会生态系统,相关财税制度安排是这个系统的重要组成部分,美国《国内税收法典》规定捐赠不动产根据不同财物性质及捐赠形式采用不同的税收优惠比例,超过减税捐赠额的捐赠部分可顺延5年抵扣。遗产税与继承税也允许对慈善捐赠在税前扣除。美国《配套资金法规》规定政府根据捐赠主体款项使用的性质配套不同比例的资金。[③] 高晓清(2011)研究了美国高校社会捐赠制度,将美国教育捐赠的税收优惠政策归纳为一疏二堵,一疏指个人和企业捐赠教育可以获得税收优惠,二堵指遗产税和赠与税堵住了富人的资产继承和转移,只能将其捐赠出去。并详细介绍了税收优惠政策,包括公司法人教育捐赠的应纳税所得额减免的最高比例为10%,个人教育捐赠的应纳税所得额减免的最

① 郭健:《社会捐赠及其税收激励研究》,经济科学出版社2009年版。
② 张小萍、周志凯:《中国高校捐赠收入现状、问题及对策》,《教育发展研究》2012年第23期。
③ 张继华:《美国大学社会捐赠良性生态系统形成及特征》,《比较教育研究》2014年第12期。

高比例为50%,并可以往后结转5年,结转的捐赠扣除优先于当年的捐赠扣除。遗产税方面,如果把遗产捐赠给教育机构,则可以冲抵遗产税的税额。另外,美国政府还可以配套民间资金的教育捐赠,并且把政府的配套资金算在民间捐赠者名下,还有些公司会配套自己员工的教育捐赠。① 黄桂香、黄华清(2008)提出了促进慈善捐赠的税收政策建议:提高公益、救济性捐赠税前扣除的额度,增加捐赠者的免税收益;简化税收优惠审批手续,降低捐赠的税收成本;开征新税种,提高富有者不进行慈善捐赠的代价。② 张磊(2013)提出了完善高校社会捐赠的举措:提高企业和个人所得税减免的扣除比例;建立实物和无形资产捐赠的税收优惠制度;采取递延抵扣制度,提升捐赠的数额和持续性;逐步推进遗产税制度,形成倒逼机制;同时还要建立国家财政资金配比制度,即公民的捐赠将得到不同比例的配套资金,并且此配套资金将算在捐赠者个人名下,这会进一步激发捐赠者的积极性。③ 刘牧(2011)介绍了日本国立大学的捐赠政策,其国立大学接受社会捐赠主要包括三个部分:基金捐赠、奖学捐赠和讲座捐赠。其中奖学捐赠是重要部分,奖学捐赠可以是产学研的一部分,鼓励以接受捐赠方的委托研究的方式接受社会的奖学捐赠,大学可以研究助学金的方式拨付给受捐赠的个人、研究团队和研究室。④ 王临珅(2014)研究了中国高等教育金融支持问题,提出了给予捐赠者以免税待遇,命名捐赠合法化,使捐赠者名利双收;设立专门的教育捐赠管理机构和组织;捐赠形式和手段要多

---

① 高晓清:《美国高校社会捐赠制度研究》,湖南师范大学出版社2011年版。
② 黄桂香、黄华清:《税收政策影响慈善捐赠行为的经济学分析》,《价格月刊》2008年第2期。
③ 张磊:《新制度经济学视角下我国高校社会捐赠制度之建构》,《江苏高教》2013年第4期。
④ 刘牧:《日本国立大学社会捐赠研究》,《高教探索》2011年第6期。

样等建议。① 周贤日(2015)介绍了国外高校的社会捐赠制度,从受赠资金、教育捐赠基金投资机制、捐赠资金投资信托制度、教育捐赠税制、捐赠基金信息披露机制等多个方面进行了中外比较,提出了对中国的借鉴,包括实物捐赠如何计算价值,税收扣减比例的提高以及提高税务机关服务质量等。② 吕旭峰(2015)提出了我国教育捐赠的策略:制度构建、政策引导、法规完善和队伍建设等。③ 赵正洲、程祥、丁燕祥(2017)分析了高等教育捐赠税收优惠制度的缺陷:上下位阶法律有冲突,税收政策不稳定;流转税优惠空置,税收优惠种类比较少;税前扣除制度严苛;教育捐赠渠道狭窄,受赠组织范围较小;税收减免程序比较烦琐等。提出了高等教育捐赠税收优惠制度的完善措施:出台专门的立法《高等教育税收法》;丰富高等教育捐赠税收优惠种类,如增值税方面的优惠;扩大高等教育捐赠税收优惠的范围,扩大可以享受税收优惠的非营利性社会团体,鼓励高校基金会发展;简化高等教育捐赠税收减免程序;等等。④ 陈远燕、罗怡霏(2016)介绍了美国高等教育税收激励政策,个人方面的政策包括:学费的税收优惠、学生贷款的税收优惠、教育储蓄的税收优惠、捐赠支出的税收优惠。企业方面的政策包括:捐赠的税收优惠、委托大学进行基础研究的税收优惠、教育和宗教机构开办的公司免交企业所得税。并提出了对中国的启示:鼓励个人及其家庭的教育投资,并配合个人所得税改革;加大对教育捐赠的税收激励力度,提高在个人所得税和企业所得税中教育捐赠的扣除比例,当年不足以扣除的,允许向以后年度结转;对非营利性私立高校应与公立高校平

①　王临珅:《中国高等教育金融支持研究》,武汉大学博士学位论文,2014 年。
②　周贤日:《国外高校社会捐赠制度研究》,中国法制出版社 2015 年版。
③　吕旭峰:《我国教育捐赠问题研究》,浙江工商大学出版社 2015 年版。
④　赵正洲、程祥、丁燕祥:《中国高等教育捐赠税收优惠制度的反思》,《湖南农业大学学报(社会科学版)》2017 年第 3 期。

等对待。① 王占雄、范渊（2017）建议协调《中华人民共和国企业所得税法》和《中华人民共和国慈善法》中的表述，扩大公益捐赠的范围；对真实发生的且符合《中华人民共和国慈善法》规定的捐赠行为都可以在个人所得税中扣除，并为个人捐赠的税前扣除提供指引。② 栗燕杰（2018）提出了中国慈善捐赠的税收改进建议：理顺慈善税收优惠的实施体制，界定清晰财税部门和民政部门的关系；对股权、知识产权、不动产等非货币捐赠，应设置相应的税收优惠类型，建立捐赠税前扣除的结转程序，结转期限可以为五个纳税年度；慈善组织免税资格的确定应改为核准制；简化税收减免的获得手续；强化慈善税收优惠的监管，将取消免税资格作为对慈善组织税收违法行为的最后处理措施。③ 杨娟（2017）对慈善的税收优惠法律进行了研究，提出慈善所得税和商品税并重的模式，增加慈善税种的类型，完善向后续年度的结转扣除制度，完善非货币捐赠的评估制度等。④ 洪成文、牛欣欣（2018）提出了西部省区财政配比捐赠的措施：根据经济发展状况分步出台配比政策；先从低配比比例起步，区分不同基础高校实行不同的配比比例；提高高校筹资的专业化水平，出台针对少数特殊高校的资源扶贫政策。⑤ 梁显平、洪成文（2018）对西方发达国家高等教育社会筹资的经验、特点及趋势做了论述，西方发达国家主要通过税收减免政策、财政配比政策来激励捐赠高等教育，同时大学的基金市场化经营绩效显著，并有教育发展与资助委员会（Council for

---

① 陈远燕、罗怡霏：《美国高等教育税收激励机制的借鉴与启示》，《国际税收》2016 年第 11 期。

② 王占雄、范渊：《完善捐赠税前扣除政策 助推公益事业发展》，《中国税务》2017 年第 7 期。

③ 栗燕杰：《我国慈善税收优惠制度的问题与出路》，《中国公共政策评论》2015 年第 9 卷。

④ 杨娟：《慈善税收优惠法律制度研究》，重庆大学博士学位论文，2017 年。

⑤ 洪成文、牛欣欣：《西部高等教育振兴视角下高校社会捐赠财政配比政策研究》，《重庆高教研究》2018 年第 4 期。

Advancement and Support of Education）这样的专业组织推动大学的筹资及学术研究，这些是西方发达国家高等教育社会筹资的主要经验。未来的趋势则表现在：筹款专业化程度越来越高，捐赠人追求的收益由"冠名"（渴望被社会认可）转向了"合作"（投资某种价值理念）。①

　　3. 大学的民间资金来源情况和用途

　　马陆亭、罗建平（2013）指出：美国私立大学的收入主要包括投资收入、研究资助、学生收入、捐赠收入和其他收入。其中投资收入中相当一部分也是历年捐赠收入累积投资而成，很多捐赠有指定用途。以斯坦福大学为例，学生资助资金来源中奖助学金所占的比例最大，同时制度性资助（捐赠、校友、其他资助）占奖助学金总额的比例最高，可以看出来自社会的资本对学生培养起到了关键的作用。② 陈艳（2004）介绍国外大学筹资的几种主要方式，其中就包括社会捐赠，并提出了高校做好社会捐赠的举措：捐赠目标可以分解到各个学院，建立相应的大学机构，发挥大学董事会的作用，扩大募捐的范围到外地和外国，还要得到政府鼓励性政策的支持，包括给捐款人提供适当的税收减免，要给捐款人经济和名誉上的双重回报，以及制定特殊鼓励政策鼓励大学募捐。③ 连锦（2013）介绍了澳大利亚公立大学和私立大学学生获得资助的不同情况，发现私立大学学生获得的资助高于公立大学学生，澳大利亚私立学校每名学生的平均资助金额要比公立学校每名学生多25%，比天主教学校的学生多40%，主要原因是私立大学获得的社会捐赠更多。④

---

　　① 　梁显平、洪成文：《西方发达国家高等教育社会筹资：经验、特点及趋势》，《比较教育研究》2018 年第 3 期。

　　② 　马陆亭、罗建平：《高水平大学资源配置有效性研究——美中两国几所知名大学的对比》，《华中师范大学学报（人文社会科学版）》2013 年第 2 期。

　　③ 　陈艳：《国外高校筹资的主要方式与启示》，《江西科技师范学院学报》2004 年第 4 期。

　　④ 　连锦：《澳大利亚：专家呼吁改革学生资助系统》，《比较教育研究》2013 年第 5 期。

公伟庆(2012)介绍了新加坡国立大学的社会捐赠资助项目,社会捐赠的奖助学金形式呈现多元化,有计划捐赠、荣誉捐赠、纪念捐赠等。如新加坡国立大学物流奖学金,捐赠资金来源于物流企业,用于颁发给成绩优异的物流管理本科专业学生等,多种社会捐赠指定了资助用途,一般是与捐赠企业有关的领域专业。① 费蕾英(2005)介绍了新加坡理工学院的学生资助计划,其中社会捐赠计划很有特点,什么样的学生可以获得资助,由基金捐助者决定。不同的奖学金或助学金的设立目的不一样,选择标准也不相同,但是大都包括以下几个内容:国籍、学业状况、学习表现、家庭经济状况等。② 王洪才和邹海燕(2010)指出:一般来说,高校接受捐赠基金的用途包括:学生的经济资助、教学、研究与创新、公共服务、体育等,高校的捐赠基金享受免税待遇,包括公立高校和私立高校。③ 伍宸(2013)探究了日本国立大学非政府办学经费的筹措,并提出了对中国的借鉴:积极发展校友事业,吸纳校友捐赠;开发学校附属产品,如校友信用卡;等等。④ 杨坦、何小锋、荀继尧、朱喆煜(2017)探究了中国的大学捐赠基金问题,并以北大捐赠基金为例,提出了对国内大学捐赠基金未来改进的建议:重组基金组织结构,优化投资委员会结构,加大专业投资人才的招聘,增强捐赠资产的多元化配置和主动管理,增强学院和大学的合作,建立有效的基金经理选择和评估体系。⑤

---

① 公伟庆:《新加坡国立大学学生资助政策特点研究》,《东南亚纵横》2012 年第11 期。

② 费蕾英:《新加坡理工学院的学生资助计划》,《世界教育信息》2005 年第6 期。

③ 王洪才、邹海燕:《金融危机中的美国高校:现状、对策及思考》,《比较教育研究》2010 年第2 期。

④ 伍宸:《日本国立大学非政府办学经费拓展研究》,北京师范大学博士学位论文,2013 年。

⑤ 杨坦、何小锋、荀继尧、朱喆煜:《大学捐赠基金的运作与管理模式研究》,上海交通大学出版社2017 年版。

4.学生资助方面的研究

段宝霞(2003)调查了河南省大学生私人教育支出和付费意愿问题,提出了建立以贷学金为主的混合资助模式。[①] 王金瑶、来明敏(2003)提出了中国的私立高校可以提供先教育后偿还的助学机制,企业也可以出资定向培养学生,社会资金设立奖学金等。政府出台捐资助学的减免税政策。[②] 祝怀新、汪萍(2007)介绍评价了新西兰高等教育的学生资助情况,其高等教育的学生资助体系包括:"学习权力"项目,"基本助学金"项目、学生补助计划、学生贷款项目、无息学生贷款项目等,其中学生贷款项目由教育部负责政策制定,社会发展部通过自己下属的"学习服务网"负责学生贷款的发放和管理,国家税务局负责回收。[③] 孔令帅、周志发(2008)分析了美国低收入家庭学生高等教育入学机会的影响因素,发现美国高等教育学生资助的资金更多帮助了中等和中上收入学生,而忽视了最需要资助的低收入学生,并提出了对我国的借鉴:对低收入群体实行倾斜政策,高校应向低收入和少数族裔的学生开放大门,保持多样性。[④] 曾晓洁(2009)介绍了美国奥巴马执政时期学生贷款出现的问题,主要是私人贷款机构的丑闻,这对美国学生资助的改进提出了要求。[⑤] 刘翠航(2013)总结了奥巴马政府时期美国大学生资助体系,认为其具有以下特点:联邦政府提供的大学生资助

[①] 段宝霞:《大学生私人教育支出和付费意愿问题的调查研究》,《教育与经济》2003年第1期。

[②] 王金瑶、来明敏:《美国私立高等教育发展的资金支撑体系及启示》,《高等工程教育研究》2003年第4期。

[③] 祝怀新、汪萍:《20世纪80年代以来新西兰高等教育资助策略探析》,《外国教育研究》2007年第9期。

[④] 孔令帅、周志发:《当前美国低收入家庭学生高等教育入学机会影响因素分析》,《外国教育研究》2008年第5期。

[⑤] 曾晓洁:《美国的学生贷款丑闻与贷款监管和资助制度改革》,《比较教育研究》2009年第11期。

仍然是主体;受助者已经不仅限于低收入家庭,日趋扩展到中等收入家庭;公立大学仍然占了联邦学生资助的主要份额。① 杨阳(2013)借鉴美国学费制度的经验,提出了鼓励社会团体的教育捐赠以减轻个人教育成本和财政负担的建议。② 严建骏、喻源、孙倩(2013)提出了完善高校困难生资助方法的建议:鼓励企业通过设立奖学金、爱心基金、创新创业基金等方式,参与到资助高校困难生的行动中来,政府应通过免税等手段对资助企业予以扶持。用人单位对自己认定的捐助对象可以提供资金和勤工俭学的机会,优秀的可以直接录用。③ 郭昕(2013)研究了我国普通高校贫困生资助问题,提出了实行税收减免政策鼓励企业捐资助学,企业也可以根据自己的特点设立科研岗位吸引贫困生从事助研、助教活动,社会媒体也应参与进贫困生资助活动中来等建议。④ 韩丽丽、李廷洲(2018)回顾了改革开放 40 年来高等教育资助体系的发展历程,提出了鼓励发达地区和先富阶层捐资助学,拓宽资助资金的渠道等。⑤

5. 国内研究述评

国内与本主题相关的研究较多,包括实证研究,如探究影响捐赠的因素;政策探讨,如提出鼓励捐赠的综合政策;国际比较,如介绍分析美国的大学捐赠情况,并提出对中国的借鉴等,由于学生资助是热点问题,这方面的研究历来就比较丰富,综上所述,有关本主题的研究主要

---

① 刘翠航:《美国大学生资助状况及特点》,《中国高等教育》2013 年第 17 期。

② 杨阳:《高等教育成本分担与机会均等的探析——基于美国高等教育学费制度启示》,《电子科技大学学报(社会科学版)》2013 年第 5 期。

③ 严建骏、喻源、孙倩:《高校经济困难学生资助方法探究》,《黑龙江高教研究》2013 年第 11 期。

④ 郭昕:《我国普通高校贫困生资助问题研究》,华中师范大学博士学位论文,2013 年。

⑤ 韩丽丽、李廷洲:《改革开放 40 年我国高等教育资助体系的回顾与展望》,《中国高教研究》2018 年第 6 期。

集中在四个领域:慈善捐赠的影响因素、慈善捐赠的财政扶持政策、大学的民间资金来源情况和用途,以及学生资助。这其中,实证研究相对还比较少,传统的思辨类政策探讨相对较多;但思辨类政策探讨并不意味着没有价值,有些政策建议很有启发意义。

虽然相关研究已经比较丰富,但直接研究民间资金参与学生资助的公共财政扶持政策的研究还比较少,这四个领域的研究为本主题的研究奠定了思想基础,提供了丰富的知识储备。本书需要做的是把相关的前期研究贯穿起来,凝练出本书的研究框架、思路,并在以前文献研究的基础上,通过对本主题进行理论分析、国际比较和实证研究,得出科学客观的结论,这反过来也可以丰富已有的研究,为他人未来的研究提供参考。

(二)国外的相关研究

国外这方面的研究主要集中在慈善捐赠领域,包括以下几个方面。

1. 慈善捐赠的影响因素

Michelle H.Yetman 和 Robert J.Yetman(2013)研究了税收扣除对不同捐赠机构,包括公募捐赠机构(资金来源于不特定的人或机构,来源广泛)和私募捐赠机构(资金只来源于特定的人或机构,来源较窄),对不同捐赠类型,包括教育、宗教、文化等的不同效应。他们的模型认为:公募捐赠机构的捐赠受税收扣除、个人收入、捐赠的成本、慈善组织的声望和成立年限以及挤出效应等因素的影响。私募捐赠机构的捐赠则受税收扣除、个人收入、该州财富水平、慈善组织的年限、慈善组织的现金流等因素的影响。[1] Michael Jay Polonsky、Laura Shelley 和 Ranjit Voola(2002)总结了已有的研究中对捐赠行为的影响因素,认为影响捐

---

[1]　Michelle H.Yetman,Robert J.Yetman,"How Does the Incentive Effect of the Charitable Deduction Vary across Charities?",*The Accounting Review*,Vol.3,2013,pp.1069-1094.

赠的因素主要包括六个方面:投入因素、感知反应因素、外在调节因素、内在调节因素、过程决定因素和产出因素。投入因素包括慈善组织的商标、诉求、图像以及要求捐赠的方式,有学者认为这些因素会使得慈善组织更加被捐赠人所熟悉,进而增加捐赠;感知反应因素包括向捐赠人描述处于困境的人的状况,慈善机构适合捐赠人的风格,受资助人的紧迫性、捐赠人之前的慈善捐赠经历以及捐赠人对慈善组织的信任等;外在调节因素包括年龄、性别、社会阶层、收入等,如已有的研究发现年长的人比年轻人更愿意捐赠,女性则比男性更加频繁捐赠,甚至有人发现居住地也会影响捐赠,住在城市地区的居民更愿意捐赠,原因则是这里的居民更频繁接触到慈善组织和他们的呼吁;内在调节因素包括自利和利他的一些因素如怜悯、社会正义、感同身受、同情、内疚、恐惧、自尊的需要等;过程决定因素包括捐赠人过去的慈善经历,对慈善组织的判断标准如责任感,税收刺激也是一个重要的过程决定因素;产出因素包括时间、金钱、实物资助以及对慈善的态度等。① Holger Sieg 和 Jipeng Zhang(2012)发现捐赠主要出于温暖效应(纯粹出于热心)和私人收益才进行的,大部分捐赠人则是混合了两种因素,至于两种因素所占比重则取决于捐赠人的性格特征。他们还发现慈善组织针对捐赠人进行独家的慈善宴会和邀请捐赠人出席一些特殊事件效果也很好,尤其是对那些富裕捐赠人和政治活跃的捐赠人更为有效。② Sophia R. Wunderink(2002)使用了 500 户荷兰家庭的数据研究了荷兰的慈善捐赠行为,结果发现:捐赠人之所以捐赠主要是因为他们欣赏慈善组织的工作,捐赠行为给了捐赠人良好的感觉,以及能够让他们感觉自己亲身

① Michael Jay Polonsky, Laura Shelley, Ranjit Voola, " An Examination of Helping Behavior-Some Evidence from Australia", *Journal of Nonprofit & Public Sector Marketing*, No.2, 2002, pp.67-82.

② Holger Sieg and Jipeng Zhang, "The Effectiveness of Private Benefits in Fundraising of Local Charities", *International Economic Review*, No.2, 2012, pp.349-374.

参与其中,感同身受则是最后影响捐赠的因素。① Harry Kitchen 和
Richard Dalton(1990)研究了加拿大家庭慈善捐赠的影响因素,结果发
现:收入、财富、年龄和税收抵扣对慈善捐赠的影响是显著的,税收抵扣
可以根据捐赠金额的大小适用不同的抵扣比例效果更好(对于更大额
的捐赠使用更高的抵扣比例)。② Gabrielle Berman 和 Sinclair Davidson
(2003)研究了澳大利亚慈善捐赠中责任感的问题,即慈善组织有没有
浪费捐赠资金。他们构建了一个模型,将慈善捐赠责任权利和捐赠联
系起来,结果发现:两者在统计上联系并不显著,也就是说,捐赠者并不
关心捐赠资金的使用。③

2. 慈善捐赠的财政扶持政策的效应以及不同政策的比较

Marsha Blumenthal、Laura Kalambokidis 和 Alex Turk(2012)认为美
国现有的慈善捐赠税收抵扣(即将捐赠金额在应纳税所得中扣除)存
在一定弊端:捐赠人虚报捐赠较为严重,而税务机构审计成本过高。他
们提出采用政府匹配个人捐赠的做法,可以有效地解决捐赠人虚报捐
赠和降低违规现象。并对两种方案进行了实验,结果发现政府匹配捐
赠的做法确实增加了捐赠总额(即个人捐赠额加上政府匹配的数额)
并降低了捐赠申报中的违规现象。④ Catherine C.Eckel 和 Philip J.
Grossman(2008)进行了田野实验,对比了财政匹配捐赠(对捐赠额按

---

① Sophia R.Wunderink, "Individual Financial Donations to Charities in The Netherlands:
Why,How and How Much?", *Journal of Nonprofit & Public Sector Marketing*, No.2, 2002, pp.
21-39.

② Harry Kitchen, Richard Dalton, "Determinants of Charitable Donations by Families in
Canada:A Regional Analysis",*Applied Economics*,Vol.22,1990,pp.285-299.

③ Gabrielle Berman,Sinclair Davidson,"Do Donors Care? Some Australian Evidence",*International Journal of Voluntary and Nonprofit Organizations*,No.4,2003,pp.421-429.

④ Marsha Blumenthal, Laura Kalambokidis, Alex Turk, "Subsidizing Charitable
Contributions with a Match Instead of a Deduction: What Happens to Donations and
Compliance?",*National Tax Journal*,No.1,2012,pp.91-116.

照一定比例政府出资配比)和税收抵扣(在应纳税所得中减去捐赠金额)的区别,结果发现:财政匹配捐赠相对于税收抵扣而言会带来更多的捐赠额。[1] John Peloza 和 Piers Steel(2005)研究了税收抵扣对慈善捐赠的效应,结果发现:平均而言,慈善捐赠的税收抵扣每增加1%,可以导致慈善捐赠增加1.44%。启示则是:政府可以把一些公共品的提供转移给非公共部门的慈善组织和非营利组织,这样更有效率。[2] Debra Z.Basil(2007)比较了美国和加拿大慈善捐赠的民族特质,发现美国的捐赠更多体现了个人主义,而加拿大更多体现了集体主义,两国获得捐赠金额排在第一位的都是宗教组织,但美国排在第二位的是教育机构,而加拿大排在第二位的是健康组织。[3] 由于在慈善组织和捐赠人之间存在着信息不对称,因此就产生了一些监督组织来制定标准,从而消除这种信息不对称。Greg Chen(2009)利用纽约大都会区的资料,研究了慈善组织责任标准对慈善捐赠的效应,结果发现这种标准的制定对消除捐赠人和慈善组织之间的信息不对称,进而改进捐赠是有效的。[4] Anthony B. Atkinson、Peter G. Backus、John Micklewright、Cathy Pharoah 和 Sylke V.Schnepf(2012)对英国慈善捐赠参与海外发展和紧急救援进行了研究,发现慈善捐赠已经占了英国发展援助的四分之一。这说明:慈善组织承担了越来越多的政府职能;捐赠已经成为更多社会

---

① Catherine C.Eckel,Philip J.Grossman, "Subsidizing Charitable Contributions:A Natural Field Experiment Comparing Matching and Rebate Subsidies", *Experimental Economics*, No.11, 2008,pp.234-252.

② John Peloza,Piers Steel, "The Price Elasticities of Charitable Contributions:A Meta-Analysis", *Journal of Public Policy & Marketing*, No.2,2005,pp.260-272.

③ Debra Z.Basil, "Charitable Donations as a Reflection of National Values:An Exploratory Comparison of Canada and the United States", *Journal of Nonprofit & Public Sector Marketing*, No. 1,2007,pp.1-20.

④ Greg Chen, "Does Meeting Standards Affect Charitable Giving? An Empirical Study of New York Metropolitan Area Charities", *Nonprofit Management & Leadership*, No.3, 2009, pp. 349-365.

活动的资金来源,并大大缓解了政府的资金紧张。① Murat C.Mungan
和 Baris K.Yoruk(2012)建立了一个单一立体模型解释慈善机构选定
目标人群来募集资金的问题。结果发现:在一个竞争性没有任何干预
的慈善市场中,慈善机构的数量以及筹集到的总资金量可能是次最优
的,而一个监管机制可以达到理想的目标。

3.慈善机构募集资金的举措

Roger Bennett 和 Anna Barkensjo(2005)发现:关系营销的手段在慈
善组织募集资金时发挥着巨大的作用,有三种方式的关系营销被证明是
较为可行的,分别是:关系广告、直接营销和双向的营销接触(包括公共
关系活动、开放日,以及其他的双向营销沟通),起到了较大的吸引捐赠、
募集资金的效果。② Vincent C.H.Chua 和 Chung Ming Wong(2003)研究
了新加坡由一个统一的资金募集机构为很多慈善机构筹集资金的问题。
新加坡公益局(The Community Chest of Singapore)起着这样的作用,即由
它为很多慈善机构统一募集资金,一般认为,这可以降低慈善资金募集
的成本,避免慈善机构在募集资金时的竞争。研究发现,那些处于资金
困境和需要额外资金开展更多慈善项目的慈善机构更想成为公益局的
成员,而那些看重自身独立性和有能力保持融资低成本的慈善机构则不
希望成为公益局的会员,未来公益局成为新加坡所有慈善机构的唯一融
资机构的可能性不大。③ Roger Bennett(2004)研究了美国的计划捐赠

---

① Anthony B. Atkinson, Peter G. Backus, John Micklewright, Cathy Pharoah, Sylke V.
Schnepf,"Charitable Giving for Overseas Development:UK Trends over a Quarter Century",
Journal of Royal Statistical Society,Vol.175,2012,pp.167-190.

② Roger Bennett,Anna Barkensjo,"Causes and Consequences of Donor Perceptions of the
Quality of the Relationship Marketing Activities of Charitable Organisations",*Journal of Targeting*,
Measurement and Analysis for Marketing,No.2,2005,pp.122-139.

③ Vincent C.H.Chua, Chung Ming Wong,"The Role of United Charities in Fundraising:
The Case of Singapore",*Annals of Public and Cooperative Economics*,No.3,2003,pp.433-463.

(planned giving)引入英国后的营销策略。计划捐赠是指捐赠人将他们的财富而不是现在的收入捐赠给慈善机构,作为回报,捐赠人将会从慈善机构获得财务利益(名义上也包括税收抵扣)直到去世。计划捐赠具体的种类包括:慈善赠与年金,指捐赠人将资产赠与慈善机构,慈善机构每年付给捐赠人一笔资金直到捐赠人去世。合并收入基金,指几个捐赠人将资产赠与慈善机构形成一个投资基金,基金的收入将付给每个捐赠人直到他去世,然后收入和资产将归慈善机构所有。慈善残余单一信托,指单一捐赠人捐赠资产建立一个信托,每年从这个信托获得一定比例的收入直到去世,然后信托资产归指定的慈善机构所有。慈善残余年金信托,指在慈善残余单一信托的基础上,由信托再为捐赠人购买一个年金。慈善引导信托,指捐赠人捐赠一定资产形成一个信托,该信托每年向慈善机构支付一定金额,等捐赠人去世以后,信托的资产归属于捐赠人的继承人。残余行为赠与,指捐赠人将财产捐赠给慈善机构,但是保留居住的权利直到去世,然后慈善机构获得所有权。研究发现:营销投资、市场细分和面对面营销对计划捐赠产品的引入是有作用的,而广泛的广告和事先宣告则效果不大。规模更大和更有名的慈善机构比规模小或者没有名气的慈善机构更容易推出计划捐赠产品,另外,在慈善管理者看来,陌生、商业性和复杂性是推出计划捐赠产品的障碍,通过网络营销这些计划捐赠产品也是个不错的尝试,这方面很值得研究。①

4. 国外研究述评

国外与本主题相关的研究主要包括三个方面:慈善捐赠的影响因素、慈善捐赠的财政扶持政策、慈善机构募集资金的举措。与国内的研究相比,国外的研究实证较多,一般是通过宏观数据和微观调查揭示影

---

① Roger Bennett,"Entry Strategies for'Planned Giving'Donor Products Adopted by British Charities:An Empirical Investigation", *Journal of Financial Services Marketing*, No.2, 2004, pp. 138-158.

响慈善捐赠的因素,包括财税扶持方面的因素,进而有针对性地提出改进慈善捐赠的相关举措,这种研究风格与其社会科学的路径是一脉相承的,其中一些研究可以为本书实证部分中个人捐赠参与学生资助的影响因素以及企业捐赠参与学生资助的影响因素分析中,研究假设的提出和理论模型的构建提供参考,但也不能简单地套用,还要考虑到不同文化背景下的差异,需要结合国外研究,并通过中国数据的检验,得出客观的结论。总的来说,未来国内的研究实证化的比重预计也将会越来越高,而实证研究的结论则可以为政策的改革提供充分的决策参考。

四、项目的主要工作

(一)提出问题(研究目标)

运用公共产品理论、成本收益理论、市场营销理论、社会责任投资理论、公私合作理论对公共财政引导民间资金进入学生资助领域这个主题进行分析,为后续研究的展开寻找理论基础;基于捐赠个人问卷调查的量化分析和捐赠单位具体经办人员、受赠大学基金会具体经办人员深度访谈的质性研究;搜集公共财政扶持民间资金参与学生资助这方面政策比较发达的若干国家的政策,进行国际比较;提出公共财政引导民间资金进入学生资助领域的政策建议;最后通过对此问题进行系统动力学仿真来确定公共财政扶持民间资金进入学生资助领域的政策设计方案。

(二)研究思路、研究方法及技术路线

研究思路:首先,对该领域的研究进行文献回顾和评析。其次,运用公共产品理论、成本收益理论、市场营销理论、社会责任投资理论、公私合作理论对民间资金参与学生资助的公共财政扶持政策进行理论分析,为政策设计寻找理论基础;在捐赠个人问卷调查的量化研究和捐赠单位经办人员以及受赠单位大学基金会经办人员深度访谈的基础上,提出相应的政策建议;对民间资金参与学生资助的公共财政扶持政策进行国际比较,提出对

中国这方面政策构建和改进的经验借鉴。最后通过系统动力学仿真的方法对民间资金参与学生资助的公共财政扶持政策进行修正,确定最终方案。

研究方法:文献述评的方法;经济学、管理学多学科理论分析和理论模型构建的方法;历史回顾的方法;政策的国际比较的方法;问卷调查的量化分析方法;深度访谈的质性研究方法;系统动力学仿真的方法。

本书的技术路线如图 0-1 所示。

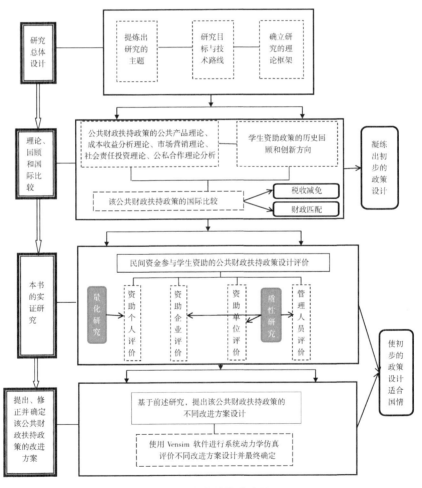

图 0-1 本书的技术路线

第一章 民间资金参与学生资助的公共财政扶持的理论分析

　　自从大学开始实行收费体制改革,对贫困生的资助就成为中国高等教育的一个热点问题,早期这方面的资金基本上都来自政府部门,民间资金很少。经济的发展、社会的进步和高等教育体制改革的推进,为民间资金进入学生资助领域创造了越来越完备的条件,经济的发展使得社会财富不断累积,富豪越来越多;社会的进步使得全社会包括富豪们的观念也在不断改变,慈善捐赠的理念深入人心;高等教育体制改革的推进使得配套教育捐赠的制度不断完善,激励了企业和个人的捐赠,这些方面的完善带动了近年来教育捐赠的大发展,这其中相当一部分资金投入了学生资助领域。但在经济社会中,捐赠者毕竟仍然是"经济人",希望通过捐赠获得一定的收益,包括物质收益和精神收益,尤其是企业的捐赠,可能在一定程度上相对看重物质的收益,这就需要配套的财税扶持政策来激励。学术界对学生资助的理论分析中,人力资本理论、教育机会公平理论和高等教育成本分担一般运用较多,再将其运用到民间资金参与学生资助的公共财政扶持政策的分析中没有太大新意,已有的经济学和管理学理论中,公共产品理论、成本收益理论、市场营销理论、社会责任投资理论和公私合作理论可以用来分析民间资金参与学生资助的公共财政扶持政策这种行为的机理,为这种行为提供理论基础,这几种理论的运用目前还未得见。因此,本书试着使用公共产品理论、成本收益理论、市场营销理论、社会责任投资理论和公私合作理论来分析民间资金参与学生资助的公共财政扶持政策,分别从学生资助的产品属性、捐赠的决策以及机构效率方面来解释这种行为。

第一节　民间资金参与学生资助的产品属性

——基于公共产品理论的分析

一、学生资助的产品属性界定

经济社会中的各种商品和服务,可以分为公共产品、私人产品和准公共产品三类。按照相关理论,主要根据两个特征来区分它们,即排他性和竞争性。排他性是指消费者可以被排除在商品或服务的利益之外,非排他性则相反,指自己消费的同时无法排除他人同时从中获得收益。竞争性是指消费者增加消费将引起供给成本的增加,非竞争性是指消费者增加消费不会导致供给成本的提高。公共产品具有非竞争性和非排他性特征,如国防、外交和行政管理等;私人产品则具有竞争性和排他性的特征,如个人自用的服装、鞋帽和理发等服务;但经济社会还有一种产品,既不完全具备非竞争性和非排他性的特征,也不完全具备竞争性和排他性的特征,准公共产品就是这样一种介于公共产品和私人产品之间的产品。①

---

① ［美］埃尔查南·科恩、特雷·G.盖斯克:《教育经济学》,范元伟译,格致出版社、上海人民出版社 2009 年版,第 299—300 页。

学生资助在经济社会中也可以看作是一种综合服务,包括困难学生的鉴别、资金的发放、资助过程的监控、资金的回收(有些学生资助是无偿的,如助学金,不用归还;有些学生资助是有偿的,如助学贷款,需要回收大部分资金,小部分如利息补贴则不需要回收)等整个流程。用公共产品理论分析学生资助,可以发现:学生资助首先具有竞争性,增加一个受资助的困难学生,会导致资助的供给成本的提高,无论是学费减免、专门用于困难学生的奖学金、困难补助、勤工俭学还是助学贷款,增加一个受资助的困难学生,都会带来资助资金的增加,会提高供给成本。而排他性方面,困难学生获得资助,完成学业,顺利找到工作,个人从中获得了收益,自己的收益可以排除他人获得。但与此同时,学生资助也会带来一定的正外部效应,即整个社会也会由于相当数量的困难学生顺利完成高等教育,经济发展和社会进步需要的人力资本得以形成和积累,这方面的社会收益则无法排除他人获得,因此学生资助具有一定的非排他性。因此综合起来,学生资助具有竞争性和非排他性,可以将其界定为准公共产品。

图 1-1 界定出学生资助的产品属性,横轴反映的是从非排他性到排他性的趋势,从左到右排他性不断增强;纵轴反映的是从非竞争性到竞争性的趋势,从下到上竞争性不断增强。第一象限为私人产品,第三象限为公共产品,第二和第四象限为准公共产品,学生资助落在第二象限,具有竞争性和非排他性的特征,可以被界定为准公共产品。

二、学生资助的供给方式

学生资助的需求比较简单一些,即主要是困难学生的资金需求(当然,全面考虑的话,可能还包括精神辅导、勤工俭学岗位的需要,以及全面发展等)。学生资助的供给相对复杂一些,以前主要把它看作是公共产品,由政府全额提供资金,随着市场经济的发展和高等教育改

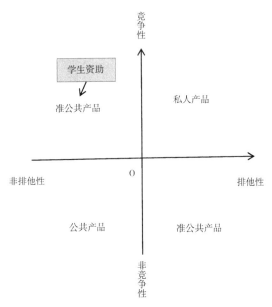

图1-1 学生资助的产品属性界定

革的不断推进,民间资金越来越多地介入到学生资助中来,成为政府资金的有力补充,这样才正好符合学生资助这种准公共产品的属性,具体来说,学生资助目前有三种供给方式:政府提供、私人提供以及混合提供。政府提供即政府资金资助大部分困难学生,通过各高校的学生资助办公室,也有直接通过学生工作办公室来发放给困难学生的;私人提供即民间资金资助少部分困难学生,把资金捐给各高校,通过各高校的学生资助办公室或学生工作办公室来发放,也有民间资金出资成立民间基金会,直接选择困难学生来发放资助资金,后一种方式现在越来越多;混合提供现在主要表现在民间资金出资一部分,政府匹配一部分资金(一般是按照一定比例,如1:1、1:0.5等,中央政府和地方政府现在都有类似的政策),政府和民间资金汇合起来共同资助一部分学生,或者政府提供税收或其他补贴,来激励民间资金提供资助资金,混合提供这种方式一般也是通过高校的学生资助办公室或学生工作办公室来发放给困难学生的。私人提供和混合提供的好处是弥补了政府资助资金不足；提高了资助项目运作的效率（民间机构的运作效率一般更高）；可以和其他方式结合起来（如提供资助资金的企业提供实习实践机会等），促进贫困生的全面发展；提升整个社会的慈善文化建设水平；等等（见图1-2）。

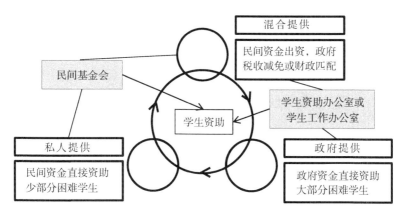

图1-2　学生资助的三种提供方式

三、学生资助的准公共产品地域属性分析

公共产品是有地域区分的，具体到中国而言，可以分为全国性公共产品、区域性公共产品和地方性公共产品。全国性公共产品是指全国范围内公民（消费者）不能排斥他人享用且多一个消费者享用也不增加成本的公共产品，如外交、国防等。区域性公共产品是指某一区域的公民（消费者）不能排斥他人享用且多一个消费者享用也不增加成本的公共产品，如高铁可以给沿线省份居民带来便利。地方性公共产品是指某一地方（如城镇、街道）的公民（消费者）不能排斥他人享用且多一个消费者享用也不增加成本的公共产品，如交通设施使其附近的居民受益最大。

公共产品的区域性,决定了其由对应层级的政府提供。学生资助这种准公共产品与公共产品在这方面有类似的地方,大型企业由于经营范围遍及全国甚至国外,更倾向于资助那些就业面向全国的教育部直属高校的学生,这样其影响和收益可以和自己的经营范围相适应,同时对其的税收减免和财政匹配一般由中央政府承担;经营范围局限于一地的地方中小型企业可能更倾向于资助主要在当地就业的地方高校的学生,以最大化自己的捐赠效应,同时对其的税收减免或财政匹配由地方政府承担。

第二节　民间资金参与学生资助的公共财政扶持政策的运作机理
——基于成本收益理论的分析

西方经济学认为,无论是企业还是个人,都符合经济人条件的假定,企业的投资是这样,个人的投资也是这样,作为经济人,他们会趋利避害,经过严格的成本收益分析,进而作出正确的决策,捐赠资金参与学生资助也不例外。成本收益理论最早产生于工程经济学,后扩展到投资收益分析,被广泛用于投资决策、经济政策评价等领域,其基本框架是:只有收益大于成本,该项投资才是有利可图的,或者说对投资者来说,才是符合经济人假定的。本书把企业或者个人对困难学生的资助看作一种投资,可以给企业或者个人带来收益,包括物质收益和精神收益,而成本则主要是捐赠的物质成本。

综合前文总结的已有的慈善捐赠的研究文献,企业和个人参与慈善捐赠,是为了获得一定的物质收益和精神收益,在公共财政政策不介入的情况下,将企业参与学生资助的物质收益和精神收益总结为广告效应带来的销售提升,社会责任的履行以获得社会责任投资的青睐以及高管的精神收益等;[1]个人参与学生资助的收益同样包括精神收益如心理与精神上的满足感、价值观的实现等,[2]以及物质收益如大学可能会招收捐赠人的子女就读,以及赠送一些大学比赛的门票等。[3] 公共财政扶持政策主要包括税收减免和财政匹配,在公共财政政策介入的情况下,税收减免和财政匹配可以增加企业和个人的物质收益和精神收益,进而撬动他们对困难学生的资助。[4]

一、企业参与学生资助的公共财政扶持政策的成本收益分析

(一)公共财政扶持政策不介入情况下企业参与学生资助的成本收益分析

1. 企业参与学生资助的成本

企业参与学生资助的成本主要是其投入的资金、实物(如捐赠的衣物、教材等物品,但一般可以折算为资金),下式中 C_e 代表企业捐赠的成本,F_e 代表资金成本。

$$C_e = F_e \tag{1-1}$$

实际上,企业捐赠的资金成本受企业上年的利润、企业的营销策略以及管理层的偏好等多个因素的影响,F_e 可以写为 $F_e(p,s,m,\cdots)$,以下函数存在类似情况,但为了书写方便,将其简化为 F_e ,下同。

---

① 张敦力、汪佑德、汪攀攀:《慈善捐赠动机与后果研究述评——基于经济学视角》,《广西财经学院学报》2013 年第 4 期。

② Holger Sieg, Jipeng Zhang, "The Effectiveness of Private Benefits in Fundraising of Local Charities", *International Economic Review*, No.2, 2012, pp.349–374.

③ 罗公利、杨选良、李怀祖:《面向大学的社会捐赠行为的经济学分析》,《经济理论与经济管理》2007 年第 5 期。

④ 郭健:《社会捐赠运行机制及其影响因素的经济学分析》,《经济学家》2009 年第 7 期。

2. 企业参与学生资助的收益——基于市场营销理论和社会责任投资理论的分析

在公共财政政策不介入的情况下，企业参与学生资助的收益主要是，广告效应带来的销售提升、社会责任的履行以获得社会责任投资的青睐以及高管的精神收益等。

企业参与学生资助可以用市场营销理论来解释其收益，通过对学生进行资助，企业可以收获良好的社会形象以及消费者的好感，尤其对企业所在地的大学就读学生的资助，更容易产生共鸣和集聚效应，使消费者对企业品牌有好感，打造自己的品牌，进而对企业的产品销售有综合拉动效应。另外，企业参与学生资助的时机如果配合好新产品的上市，或选择曝光度较好的时间点，错开其他新闻集聚的时间点；又或者将自己合适的产品直接捐赠给学生使用，如文具、服装、食品、电子产品等等，都会产生较长时间的广告营销效应，使企业获得较好的物质收益，这是推动企业参与学生资助的一个重要驱动力。

企业参与学生资助也可以用社会责任投资理论来解释。社会责任投资是20世纪末发展起来的一种投资方式，是指资本市场的投资者在选择投资对象时，不仅看重财务指标，还要考虑投资对象（一般是企业，尤其是上市公司）的经营是否给社会和环境带来有益的影响，这种投资方式的兴起是希望通过投资者的行为对企业有一定的督促，企业不仅只是个"企业"，受托于自己的股东，还是一个"社会人"，受托于社会，对整个社会的发展负责，社会责任投资可以督促企业更加重视自己的社会责任，进而实现整个社会的进步。根据弗里曼提出的"利益相关者理论"，企业的社会责任有六个利益相关群体，包括股东、员工、顾客、供应商、社区和其他组织。这其中，企业对员工具有社会责任，而帮助员工归还就读大学期间的学费，以及资助员工继续就读，是企业承担其对员工的社会责任的体现；企业参与学生资助这一传统上属于政府职能的领域,正是企业对政府的社会责任的承担,还可以建立和政府的良好关系;企业对自己所在地的大学的学生进行捐赠,则体现了企业对社区的社会责任,不仅帮助了学生,对学生父母及当地居民也承担了社会责任。因此,在企业的社会责任利益相关者群体中,企业参与学生资助承担了其中三个主体——员工、政府和社区的社会责任,[①]会大大增强自己的社会责任属性,吸引资本市场上的投资者的青睐,为企业自身的发展壮大助益颇多,对企业来说,显然也是一种主要的物质收益。

除了市场营销方面的广告收益和社会责任投资收益外,企业高管的精神收益也是企业参与学生资助获得的收益之一。现代企业高管不仅追求自身的高薪金、股权等物质收益,还重视自身认可的价值观的实现,如公平、正义、助人等方面,在他们的领导下,企业参与学生资助能很好地实现他们自身的价值观,内心会感到欣慰,获得了精神收益。

式(1-2)中 B_e 代表企业参与学生资助的收益,A_e 代表广告收益,SR_e 代表社会责任投资收益,S_e 代表高管的精神收益(收益函数同样受多个因素影响,在此将其简化,原因同上文)。

$$B_e = A_e + SR_e + S_e \tag{1-2}$$

则企业参与学生资助的净收益 N_e 为:

$$N_e = A_e + SR_e + S_e - F_e \tag{1-3}$$

企业学生资助捐赠系数 DE_e 为下式所示,代表每一元捐赠额(成本)能够带给企业的收益。

$$DE_e = \frac{B_e}{C_e} = \frac{A_e + SR_e + S_e}{F_e} \tag{1-4}$$

---

①　朱忠明、祝健等:《社会责任投资:一种基于社会责任理念的新型投资模式》,中国发展出版社 2010 年版,第30—41 页。

企业学生资助捐赠系数由多种因素决定,包括企业所处的行业、地域、捐赠高校和企业产品的联系等等。根据经济人的假定,企业学生资助捐赠系数是大于 1 的,也就是说,学生资助捐赠的净收益是大于 0 的,否则对于作为经济人的企业而言是不符合经济规律的。

企业规模不同,捐赠的考虑有可能是不一样的,大企业偏重全国性的宣传,小企业可能偏重自己的产品主要销售地的捐赠,以实现收益最大化。企业的行业不同,捐赠考虑也可能不一样,如教育培训行业,可能会更加重视对高校困难学生的资助,以扩大自己在高校的社会影响,进而促进学生去选择该培训机构进行培训;而如果是白酒行业,捐赠的投向可能就和教育培训行业不同了。

(二)公共财政政策介入的情况下企业和政府参与学生资助的成本收益分析

假设:政府会进行税收减免和财政匹配两方面的公共财政政策操作。

1. 公共财政政策介入的情况下企业参与学生资助的成本

在公共财政政策不介入的情况下,企业参与学生资助的成本仍然是其投入的资金、实物(如捐赠的衣物、教材等物品,但一般会折算为资金)。加上公共财政介入因素后,会给企业带来税收减免,主要是捐赠带来的企业所得税的税收减免(以 T_e 表示),因此其实际参与学生资助的成本变成:

$$C_e{}' = F_e - T_e \tag{1-5}$$

2. 公共财政政策介入的情况下企业参与学生资助的收益

在公共财政政策不介入的情况下,企业参与学生资助的收益仍然是广告效应带来的销售提升、社会责任的履行以获得社会责任投资的青睐等。加上公共财政介入因素后,主要增加了财政匹配所导致的收益(以 M_e 表示),因此其实际收益变为:

$$B_e^{'} = A_e + SR_e + S_e + M_e \qquad (1-6)$$

其中财政匹配增加的收益为:

$$M_e = C_e \times ME_e \times DE_e \qquad (1-7)$$

式(1-7)中 ME_e 表示财政匹配比例,即企业学生资助捐赠一元,财政匹配的百分比。将式(1-4)代入式(1-7),然后再代入式(1-6),可得公共财政政策介入的情况下企业参与学生资助的收益,如式(1-8)所示。

$$B_e^{'} = (1 + ME_e)(A_e + SR_e + S_e) \qquad (1-8)$$

由以上可知,在公共财政政策介入的情况下,企业增加了收益,还减少了成本,毫无疑问是对企业更加有利的,但这种情况下政府作出了税收减免和财政匹配,需要将政府因素纳入统筹考虑。

3. 公共财政政策介入的情况下政府和企业参与学生资助的社会总成本和总收益

社会总成本为:

$$C_{se} = F_e + C_e \times ME_e \qquad (1-9)$$

社会总收益为:

$$B_{se} = (1 + ME_e)(A_e + SR_e + S_e) \qquad (1-10)$$

净收益为:

$$N_{se} = (1 + ME_e)(A_e + SR_e + S_e) - F_e - C_e \times ME_e \qquad (1-11)$$

减去没有公共财政政策介入情况下企业的净收益比较而后得:

$$N_{se} - N_e = (A_e + SR_e + S_e - C_e) \times ME_e = N_e \times ME_e \qquad (1-12)$$

式(1-12)说明,只要企业自身的捐赠净收益大于0(在企业是经济人的假设下,这一条件是满足的),公共财政政策介入就是可行的。在公共财政政策介入的情况下,企业和政府的总收益仍然是高于总成本的,公共财政政策是有效的,而且对企业有利的程度会随着财政匹配比例的提高而递增。

二、个人参与学生资助的公共财政扶持政策的成本收益分析

（一）公共财政扶持政策不介入的情况下个人参与学生资助的成本收益分析

1. 个人参与学生资助的成本

在公共财政政策不介入的情况下，个人参与学生资助成本主要是个人投入的物质资金。如式（1-13）所示，其中 C_i 为个人参与学生资助的成本，F_i 为个人参与学生资助的物质资金。

$$C_i = F_i \qquad\qquad (1-13)$$

2. 个人参与学生资助的收益

在公共财政政策不介入的情况下，个人参与学生资助的收益主要是精神收益，包括心理与精神上的满足感、价值观的实现等等；也会存在一些物质收益，例如，美国大学可能会招收捐赠人的子女就读，以及赠送一些大学比赛的门票等。如式（1-14）所示，其中 B_i 为个人参与学生资助的收益，S_i 为精神收益，MA_i 为物质收益。

$$B_i = S_i + MA_i \qquad\qquad (1-14)$$

净收益 N_i 为：

$$N_i = S_i + MA_i - F_i \qquad\qquad (1-15)$$

则个人学生资助捐赠系数 DE_i 为式（1-16）所示，代表每一元捐赠额（成本）能够带给企业的收益。

$$DE_i = \frac{B_i}{C_i} = \frac{S_i + MA_i}{F_i} \qquad\qquad (1-16)$$

（二）公共财政扶持政策介入的情况下个人参与学生资助的整个社会成本收益分析

假设：政府会进行税收减免和财政匹配两方面的公共财政政策操作。

在公共财政政策介入的情况下,也存在两个方面的影响:一个是个人所得税的减免以及遗产税的规避,另一个是财政匹配个人捐赠学生资助的一定比例。

1. 公共财政政策介入的情况下个人参与学生资助的成本

在公共财政政策不介入的情况下,个人参与学生资助的成本仍然是其投入的资金、实物(如捐赠的衣物、教材等物品,但一般会折算为资金)。加上公共财政介入因素后,会给个人带来税收减免,主要是捐赠带来的个人所得税的税收减免以及遗产税的规避(以 T_i 表示),因此其实际参与学生资助的成本变成:

$$C_i' = F_i - T_i \tag{1-17}$$

2. 公共财政政策介入的情况下个人参与学生资助的收益

在公共财政政策不介入的情况下,个人参与学生资助的收益仍然是精神收益和物质收益。加上公共财政介入因素后,主要增加了财政匹配所带来的收益(以 M_i 表示),因此其实际收益变为:

$$B_i' = S_i + MA_i + M_i \tag{1-18}$$

其中财政匹配增加的收益为:

$$M_i = C_i \times ME_i \times DE_i \tag{1-19}$$

式(1-19)中 ME_i 表示财政匹配比例,即个人学生资助捐赠一元,财政匹配的百分比。将式(1-16)代入式(1-19),然后再代入式(1-18),可得公共财政政策介入的情况下个人参与学生资助的收益,如式(1-20)所示。

$$B_i' = (1 + ME_i)(S_i + MA_i) \tag{1-20}$$

由以上可知,在公共财政政策介入的情况下,个人增加了收益,还减少了成本,毫无疑问是对个人更加有利的,但公共财政介入的情况下政府作出了税收减免和财政匹配,需要将政府因素纳入统筹考虑。

3.公共财政政策介入的情况下政府和个人参与学生资助的社会总成本和总收益

社会总成本为：

$$C_{si} = F_i + C_i \times ME_i \qquad (1-21)$$

社会总收益为：

$$B_{si} = (1 + ME_i)(S_i + MA_i) \qquad (1-22)$$

净收益为：

$$N_{si} = (1 + ME_i)(S_i + MA_i) - F_i - C_i \times ME_i \qquad (1-23)$$

减去没有公共财政政策介入情况下个人的净收益比较而后得：

$$N_{si} - N_i = (S_i + MA_i - C_i) \times ME_i = N_i \times ME_i \qquad (1-24)$$

式(1-24)说明,只要个人自身的捐赠净收益大于0(在个人是经济人的假设下,这一条件是满足的),公共财政政策介入情况下的社会(包括政府和个人)总的净收益大于没有公共财政政策介入情况下的个人的净收益,个人和政府的总收益仍然是高于总成本的,公共财政政策是有效的,而且对个人有利的程度会随着财政匹配比例的提高而递增。

第三节　民间资金参与学生资助的机构效率

——基于公私合作理论的分析

公私合作制(Public Private Partnerships,PPP)是20世纪90年代在西方发展起来的一种组织模式,广义的公私合作指政府部门和私人部门为完成公共产品和服务的提供而建立的各种合作关系[1],最早主

---

[1]　王增忠主编:《公私合作制(PPP)的理论与实践》,同济大学出版社2015年版,第1页。

要用于基础设施领域,但后来也应用于教育领域。[①] 公私合作的好处在于可以弥补政府部门资金的不足,提高公共产品或准公共产品供给的效率等,尤其是后者,即提高产品供给的效率方面更有优势,因为私人部门的运营面临市场竞争,与公共部门相比本身就以效率见长;但这并不意味着政府部门的缺失,政府部门仍然需要以监管和合作的方式来对私人部门的运营形成补充。

公私合作领域的理论主要包括治理理论、公共选择理论等,治理理论认为经济学上存在着市场失灵和政府失灵,市场失灵需要政府部门的介入,而政府失灵则需要私人部门的介入。政府失灵的原因很多,包括寻租行为的存在,即寻求租用政府权力牟取私利;政府也存在"经济人"的假设,追求自身利益的最大化;国有经济体产权的不明晰,没有一个确切的主体来真正承担起产权的责任,而产权会影响个人和组织的运行效率,私有产权相比公有产权,能明显激励所有者的行为;国有经济体缺乏竞争,容易形成垄断,进而导致效率低下,而私有部门则可以通过竞争来提高运营效率,提供更低的价格和更好的服务;[②]等等。基于这些原因,公共选择理论主张私人部门的介入、市场竞争机制的引入(既包括公私之间的竞争,也包括私人部门之间的竞争)可以一定程度上改善政府失灵,提高公共产品供给的效率。[③] 而从 20 世纪到现在,无论是西方发达国家,还是像我国这样的发展中国家,都做了很多有益的尝试。

公私合作其中一个重要的理论基础是公共产品和服务的生产方和

---

① 赖丹馨、费方域:《不完全合同框架下公私合作制的创新激励——基于公共服务供给的社会福利创新条件分析》,《财经研究》2009 年第 8 期。

② 屈哲:《基础设施领域公私合作制问题研究》,东北财经大学博士学位论文,2012 年。

③ 陈军:《公私合作理论基础研究》,《延边大学学报(社会科学版)》2009 年第 4 期。

提供方可以分离,由不同的主体来承担。具体到民间资金参与学生资助的范畴,可以分解为资助资金的提供和资助机构的运作两个环节。公私合作制主要的理论解释不在于民间资金的提供(由公共产品理论和成本收益理论解释),而在于民间资金参与学生资助的后半部分,即资助机构的运作方面。现行的资助机构绝大部分都是各高校的学生资助办公室或学生工作办公室(以下分别简称"资助办"和"学工办",为方便,后续只以资助办来进行论述;之所以还有两个机构来承担资助职能,是因为一些高校还没有设立单独的资助办,这方面的职能仍然放在学工办,但未来设立单独的资助办来承担学生资助职能是发展趋势),资助办隶属于高校,是一个公立机构,很大程度上类似于行政机构,很多工作人员是从高校其他行政机构调任而来,并不专业,很大程度上存在着运作效率较低的情况,这也是公共部门(不是政府部门,但和政府部门类似)提供准公共产品的通病。发达国家的实践已经证明,学生资助可以通过私立机构来完成,往往更有效率,如专门从事贫困学生资助的民间基金会,政府可以通过招标,授权给具有一定资质的、具有这方面运作经验的民间基金会来承担一定区域内多个高校的学生资助的运作,同时政府对基金会给予一定的税收减免和财政匹配的优惠,以扶持基金会的发展,这也是体现了公私合作的精神和理念。甚至也可以更进一步,直接把资助的实施招标外包给私人公司来完成,政府部门每年规定好资助具体实施的目标人数、资助金额等具体条件,交给私人公司来完成,政府部门可以节省下此类工作的人员成本和办公经费;私人公司如果从事过类似业务,可以在不增加太多人员和经费的基础上较好地完成工作,对整个社会来说都是效率的提升。图1-3揭示了政府部门和私人部门通过公私合作来进行学生资助的运作方式。

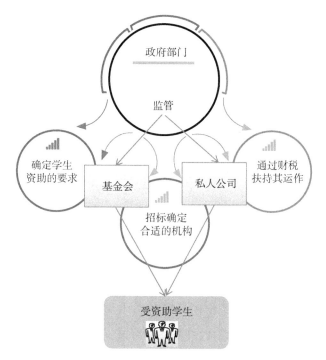

图 1-3 政府部门和私人部门通过公私合作来进行学生资助的运作方式

小 结

综合以上几种理论对民间资金参与学生资助的论述,公共产品理论界定了学生资助的产品属性,为学生资助的政府部门和私人部门的混合资助提供了理论基础;成本收益理论则从资助的民间资金来源的角度,解释了私人部门中的企业和个人作为经济人在公共财政政策扶持下作出捐赠困难学生的决策的合理性;市场营销理论和社会责任投资理论则分析了企业参与学生资助获得的物质收益;公私合作理论则从资助机构运行效率的角度解释了私人部门可以作为资助机构的合理性,图1-4体现了上述三种主要理论的解释角度和具体内容。

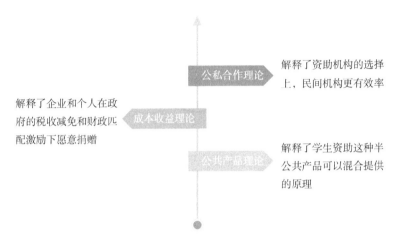

图1-4 民间资金参与学生资助的三种理论解释

随着社会的进步和慈善观念的深入人心,未来学生资助领域民间资金的介入力度会越来越大,这已为近年来的教育捐赠所证明,相关理论的解释和阐述则为进一步出台激励和扶持公共财政政策提供了理论基础,将会更好地促进教育捐赠事业的发展。

第二章　学生资助政策的发展及民间资金参与学生资助的现行设计

改革开放 40 年来,中国经历了改革和发展的深化,经济体制从计划经济转向了市场经济,高等教育从完全免费转向了适度收费,以适应高等教育这种准公共产品的属性,更好地实现教育公平的目标。学生资助也伴随着整个高等教育发展的大局不断地适应经济体制和教育体制而进行动态调整,并形成了今天这种完备、精密、深入的系统性、多层次的资助体系,发挥着经济资助、精神激励、全面育人的综合效应。抚今追昔,回顾学生资助的历史进程,为今后学生资助制度设计的改革,尤其是民间资金参与学生资助这种新的政策发展方向提供参考,是很有必要的。

第一节　改革开放以来学生资助政策的历史回顾

1977 年恢复高考,1978 年开始改革开放,这两大历史进程基本是同步的。在改革开放的初期,由于计划经济的惯性,学生资助沿袭了此前的"大锅饭"式的人民助学金制度;但随着经济体制的改革、高等教育的转型等宏观社会经济背景的变化,加上微观上为激励学生更加刻苦地学习,学生资助整体向更加公平、更加有效率的方式转变,具体的过程包括以下四个阶段,并呈现三个趋势。

一、学生资助体系的过渡阶段

1977年我国恢复高考制度,随之而来就面临着如何对学生进行资助的迫切问题,当时的政策规定了大部分学生可以获得人民助学金。其中,研究生和部分特殊专业就读的学生获得人民助学金的比例为100%,其他普通专业就读的学生获得的比例为75%,但原来是国家职工的学生,由原单位发放工资,不享受人民助学金。这其实是原来计划经济体制下学生资助政策的延续,也是和考上大学就成为国家干部,毕业后国家包分配的就业和户口体制相适应的。但这种学生资助体制不久就暴露出一定问题,主要是无法有效地发挥调动学生学习积极性的作用,资金使用效率不高,不利于发挥育人的效应,这为改革人民助学金提供了背景。1983年7月,有关部门将人民助学金覆盖比例下调到60%,作为替代措施,设立奖学金这种资助手段,以激励学生更好地学习。[①]

二、学生资助体系的雏形阶段

1987年7月,在进一步推行奖学金制度的同时,推出了助学贷款。1988年不再发放人民助学金,奖学金和助学贷款成为学生资助的主要形式,这一时期的助学贷款是无息的,资金来源于大学,和现在这种普遍的国家助学贷款是不太一样的,规模也远远比不上国家助学贷款。

---

① 范先佐:《我国学生资助制度的回顾与反思》,《华中师范大学学报(人文社会科学版)》2010年第6期。

当时的政策设想是通过奖学金激励学生好好学习,如果无法获得奖学金,又家庭困难的,则通过无息助学贷款来资助。

1989 年中国大学开始收取学费,但当时的收费水平并不高。大规模正式收取学费,并提到一个较高水平,是从 1994 年开始的,当年选择了 37 所高校进行试点,学费水平从 800 元到 3000 元不等,相对于当时的人均收入是不低的。这一时期的学生资助延续了奖学金和无息助学贷款的形式;但随后开始增加资助种类,1993 年特困补助政策即现在俗称的"补"开始实行,主要覆盖低于当地居民最低生活标准线的特困生,1994 年勤工俭学即现在俗称的"勤"开始实行,1995 年减免学杂费这种学生资助方式也正式登上了历史舞台,即现在俗称的"减"。①

三、学生资助体系的定型阶段

1994—2000 年,大学扩招,为弥补政府资金的不足,学费水平上涨较快,从每年 1000 元左右上涨到 5000 元左右,给当时收入不高的家庭带来了一定的负担,这不是原有的规模不大、额度不高的无息助学贷款能够解决的。为切实解决学费问题,经过论证,1999 年到 2000 年间正式出台了国家助学贷款政策,这种国家助学贷款是有利息的,由大学所在地的商业银行经办和回收,后来被称为"校园地国家助学贷款",其额度比较有保证,规模也比较大,能够切实满足困难学生缴纳学费的需求,从此,这个学生资助政策中最重要的手段开始正式登上历史舞台。也正是到这个时候,俗称为"奖(奖学金)、贷(国家助学贷款)、勤(勤工俭学)、补(特困补助)、减(减免学费)"的现代意义上的学生资助政

---

① 陈有春、奉艳云:《新中国高校学生资助制度的历史嬗变》,《湖南农业大学学报(社会科学版)》2006 年第 1 期。

策开始定型,国家助学贷款无论从规模上,还是从额度上,都是整个学生资助体系的核心。[①]

四、学生资助体系的深化阶段

1999 年确立的学生资助体系并不稳定,尤其是作为资助体系核心的国家助学贷款(1999—2007 年的国家助学贷款是在校园地申请的,被称为校园地国家助学贷款,2007 年后增设在学生家乡申请的生源地助学贷款,现在两种贷款并存),推行不久即受贷款本身制度设计以及外部环境等多种因素的影响,经历了商业银行停贷,坏账不断增加。2004 年就迎来了第一次政策调整,但效果仍不尽如人意。终于到 2007 年,有关部门打出一套组合拳,主要的改革内容是:增设国家奖学金和国家励志奖学金,国家奖学金为每人每年 8000 元,国家励志奖学金为每人每年 5000 元(只有困难学生可以申请);开始推行生源地助学贷款;增设国家助学金,平均每人每年 2000—3000 元,用于困难学生的生活费。至此,"奖(国家奖学金和国家励志奖学金)、贷(国家助学贷款)、助(国家助学金)、勤(勤工俭学)、补(特困补助)、减(减免学费)"的学生资助政策最终成型,并一直延续到现在。[②]

纵观改革开放 40 年来学生资助政策的变迁,基本上每 10 年左右就会有一次大的政策改革,以应对不断发展的经济和教育形势,表 2-1 反映了改革开放 40 年来不同历史阶段学生资助形式的变迁情况。

---

① 刘和忠、赵贵臣:《我国大学生资助政策的历史演变》,《东北师大学报(哲学社会科学版)》2010 年第 5 期。
② 曲绍卫、纪效珲、魏力:《中央直属高校大学生资助绩效评估研究——基于第三方教育评估机构的数据分析》,《中国高等教育》2016 年第 9 期。

表 2-1　改革开放 40 年来不同历史阶段学生资助形式的变迁

时　　期	历史阶段	学生资助的形式
1977—1987 年	学生资助体系的过渡阶段	人民助学金和奖学金
1988—1998 年	学生资助体系的雏形阶段	奖(奖学金)、贷(无息助学贷款)、勤(勤工俭学)、补(特困补助)、减(减免学费)
1999—2006 年	学生资助体系的定型阶段	奖(奖学金)、贷(国家助学贷款)、勤(勤工俭学)、补(特困补助)、减(减免学费)
2007 年至今	学生资助体系的深化阶段	奖(国家奖学金和国家励志奖学金)、贷(国家助学贷款)、助(国家助学金)、勤(勤工俭学)、补(特困补助)、减(减免学费)

　　40 年来,学生资助政策的变迁可以分为四个阶段:1977 年到 1987 年可以看作是学生资助体系形成前的过渡阶段,当时还处在计划经济体制下,因此高考恢复头几年仍然延续了"大锅饭"式的人民助学金形式,但后来发现效果不理想,则开始用奖学金方式来激励学生努力学习;1988 年到 1998 年是学生资助体系的雏形阶段,大致具备了当前的学生资助体系的雏形;1999 年到 2006 年是学生资助体系的定型阶段,国家助学贷款开始实行,并确立为最主要的资助形式;2007 年至今则是学生资助体系的深化阶段,增设了国家助学金,与国家助学贷款并立成为两个最主要的资助形式,开始推行生源地助学贷款,增设了国家奖学金和国家励志奖学金,成为国家层面的奖学金,尤其是国家励志奖学金,只针对困难学生,发挥着精准资助的作用,同时保留了原有的"勤、补、减"形式。①

　　40 年来,学生资助政策的发展呈现出以下三个趋势:一是资助金额越来越大,这是与高等教育不断扩招、学生基数越来越大,因此在校贫困生的人数也越来越多的形势相适应的;二是资助的种类越来越多,

---

　　①　赵建军:《中国现代学生资助政策体系建立 30 年回望》,《教育财会研究》2016 年第 6 期。

发展到今天,已经包括六种形式,分别适用不同的困难学生,针对不同的领域;三是从"大锅饭"式的普遍无偿资助发展到了无偿和有偿结合、重点突出的资助体系。

第二节　新形势的发展对学生资助政策提出了更高的要求

2007年延续至今的学生资助政策主要包括"奖(国家奖学金和国家励志奖学金)、贷(国家助学贷款)、助(国家助学金)、勤(勤工俭学)、补(特困补助)、减(减免学费)"六种形式。这其中最主要的资助形式是国家助学贷款和国家助学金,国家助学贷款主要解决学费和住宿费,是有偿的,需要归还,国家助学金主要解决生活费,是无偿的;国家奖学金和国家励志奖学金起着鼓励学习的作用,其中国家励志奖学金只针对困难学生,发挥着专门激励这类学生的作用;勤工俭学主要起着培养学生联系社会、增强实践的作用;其他两种形式则起着补充的作用。

但经济、社会和高等教育的发展对目前的学生资助政策提出了更高的要求,主要表现在以下几个方面。

一、学生资助需要更多的资金

2017年普通高等教育本科和专科招生761.5万人,比2016年增加12.89万人;普通本专科在校生2753.6万人,比2016年增加57.76万人。研究生招生80.5万人,比2016年增加13.79万人;普通高校在校研究生263.9万人,比2016年增加65.79万人。虽然面临出国就读大学等因素的扰动,但在校学生人数预计还会不断增长,越来越大的学生基数决定了困难学生的数量也会不断攀升,客观上需要更多的资金投入,这是学生数量增加对资助资金的需求。另外,经济的发展、科技的进步、对人才标准的提高,促使学生必须不断提升自己的人力资本含量,这就需要通过在校培训、继续深造来实现,而这些无不需要资金的支持。大学期间如司法考试、注册会计师等国内资格考试及特许金融分析师、北美精算师等国外资格考试的培训,价格较高但回报不菲。继续深造的过程中,贴近实践、瞄准就业的专业硕士普遍学费价格较高,而专业硕士的范围还在不断扩大,学术硕士的范围则日渐缩小,这是学生培养质量提高对资助资金的需求。数量和质量的双重需求都需要更多的学生资助资金来满足。①

二、学生资助需要多种资金来源的支持

既然对学生资助资金总量存在更高需求,那么资助资金的结构是否可以优化呢? 从 2017 年的情况来看,全国普通高等学校学生资助资金共计 1050.74 亿元。其中,财政资金 508.83 亿元,占比 48.43%;银行发放国家助学贷款 284.20 亿元,占比 27.05%;高校事业收入中提取并支出资助资金 238.21 亿元,占比 22.67%;社会团体、企事业单位及个人捐助资助资金(民间资金)19.50 亿元,占比 1.85%。这其中,财政拨款仍然占了学生资助资金总额的一半左右,银行资金和高校资金各自约占 1/4;但民间资金占比偏低,仅占学生资助资金总额 1.85%的比例。

受限于发展中国家的现实,我国除了东部发达地区以外,中西部地区各级财政还比较紧张,这制约了学生资助的规模和力度。发达国家学生资助的很多资金来源于民间资金,这是由其经济的发达、民间财富的充裕以及慈善文化的普及等多种因素决定的。以美国为例,作为全世界经济和教育最发达的国家,由于历史传统、近年来金融危机的现实

---

① 史秋衡:《教育率先现代化:实现国家现代化的必然选择——纪念邓小平"三个面向"题词30周年》,《教育研究》2013 年第 9 期。

等多种因素的影响,导致近年来大学学费保持在一个很高的水平上,尤其是私立大学,这就要求大学必须对优秀的困难学生提供奖学金来进行资助,否则那些来自困难家庭的优秀学生是无法完成大学学业的,而这些奖学金中,尤其是私立大学的奖学金,相当大的份额都来源于民间资金的捐赠;中国的民间资金参与学生资助今后还很值得挖掘。

三、学生资助要和综合育人结合起来

党的十八大报告提出了"倡导富强、民主、文明、和谐,倡导自由、平等、公正、法治,倡导爱国、敬业、诚信、友善,积极培育社会主义核心价值观",对社会主义核心价值观进行了最新的精确概括,尤其是第三个倡导:爱国、敬业、诚信、友善是对公民个人价值观的要求。习近平总书记在党的十九大报告中对青年提出了"青年一代有理想、有本领、有担当,国家就有前途,民族就有希望""广大青年要坚定理想信念,志存高远,脚踏实地,勇做时代的弄潮儿,在实现中国梦的生动实践中放飞青春梦想,在为人民利益的不懈奋斗中书写人生华章!"的期望,应把党的十八大报告中对青年的要求和党的十九大报告中对青年的期望完全渗入到学生资助中去,培养好困难学生在这方面的基本素质,这对于提高学生对国家和社会的责任感,提高学生自身的集体性、组织性很有助益,也有利于全社会的和谐稳定。① 除了基本素质以外,专业素质也很重要,近些年一些新闻报道也揭示了相当一部分学生不能满足用人单位的需要。因此,并不是只把学生培养毕业就算完事,还应保证培养的质量,才能从微观上满足用人单位的需求,宏观上作为合格的人力资本,满足经济发展和社会进步的需要。已有的研究也已经证实,学生

---

① 史秋衡、卢丽君:《大学文化:提升学生学习的育人文化》,《云南师范大学学报(哲学社会科学版)》2012 年第 3 期。

资助会带来综合效应,对学生的继续深造、求职意向、财务管理、社会资本等多方面具有影响。因此,应结合资助主题活动的组织、资助主题征文的举办等,通过这些培养困难学生的奋斗精神、热心公益、回报社会和他人的品德等符合新时期社会主义核心价值观的基本素质;通过另外一些活动,如专门资助困难学生的出国访学项目、产学研实践项目等,培养困难学生的专业素质。

四、新的外部风险也对学生资助提出了更高的要求

当前的学生需要的已经不仅仅是学费和生活费的资助,这只是最低程度的资助保障,作为新时代的学生,经济和社会对他们的要求更高,需要不断提升自己的人力资本含量,才能在日趋激烈的竞争中占得先机。另外,飞速发展的社会、灯红酒绿的大城市生活、科技产品的推陈出新,都是对涉世未深的学生的巨大诱惑;互联网金融这种新金融模式的兴起,又使得对学生的放贷更加简便快捷,跨越了传统的实体金融的桎梏,"校园贷"等乱象的发生正是以上因素综合作用的结果。而其中相当一部分受害者是困难学生,严重影响了他们的学习和生活,也打乱了原有的学生资助体系。如有的学生被"校园贷"所影响,无法顺利完成学业,也就无法顺利归还以前所借的国家助学贷款;一部分学生为躲避债主逼债,辍学休学,这些现象构成了当前学生资助所面临的新的外部风险,需要认真应对。

第三节　未来学生资助政策制度 设计可能的创新方向

改革开放 40 年来,大约每隔十年,学生资助政策都会有一次比较

大的变革,今年距上一次(2007 年)学生资助政策调整又已过去了 12 年,党和国家领导人非常重视学生资助工作,社会氛围也已经具备,正是推出学生资助政策创新的好时机。

今后学生资助政策的制度设计应秉持扩大化、精准化、育人化、社会化、科技化的"五化"指导方针:扩大化指覆盖范围要适当扩大,额度要适当提高;精准化指对困难学生的资助要按照不同个体的实际情况有针对性地开展;育人化指不能仅仅提高金钱资助,还应结合新时期社会主义核心价值观综合培养困难学生;社会化指要把全社会都纳入学生资助,吸纳各方面的资金和力量参与学生资助;科技化是指在学生资助过程中要多运用大数据、人工智能等科技手段去鉴别困难学生,合理分配资助资金。具体而言,可以在以下方面进行创新。

一、精确鉴别困难学生的真实经济状况

这是所有学生资助工作的前提,只有充分鉴别清楚困难学生的真实经济状况,才可以有针对性地对其进行资助,才能保证有限的资助资金公平地分配给所有困难学生。由于中国地域辽阔,各地情况千差万别,学生会离开故乡,远赴外地读书,再加上个人所得税还不是主体税种,且主要在城市征收,农村地区居民个人收入很难全面了解清楚,财富公开制度也没有完全建立起来,这些因素导致了过去困难学生的鉴别一直是学生资助实践中一个较难解决的问题。未来改革还应该充分考虑困难学生父母的收入以及家庭财富情况,因为根据中国的国情,父母的收入和家庭财富(有的家庭父母收入可能很低,但财富存量不低,如城市拆迁家庭)还是支持学生就读大学的第一选择,应设计一定的机制,清晰度量困难学生父母收入和家庭财富水平,这个鉴别依靠教育部门很难实现。考虑到鉴别工作的专业性以及未来个人所得税综合课征的趋势,税务部门是个合适的部门,可以参考个人所得税的课征方

式,要求困难学生父母每年向所属地的税务部门报送自己的收入和家庭财富状况,税务部门有权抽查,不如实申报的将进行处罚,由税务部门确定和鉴别困难学生家庭的经济能力,然后与教育部门以及大学共享信息,大学根据税务部门传递的经济能力信息决定是否给予该困难学生资助以及资助多少。另一个选择是鼓励互联网金融企业参与到鉴定困难学生的工作中来,由其利用自己的大数据等技术优势,探索和开发出适合中国国情的困难学生鉴别机制。

二、大力吸引民间资金参与学生资助

对现在的学生来说,更多的教育投资必不可少,那么除了正规的大学教育之外,很多学生都需要进行培训甚至出国访学,困难学生也不例外,这对于拓宽他们的视野、培养专业素质都是必不可少的。而发展中国家的现实,以及学生资助资金中财政比例过高的状况,都决定了吸引民间资金参与学生资助很有必要。未来政府应采取多方面的扶持政策,包括对教育捐赠的税收减免、财政匹配(指政府按照个人和企业捐赠金额的一定比例对该笔捐赠进行配比)等来满足捐赠方的物质收益和精神收益,大学应采取冠名楼宇、冠名讲席教授、命名奖学金等措施来满足捐赠方的精神收益,以充分激励教育捐赠。

三、对困难学生进行量身定做的评估资助

现有的六种资助方式中,国家助学贷款和国家助学金是主体,每个困难学生可能获得其中一种或数种资助。但目前缺乏整体监控,有可能出现一些困难学生获得的资助加总已经超过了其在校期间上学成本的总和,而资助资金是有限的;与此同时,其他困难学生得到的资助可能还不够。因此,今后应对每个困难学生进行整体精准资助,为每个学生建立资助档案,学校的资助管理人员计算出在本校就读的学生的上

学成本的总和,待困难学生的资助合计达到这个上学成本的总和以后,就触发报警,后续不应再对其进行资助,这样保证有限的资金公平合理地分配给所有需要的困难学生,实现教育公平的理念。

四、国家助学贷款和国家助学金需要提高额度

现有的国家助学贷款额度本专科生每人每年 8000 元,研究生每人每年 12000 元,主要是为了解决学费加住宿费的资金需求;但艺术类等特殊专业的学费标准已经超过 8000 元,专业硕士如金融硕士、法律硕士等的学费也远远超过 12000 元的水平,更不用提 MBA 的高学费了。同时,近年来各地还一直有提高学费的动向,可以考虑按照每个困难学生的真实学费和住宿费水平设定助学贷款额度,对这部分需求要充分保障,对于助学贷款额度提高后的还款压力问题,可考虑采用按收入比例还款的方式缓解。现有的国家助学金设计的初衷是解决困难学生的生活费,但目前的额度是每人每月 200—300 元,一般发放十个月(在校期间),实际上是无法充分满足困难学生的生活支出的,尤其是在发达地区。根据笔者调研的数据,上海学生每人每月生活费支出为 1000—2000 元,助学金恐怕需要提高到每人每年 1 万—2 万元的额度,当然,这个额度应根据不同地区的物价水平来确定。

纵观学生资助政策的历史发展轨迹,并展望学生资助政策的未来发展方向,在保持财政拨款这个学生资助的主要资金来源,并不断加大投入力度的同时,争取民间资金投入学生资助领域正在成为未来一个重要的发展趋势。这不仅起着弥补学生资助资金投入的作用,还可以在相当大程度上营造和扩大社会参与慈善事业的氛围,推动社会主义精神文明建设,并对受助学生的综合发展产生积极影响,很值得大力推广。但民间资金参与学生资助也需要财政的介入和扶持,财政要在自己作为学生资助主体的基础上,发挥引导、扶持的作用,促进民间资金参与到学生资助中来,尤其在这方面工作还没有完全开展起来的初期,更需要公共财政的扶持,待民间资金参与学生资助走上正轨、规模壮大,社会氛围也形成和完善之后,公共财政的作用才可以稍微弱化一些。

第四节　民间资金参与学生资助的公共财政扶持政策的现行设计

当前中国民间资金参与学生资助主要是先捐赠给大学,通过大学所属的教育发展基金会(称呼各异,有的机构没有"发展"二字)来运作捐赠事宜,这样做可以使捐赠方获得捐赠证明票据,进而获得税收减免;或者专门的教育基金会(不是大学的教育基金会,而是属于社会慈善机构,如中国教育发展基金会),然后再由大学、社会的教育基金会分配资助资金,一般是通过奖学金和助学金的方式。民间资金主要来源于企业、个人,以及其他基金会等机构。当前的公共财政扶持政策主要包括税收扶持政策和财政匹配政策。

当前民间资金参与学生资助的公共财政扶持政策包括以下内容。

一、现行个人捐赠参与学生资助的税收扶持政策

个人捐赠参与学生资助获得税收减免目前主要通过以下几种方式:一是直接捐赠给大学所属的教育发展基金会,获得大学教育发展基金会开具的捐赠票据后,可申请获得个人所得税的应纳税所得额的税前减免;二是捐赠给合法设立的教育基金会等社会慈善机构,由社会慈善机构统一用于学生资助领域,获得社会慈善机构开具的捐赠票据后,可申请获得个人所得税的应纳税所得额的税前减免;三是通过国家机

关进行捐赠,再统筹安排到学生资助领域,也是可以获得税收减免的。目前个人直接捐赠给困难学生,是无法获得税收减免的,因为按照规定,必须通过合法设立的大学教育发展基金会或社会慈善机构,并获得它们开具的捐赠票据才可以在缴纳个人所得税时申请减免。这样的规定主要是为了防止个人和困难学生串通起来,以实际没有发生的捐赠来获得税收减免,增加机构这个中间环节可以有效地起到鉴别捐赠是否真实的作用,但也增加了捐赠的税收减免的复杂度,在一定程度上阻碍了个人捐赠的积极性。

个人捐赠参与学生资助的资金是在个人所得税的应纳税所得额中减免,但不能超过应纳税所得额的 30%(除个别极特殊的捐赠以外,个人对学生资助的捐赠不在这个特殊规定范围内),目前的政策规定尚无法向后续结转,即当期的捐赠如果超过了应纳税所得额的 30%,也只能减免 30%,超过 30% 的部分就无法获得税收减免了①,这有可能使捐赠人出于理性的考虑分期捐赠,而不是一次捐赠较大份额。

二、现行企业捐赠参与学生资助的税收扶持政策

企业捐赠参与学生资助,同样要通过国家机关、合法设立的社会慈善机构以及大学的教育发展基金会,并获得它们开具的捐赠票据才可以获得税收减免。具体是在企业所得税的应纳税所得额中减免,每年不得超过年度利润总额的 12%,捐赠超过年度利润总额 12% 的部分,可以在后续三年内结转减免(《中华人民共和国慈善法》的最新修订)。这是企业捐赠和个人捐赠最大的不同,即可以向后续年度结转,这样就

---

① 2018 年 8 月 31 日通过的《中华人民共和国个人所得税法》对个人向教育捐赠的减免税规定没有改变,即"个人将其所得对教育、扶贫、济困等公益慈善事业进行捐赠,捐赠额未超过纳税人申报的应纳税所得额百分之三十的部分,可以从其应纳税所得额中扣除;国务院规定对公益慈善事业捐赠实行全额税前扣除的,从其规定"。

使得捐赠企业没有后顾之忧,能够鼓励较大额度的捐赠,这也是近几年大额捐赠屡次发生的原因之一。

三、现行中央政府对民间资金捐赠的财政匹配政策

中央政府较早注意到了发达国家流行的、已被验证是比较成熟的公共财政匹配教育捐赠的政策,并出台了相应的政策。2009 年,财政部和教育部就出台了《中央级普通高校捐赠收入财政配比资金管理暂行办法》(以下简称《暂行办法》),主要包括捐赠主体、受赠主体、捐赠形式、匹配比例、作业方式、评审机构和方式以及匹配资金投向等方面的规定。

接受捐赠的机构必须是中央级高校,并通过各高校在民政部门登记设立的基金会接受捐赠;有一定的门槛和形式要求,必须是 10 万元(含 10 万元)以上的货币资金;捐赠收入是按照公历年(即 1 月 1 日到 12 月 31 日)计算的期间;教育部匹配捐赠资金的总额和匹配比例不确定,根据当年的财力由主管部门综合考虑高校地理位置、财力状况等因素每年逐校核定;匹配资金的用途优先用于资助家庭经济困难学生、支持毕业生就业、开展教学科研活动等支出。不得用于偿还债务、发放教职工工资和津补贴、日常办公经费等,其用途可以和捐赠资金有所不同;由财政部和教育部负责评审匹配的申请。①

四、现行地方政府对民间资金捐赠的财政匹配政策

受对中央政府的政策跟随、慈善捐赠风气的日益兴盛,以及经济的持续增长带来的地方政府财力更加雄厚等因素的影响,近年来,一些地

---

① 　财政部、教育部:《关于印发〈中央级普通高校捐赠收入财政配比资金管理暂行办法〉的通知》,2009 年 10 月 12 日,http://www.gov.cn/gongbao/content/2010/content_1599567.htm。

方政府出台了财政匹配教育捐赠的政策,包括深圳市、北京市、湖北省、浙江省等省市,为我国财政匹配教育捐赠提供了很好的政策探索,为今后出台全国性的政策提供了经验和参考。

(一)深圳市财政匹配教育捐赠的政策

深圳市于 2016 年出台了政府匹配民间资金捐赠高校的政策举措,每年安排 5 亿元的配比资金(但配比资金可以按照各高校接受捐赠的情况进行调整,意味着 5 亿元的配比资金是可以增加的),也是按照"年度总量控制,高校分年申请,逐校核定"的原则对深圳高校接受社会捐赠收入进行匹配,这一点参考了中央政府匹配的原则。在深圳办学的所有全日制普通高校都将适用这一政策,普通高校的范围包括在深圳市办学的所有全日制普通高校,包括具有独立法人资格的全日制市属高校、中外合作高校,以及部属高校、省属(含外省)高等学校在深圳举办的全日制办学机构(含分校、独立学院、二级学院等)。

深圳的政策是首先设定一个门槛,即单笔人民币 100 万元(含 100 万元)以上的捐赠(必须是货币资金,不能是实物及其他资产,外币捐赠按照当期汇率折算为人民币)才予以匹配,人民币 100 万元(含 100 万元)以上、5000 万元(含 5000 万元)以下的,按照 1∶1 的比例配比;年度获得捐赠单笔数额在人民币 5000 万元以上的,超出 5000 万元的部分,按照 1∶0.5 的比例配比。所需配比资金超过 5 亿元时,以 5 亿元为上限,根据各高校配比资金的权重,按比例进行分配。所需配比资金不到 5 亿元时,当年度配比资金的余额由市财政部门收回。

配比资金可以拨付到高校设立的基金会,如果没有设立高校基金会,则拨付到该高校的账户(尤其是那些分校位于深圳的高校)。

配比资金优先用于资助家庭困难学生、支持毕业生就业、开展教学科研活动等;不能用于偿还债务、发放教职工工资和津补贴、日常办公经费等方面,用途方面的规定和中央政府的匹配政策基本保持一致。

配比的时间是按照学年截止的,不是按照公历年,每年的9月1日到次年的8月31日期间各高校收到的捐赠,可以在9月30日前申请配比,然后深圳市教育主管部门会同财政部门按照上述比例进行配比资金安排(该学年内各高校捐赠资金不超过5亿元,如果超过5亿元则要按照配比资金的权重分配)。①

(二)北京市财政匹配教育捐赠的政策

北京市财政匹配教育捐赠政策只适用于北京市属高校,北京市财政匹配主要和高校的教育基金会对接,为鼓励各高校基金会设立和发展,北京市财政甚至给予各高校教育基金会一次性标准补助,以促进所属高校的教育捐赠专业化。

北京市配比的时间也是按照学年截止的,不是按照公历年,也是每年的9月1日到次年的8月31日。匹配的捐赠包括:货币捐赠资金(含外币);实际接受的仪器设备、建筑物等实物捐赠资产(按照公允后的入账价值进行确认);实际接受捐赠的股票、股权等无形资产的变现收入;本校其他基金会并入收入,但不包括长期设立的奖学金、基金运作利息等投资收入。这方面比深圳市的匹配捐赠范围要广。匹配比例原则按照1∶1确定。匹配资金用途主要是支持高校发展,不得用于进行风险投资和财政经费已保障范围的支出。北京市财政匹配目前没有规定资金上限,是由财政部门统筹安排的。②

(三)山东省财政匹配教育捐赠的政策

山东省财政匹配教育捐赠政策只适用于山东省属公办本科高校,

---

① 深圳市财政委员会、深圳市教育局:《深圳市普通高校捐赠收入财政配比资金管理暂行办法》,2017 年 11 月 30 日,http://www.sz.gov.cn/ytqzfzx/icatalog/jd/stjjdb/02/fg/201612/t20161201_5514161.htm。

② 北京市财政局、北京市教育委员会:《关于印发〈北京市普通高校捐赠收入财政补助资金管理暂行办法〉的通知》,2016 年 10 月 12 日,http://www.bjcz.gov.cn/zwxx/tztg/t20161018_629999.htm。

这可能是地方政府中覆盖范围最窄的。匹配的捐赠范围为：单笔10万元（含10万元）以上且实际到账、学校可统筹使用的货币资金收入（固定资产及股票等不在匹配范围内），有特定用途的货币资金也不在匹配范围内，如冠名奖助学金等。

财政匹配的比例没有规定固定比例，应该是视当年政府财力确定，未来可以动态调整。匹配资金优先用于教学科研、人才培养等方面，不得用于偿还债务、发放教职工工资和津补贴、日常办公经费等。山东省匹配的捐赠收入应该是按照公历年计算的期间（文件中规定高校上年度接受的捐赠收入才可以申请匹配）。①

（四）浙江省财政匹配教育捐赠的政策

浙江省这方面的政策出台较早，早在2012年就已经有了相关政策。覆盖高校为省属普通高等学校，包括普通高等本科学校、普通高等专科学校、普通高等职业学校，浙江省广播电视大学，不包括独立学院、继续教育和成人教育机构等。浙江省也是通过高校的教育基金会来对接财政匹配工作，突出基金会的作用。捐赠收入只规定了负面清单，包括：高校接受的仪器设备、建筑物、书画等实物捐赠，未变现股票、股权，以及长期设立的奖学金、基金运作利息等投资收入。捐赠收入是按照公历年计算的期间。捐赠收入没有门槛规定。

财政匹配的比例规定是：2014年以前，配比资金暂按认定捐赠收入1∶1的比例安排。2015年（含2015年）后，视捐赠收入规模变化及财力状况等因素，再确定财政配比比例。匹配资金优先用于开展教学科研活动、捐赠人指定项目配套及毕业生就业等专项支出，不得用于偿

---

① 《关于印发〈省属本科高校捐赠收入财政配比资金管理暂行办法〉的通知》，2017年11月18日，http://www.bzczj.gov.cn/binzhoushicaizhengjuwangzhan/caizhengshuju/caijingzhengce/2017-11-30/3248.html。

还债务、发放教职工工资和津补贴、日常办公经费等。①

（五）湖北省财政匹配教育捐赠的政策

湖北省财政匹配教育捐赠政策只适用于湖北省属公办本科高校，不包括独立学院、继续教育和成人教育机构，这个范围也是比较窄的。匹配资金总额也没有规定上限，由湖北省财政根据财力等因素确定每年匹配总金额。捐赠收入是按照公历年计算的期间。

匹配的捐赠收入有门槛限制，即 5 万元（含 5 万元）以上的货币资金（可以是外币，按照当期汇率折算），实物捐赠、未变现的股票股权，以及长期设立的奖学金、基金运作利息等投资收入则不匹配。匹配比例的规定是：2018 年及之前的匹配比例是 1∶1.5，即捐赠 1 元，财政匹配 1.5 元；2018 年之后的匹配比例根据财力等因素确定，这个比例是所有地方政府中力度最大的。匹配资金统筹用于"双一流"建设、开展教学科研活动、资助困难学生、支持毕业生就业等领域，不得用于偿还债务、发放教职工工资和津补贴、日常办公经费等。②

中央政府和实行财政匹配教育捐赠的地方政府的财政匹配政策如表 2-2 所示。

表 2-2　中央政府和地方政府财政匹配教育捐赠的政策

政策出台主体	中央政府	深圳市	北京市	山东省	浙江省	湖北省
出台时间	2009 年	2016 年	2016 年	2017 年	2012 年	2017 年
适用高校	中央级高校	在深圳办学的所有全日制普通高校	北京市属高校	山东省属公办本科高校	省属普通高等学校	湖北省省属公办本科高校

---

① 浙江省财政厅、浙江省教育厅：《关于印发〈省属高校捐赠收入财政配比资金管理暂行办法〉的通知》，2012 年 9 月 11 日，https://www.lawxp.com/statute/s1629686.html。

② 《湖北省省属本科高校捐赠收入财政配比资金管理暂行办法》，2017 年 4 月 11 日，http://www.hbmy.edu.cn/templet/cwc/2017-04/73228.html。

政策出台主体	中央政府	深圳市	北京市	山东省	浙江省	湖北省
财政匹配总资金	不确定	5亿元,可提高	不确定	不确定	不确定	不确定
合格匹配的捐赠资金	10万元(含10万元)以上的货币资金	100万元以上的(含100万元)的货币资金	货币资金、固定资产皆可,无起始门槛要求	10万元(含10万元)以上的货币资金	基本是货币资金,无起始门槛要求	5万元(含5万元)以上的货币资金
捐赠资金年度计算	公历年	学年	学年	公历年	公历年	公历年
财政匹配比例	逐校核定	1∶1(5000万元及以下),1∶0.5(5000万元以上)	原则上1∶1	不确定	2014年及之前1∶1,之后不确定	2018年及之前1∶1.5,之后不确定
匹配资金使用范围	资助困难学生、支持就业、教学科研;不得用于偿还债务、发放教职工工资和津补贴、日常办公经费等	同中央政府	支持高校发展,不得用于进行风险投资和财政经费已保障范围的支出	同中央政府	捐赠人指定项目配套,其他同中央政府	"双一流"建设,其他同中央政府
是否可用于资助困难生	是	是	未明确	是	是	是

五、民间资金参与学生资助的精神鼓励政策的现状

民间资金参与学生资助的公共财政扶持政策是一个整体,在实践中往往伴随着精神鼓励政策,以最大化公共财政扶持政策的效应。精神鼓励政策这方面没有正式成文的政府规定,多是高校在吸引捐赠时按照历史形成的、已被证明是行之有效的惯例对捐赠人采取的举措,主要包括冠名、公告等措施,从实践来看,主要包括以下几种方式。

（一）冠名奖学金

捐赠企业和个人在捐赠资助困难学生时，采用奖学金的方式居多，可以冠名该奖学金，企业一般使用的是企业的名称和创始人（或现任董事长、高管等）的名字，可以一定程度上起到营销的作用；个人一般使用的是自己长辈的名字、自己的名字，或长辈和自己的名字的混合名称，以此起到希望受助学生能够有所感念，自己也可以获得一定的精神收益的目的。

（二）冠名楼宇

捐赠企业和个人的捐赠金额比较大的时候，往往有多种用途，不仅仅是资助困难学生，还可能包括资助学科发展等。如果捐赠金额达到一个受赠学校认为比较理想的程度，选择高校的楼宇以捐赠方中意的方式冠名，则会成为一种比较成熟的操作手法，以更加充分地满足捐赠方的精神和物质等收益。从捐赠实践看，比较理想的楼宇一般是图书馆、体育馆、科技馆、大剧场、研究中心等全校性、人流比较密集、能够吸引眼球的建筑，以及高校强势学科所在学院的办公楼、教学楼等。目前，捐赠事业已经发展到非常发达的地步，冠名又可以分为批发和零售两种方式，批发指命名某栋楼宇，如将高校体育馆命名为以大额捐赠方名称为名字的"某某体育馆"；零售指可以将体育馆内的座椅单个命名，如捐赠几百元到数万元的校友，可将某个座椅命名为自己的名字（价位大小取决于位置等因素），同样，图书馆等建筑都可以采取类似的做法。

（三）举行捐赠仪式及新闻媒体报道

精神鼓励政策还伴随着捐赠仪式的举行及新闻媒体的采访报道。捐赠的企业尤其需要这样的方式，以进一步放大其营销效果，和捐赠的物质收益相耦合，发挥出最大的捐赠效应来。个人则依据自己的偏好而定，有的捐赠个人希望这样可以更大程度地唤起社会的共鸣,推动慈善文化的传播;有的捐赠个人则比较低调,对这种方式不太看重,作为受赠高校,要本着尊重捐赠个人的意愿来进行安排。

(四)保持和受助学生的沟通及举行一些活动

作为捐赠主体的企业和个人一般都希望能够看到资金捐赠的效果,受助学生的成长无疑是让他们最感欣慰的,也是充分满足其精神收益的最佳方式之一。因此,定期通报受助学生的成长情况,传递其发展的信息,如果条件具备的话,举办一些感恩主题的活动,既对受助学生进行了综合素质的教育,也是对捐赠主体精神上的一个满足,并为后续可能的资助提供了机会。

民间资金参与学生资助的精神鼓励政策一般不是独立发挥效应的,而是和税收减免政策、财政匹配政策耦合起来一起发挥效应的,但也是不可或缺的,只有这三个方面形成一个综合的整体,才可以最大化地吸引捐赠主体对学生资助领域进行捐赠。

六、民间资金参与学生资助的中介及投向

目前民间资金参与学生资助的中介主要是各高校成立的教育基金会、社会慈善机构及政府机关,由它们统筹安排将资金资助给困难学生,如果捐赠方指定了困难学生的条件,则按照指定的条件安排给符合条件的困难学生。其中,校友的捐赠通过各高校的教育基金会的比较多,非校友企业和个人则一般通过社会慈善机构或政府机关进行捐赠。

目前的大学生资助政策主要包括"奖(国家奖学金和国家励志奖学金)、贷(国家助学贷款)、助(国家助学金)、勤(勤工俭学)、补(特困补助)、减(减免学费)"六种形式,主要的出资来源于政府资金。从参与的资金量来看,民间资金参与学生资助的还比较少;从参与的种类来看,基于过往的实践,大部分民间资金都投在了奖学金①和助学金②方面,个别企业也会提供一些勤工俭学的机会给困难学生,帮助困难学生获得一些收入,缓解其经济压力。同时帮助困难学生了解社会,增加实践经验,发挥着综合的效应,但在"贷、补、减"三个领域的民间资金投入很少。

---

① 这里的奖学金不是指上文提到的政府出资的国家奖学金和国家励志奖学金,而是指民间资金出资的奖学金。

② 这里的助学金不是指政府出资的国家助学金,而是指民间资金出资的助学金。

第三章　民间资金参与学生资助的税收扶持政策的国际比较与借鉴

　　根据笔者搜集的资料,一些发达国家和地区在民间资金参与学生资助的公共财政扶持政策方面较为全面,并有着多年的政策实践积累,更有借鉴意义;发展中国家由于经济发展水平、社会发达程度以及政策制定水平等原因,在这方面的政策实践不如发达国家(大部分发展中国家在这方面甚至还没有比较成熟的政策实践)。因此本章选择了若干有代表性的发达国家的相关政策,根据各国的政策特点略有侧重来进行介绍,并提出对中国民间资金参与学生资助的公共财政扶持政策的借鉴(后续章节国际比较的样本选择也基于同样的原因)。

　　从国际经验看,民间资金参与学生资助的公共财政扶持政策主要集中在两个方面:税收扶持和财政匹配(指政府配比民间资金捐赠给学生资助的一定比例,以吸引个人和企业捐赠给学生资助)。其中美国、新加坡的税收扶持政策比较完备和有特色,在本章做重点介绍。法国、德国以及日本的税收扶持政策也做了简要介绍。

　　对于民间资金参与学生资助,各国一般没有专门的公共财政扶持政策,而是将这方面的内容集中在其教育捐赠的政策范围内。因此,下文对教育捐赠的税收减免政策和财政匹配政策进行介绍和分析,并从中提炼出对捐赠学生资助的借鉴。

第一节　美国教育捐赠的税收扶持政策及启示

美国是世界上经济、教育以及慈善捐赠最发达的国家,尤其是教育领域的慈善捐赠,得益于其丰富的社会慈善文化、悠久的历史传统、全面有效的财政税收激励政策等因素的支持,一直表现得欣欣向荣,很值得其他国家借鉴。近年来,随着中国经济的飞速发展、民间财富的不断累积、社会慈善文化的兴盛,中国的慈善捐赠也获得了较大的发展,其中教育领域的捐赠是其重要组成部分;但经济社会中,无论捐赠企业还是个人,都是"经济人",都会出于理性来进行捐赠,希望获得一定的收益,这其中不光有精神收益,也包括物质收益,这已为前人的研究所证实。捐赠主体希望获得的物质收益主要包括政府对慈善捐赠的税收减免以及财政匹配,这就需要政府通过适当的财税扶持政策来激励慈善捐赠,以精确满足捐赠主体的收益,最大化地促进捐赠。美国在教育捐赠的个人所得税减免方面的立法比较完善、非常详细,也取得了不错的效果。我国近年来慈善捐赠风气慢慢兴起,教育领域的发展又需要大量资金的投入,除了政府资金以外,还需要民间资金的补充,而随着经济的发展,个人财富也在不断积累,为民间资金捐赠教育提供了必要条件。从发达国家的情况来看,大企业的捐赠固然吸引人的眼球,但普通民众的捐赠则构成了慈善捐赠的主体。以美国为例,2014 年的慈善捐赠中,个人捐赠就占了 72% 的比例。① 因此,分析评价美国对教育捐赠

---

① 陶冶、陈斌:《美国个人慈善捐赠税制安排的现状、特点与启示》,《河北大学学报(哲学社会科学版)》2016 年第 5 期。

的个人所得税减免政策,为中国类似扶持政策的改进提出些许建议,是有一定的实际意义的。

美国的税制结构中,所得课税占据了绝对主体地位,而流转环节的商品课税比重较低,因此其教育捐赠的税收减免主要体现在所得课税中。而在所得课税里,个人所得税又占据了主要地位,根据2011年的数据,个人所得税是美国联邦政府收入的最大来源,占联邦政府总收入的47.1%;其次是社会保障税,占35.3%;企业所得税不超过美国联邦政府总收入的10%。① 而根据美国国会预算办公室最新的数据,2017年美国个人所得税约占美国国内生产总值的8.28%,企业所得税约占美国国内生产总值的1.55%,个人所得税是企业所得税的五倍多,这个差距还是相当大的。而且,根据美国国会预算办公室的预测,到2028年,美国个人所得税约占美国国内生产总值的9.81%,企业所得税约占美国国内生产总值的1.50%。② 差距还将会进一步拉大,这决定了其教育捐赠税收减免的税种差异和减免重点。因此,下文将重点介绍美国教育捐赠的个人所得税的税收减免政策,以及美国教育捐赠的企业所得税和遗产税的税收减免政策。

一、美国教育捐赠的个人所得税减免政策

美国的税法以复杂、详细和人性化著称,复杂的法律考虑到了方方面面的情况,执行起来比较烦琐;但设计更为合理,更能起到公平效率的作用,其教育捐赠的个人所得税减免政策主要包括以下内容。

(一)合格接受教育捐赠组织的规定

合格接受教育捐赠组织首先是在美国联邦法律、州法、哥伦比亚特

---

① 杨娟:《慈善税收优惠法律制度研究》,重庆大学博士学位论文,2017年。
② Congressional Budget Office, "The Budget and Economic Outlook: 2018 to 2028", https://www.cbo.gov/publication/53651.

区法以及美国其他领地法律下成立的社区福利基金、公司、信托、基金会等,这些组织必须是为了教育的目的而成立的;美国联邦政府、各州、哥伦比亚特区以及美国其他领地,或各州及美国领地的政治分支机构,或印第安部落政府及其分支机构,但以上机构的捐赠只有被用于公益目的时才可以获得税收扣除;非营利教育机构也是合格的组织,如美国男童子军、女童子军、学院以及非营利的日托中心;向加拿大、墨西哥和以色列的慈善机构进行教育捐赠,根据美国分别和以上三国签署的所得税条约也是可以获得税收减免的,但捐赠人需要有来自三国的收入来源。

（二）可以减免的额度、现金工资捐赠证明及退休账户的直接捐赠

1. 可以减免的教育捐赠的额度

在美国这个经济和金融都非常发达的国家,很多教育捐赠并不是以现金的方式,一般来说,现金和财产都可以获得税收减免。如果是通过电话进行的捐赠,要保留电话账单,出示受赠人名称、捐赠日期和数量。如果捐赠的是财产,将按照捐赠时的公平市场价值来计算减免数额。慈善捐赠的税收扣除额一般不会超过调整过的总收入的50%,在一些情况下甚至可能只有20%或30%。

如果从捐赠中获得一定收益,那么税收扣除额只能是捐赠额减去收益额的剩余部分。如果纳税人以超过公平市场价值的价格从一个合格机构那里购买了产品或服务,那么超过公平市场价值的部分可以被看作捐赠额,但必须是出于慈善捐赠的目的。可以主张减免给一个合格组织的会员费或会费,当然,只能减免超过纳税人从该组织获得收益的部分。

2. 现金捐赠和工资直接捐赠需要的证明相关规定

现金捐赠包括:现金、支票、电子资金转账、借记卡、贷记卡以及工资减免。如果没有以下保留,纳税人无法申请现金捐赠减免:(1)银行记录(显示受赠组织名字、捐赠日期、捐赠金额)。银行记录的形式可能是:被盖销的支票、银行或信用合作社的证明、信用卡的证明。(2)收据、信件或书面证明来自一个合格组织,显示组织的名字、捐赠日期和捐赠金额。(3)工资直接减免的记录。

如果纳税人是通过工资减免来进行慈善捐赠的,纳税人需要保留支付存根,或其他雇主出示的文件,载明了捐赠的日期和金额,以及一个保证卡或其他由合格组织准备的文件来显示组织的名称。

3. 个人退休账户的直接教育捐赠

个人退休账户的直接教育捐赠又称为合格的慈善分配(Qualified Charitable Distribution,QCD),是指个人退休账户的托管人直接给一个合格的教育慈善组织的捐赠,个人退休账户的主人年龄必须在慈善分配时已经在 70.5 岁或以上,当年合格的慈善分配不能超过 10 万美元,以上条件都满足的话,这样一个合格的慈善分配本身是不课税的,但纳税人不能主张这个慈善分配的个人所得税的重复减免。

(三)两种服务类项目的减免

1. 与纳税人共同生活的学生费用的减免

为了鼓励民众参与对学生的培养,免得他们走上不健康的发展道路,美国税法对这方面的民众参与也规定了个人所得税减免的条款。纳税人可以减免一个共同生活的外国或美国学生的合理费用,这些学生必须是生活在纳税人的家里,并且和一个合格组织有书面协议,作为组织为这个学生提供教育机会的项目的一部分。该学生不能是纳税人的亲属或抚养者,而应该是一个在美国学校的十二年级及以下年级就读的学生。

每一个完整的日历月,纳税人可以为一个和纳税人共同生活的学生减免最多 50 美元,只要满足上述三个条件的 15 天及以上都可以被看作一个整月。符合资格的开支包括:纳税人可以减免该学生的学费、书、食物、衣服、交通、医疗和牙医费用,以及娱乐等其他花在这个学生生活方面的支出。不符合资格的开支则包括:房屋折旧、寄宿的公平市场价值以及类似的项目,纳税人也不能减免一般的家庭支出,如税收、保险和修理费用。和学生一起生活的成本,如果有任何部分纳税人得到了偿还和补偿,纳税人都不能主张减免,但是没有被偿还的部分可以主张慈善捐赠的减免。如果是交换项目的例外情形,比如一个外国学生是基于一个交换项目居住在纳税人家,而纳税人的孩子也是因为这种项目居住于一个外国家庭中的,这种外国学生居住产生的费用不能减免。

2. 作为教育慈善组织志愿者服务的减免

美国是一个志愿者大国,日常生活中参与各种慈善组织的慈善活动提供劳务的公民很多;而美国又是一个人工和劳务比较贵的国家,因此其为了鼓励民众参与教育领域的志愿者服务,对这方面的活动也做了相关的个人所得税减免规定。

可以减免的项目包括:家庭到慈善组织的出行费用;购买和清洗慈善组织制服的费用;合理的、自己付费、没有被偿还的用于贫困青年出席一些体育活动、电影和晚宴的费用,这些青年必须是慈善机构选中的,目的是降低青少年犯罪,但纳税人陪伴贫困青年的类似费用不能减免;可以减免作为一个养父母或者抚养服务提供者的慈善捐赠,如果纳税人没有获利的动机并且事实上也没有获利的话;可以作为慈善捐赠减免那些自己支付的、未偿还的费用,例如汽油和润滑油,以及直接发生的向一个慈善机构提供捐赠服务的过程中使用车的费用。但是不能减免日常的维护保养、修理、折旧、注册费,以及轮胎和保险的费用,必须保留汽车花费的可靠的书面记录;如果一个慈善组织选中纳税人作为它们的代表出席一个会议,可以减免自己没有被偿还的旅行费用,包括合理的饮食住宿费用,以及为了会议而离家的过夜费用。但是不能减免用于观光、钓鱼聚会、剧院门票、夜总会的个人费用,也不能减免纳税人的配偶和孩子们的旅行、餐饮和住宿等其他费用。不能被减免的项目还包括:慈善组织的办公室工作的价值;从事志愿者服务时雇人照顾孩子的费用,如果不支付照顾孩子的费用纳税人就无法从事志愿者活动。

(四)财产权、固定资产、知识产权捐赠的减免及公平价值的决定

1. 财产权价值、衣服和家庭用品的捐赠的相关规定

如果纳税人捐赠财产给一个合格组织,纳税人的慈善捐赠的价值是捐赠时财产的公平市场价值,如果财产价值提升了,纳税人可以对减免额作出一些调整。只有捐赠处于良好使用状态或更好的衣服和家庭用品才可以减免;如果不是则必须获得一个合理的估价,且减免超过500美元才可以。家庭用品包括家具、电器、床上用品等,不包括食物、绘画、古董和其他艺术品、珠宝和收藏。

2. 汽车、船和飞机慈善捐赠的减免

汽车必须是用来在公共道路行驶的才可以。如果纳税人主张捐赠的汽车公平市场价值超过500美元,则只能减免以下两者中较小的价值:受赠组织出售汽车的总收益,捐赠时汽车的公平市场价值。纳税人必须附上从受赠组织那里获得的一个捐赠证明的副本,上面说明了出售汽车、船或飞机的总收益。如果没有这个证明副本,纳税人就不能减免。

3. 专利和其他知识产权减免的相关规定

如果纳税人捐赠知识产权给一个合格的受赠组织,纳税人的减免限制在知识产权的基础或其公平市场价值,取这两者中较小的部分。知识产权包括专利、版权、商标、商号、商业秘密、技术诀窍、软件以及其

他类似的产权和应用。纳税人捐赠知识产权每年可以根据知识产权产生的收入进行减免,在知识产权的法律年份终止之后,或者捐赠十年之后(以两者中更早的为准),就不能减免了。

纳税人必须在捐赠的时候就告诉受赠组织自己打算把捐赠按照上述条款来处理。受赠组织被要求提交一个信息,显示从该知识产权中获得的收入,并给纳税人一个副本。

4. 公平市场价值的决定

公平市场价值是指在一个有意愿的买方和一个有意愿的卖方之间换手的价格,不是一方必须买或一方必须卖,而是双方都必须对交易有合理的知识。为保证公平市场价值的可靠性,对弄虚作假行为进行惩罚,如果纳税人过高申报了捐赠财产的价值,将会被惩罚:如果纳税人过高申报了财产价值并达到真实价值的150%或更多,并且因此而少缴了5000美元及以上的税,将会被处以少缴税额20%的罚款;如果纳税人过高申报了财产价值并达到真实价值的200%或更多,并且因此而少缴了5000美元及以上的税,将会被处以少缴税额40%的罚款。

(五)不能减免的教育捐赠

美国税法对不能减免的教育捐赠也列出了负面清单,包括:给特定个人的捐赠;给不合格的教育慈善组织的捐赠;捐赠的一部分会获得收益或期望获得收益;纳税人的时间和服务的价值;纳税人的个人支出费用;来自个人退休账户的一个合格的分配;评估费;向一个捐赠人指导性基金的特定捐赠;不动产部分收益的特定捐赠。

对个人的捐赠方面,以下给特定个人的捐赠不能减免:对兄弟会的捐赠,目的是支付成员的医疗和葬礼费用。对那些需要的和值得给予的个人的捐赠,只要捐赠给特定的个人,即使是捐赠给合格组织也不能减免。但是如果纳税人阐明不是捐赠给特定的个人而是合格组织,则可以减免。如果捐给圣职人员,按照他或她的意愿来花费,这种算个人支出,也不能减免。向一家医院的支付,用于特定病人的照顾和服务,这种支付无法减免,即使这家医院是由城市、州或其他合格组织运营的。如果纳税人收到或期望收到金融或经济收益,作为对纳税人给予一个合格组织的慈善捐赠的回报,纳税人不能减免获得收益那部分的价值。纳税人为那些上教区学校或合格的非营利的日托中心的孩子付学费或对应的费用,这些是不能作为慈善捐赠减免的,纳税人也不能减免用于支付一个孩子注册私立学校的学费或固定数量的金额,即使这些费用被指定是捐赠。

(六)税收减免的限制以及结转的规定

1. 税收减免的限制

2015年,如果调整过的年总收入满足以下条件,纳税人的慈善捐赠和其他项目的税收减免是有限制的,这些条件包括:如果结婚了但是单独申报,调整过的总收入超过154950美元;如果是单身,调整过的总收入超过258250美元;如果是户主,调整过的总收入超过284050美元;如果结婚了联合申报,或者是寡妇或鳏夫,调整过的总收入超过309900美元。如果纳税人的慈善捐赠是调整过的总收入的20%或以下,则没有减免限制。

教育捐赠减免的数额不能超过调整过的总收入的50%,有时可能会被限制到30%甚至20%,取决于捐赠财产的种类和受赠组织的种类。但是对一些保护性捐赠的减免比例可能会高于50%。大部分教育捐赠都适用50%的减免比例。受赠组织如果是教育组织,有一定的教员和课程体系,以及有注册学生在现场上课,适用50%的减免比例。纳税人花在一个和纳税人一起生活的学生身上的支出被看作是对一个合格组织的捐赠,适用30%的减免比例。如果捐赠物是资本收益财产,那么一般适用20%的减免比例。

2. 后续年度的结转

超过纳税人当年减免比例的捐赠额纳税人可以结转到后续五年直到用完,但每年减免的比例仍然不能超过调整过的总收入的 50%。但个别特殊的捐赠如合格的保护性捐赠的结转年份可以延长到 15 年。捐赠的减免比例在当年是多少,在以后年份也是多少。对每一个种类的捐赠来说,结转来的减免只能在当年的减免完成之后使用,如果纳税人有 2 年及以上的结转,先使用较早年份的减免。[①]

二、中美教育捐赠的个人所得税减免的比较

(一)中国教育捐赠的个人所得税减免政策

中国的个人所得税原来是分类征收,分为:工资薪金所得,个体工商户的生产、经营所得,对企事业单位的承包经营、承租经营所得,劳务报酬所得,稿酬所得,特许权使用费所得,财产租赁所得,财产转让所得,利息、股息、红利所得,偶然所得和其他所得。2018 年 8 月 31 日通过的新《中华人民共和国个人所得税法》将个人所得税改为综合征收,即对工资、薪金所得,劳务报酬所得,稿酬所得,特许权使用费所得四种个人最常见的收入实行合并,综合征收;教育捐赠可以从个人所得税的应纳税所得额中减免。

教育捐赠必须是个人将其所得通过中国境内的社会团体、国家机关向教育公益事业捐赠。捐赠额未超过纳税义务人申报的应纳税所得额 30% 的部分,可以从其应纳税所得额中扣除;但个别特殊的教育捐赠,如对农村义务教育的捐赠,可以在其应纳税所得额中全额扣除。个人在进行教育捐赠时,应当向认可的社会团体和国家机关索取捐赠票据作为证

---

① IRS,"Publication 526(2017)",Charitable Contributions,https://www.irs.gov/publications/p.526.

明,这样才可以申请个人所得税的减免,捐赠财产包括货币、实物、房屋、有价证券、股权和知识产权等有形和无形财产,这是目前《中华人民共和国个人所得税法》和《中华人民共和国慈善法》中对教育捐赠的规定。

目前的教育捐赠不能直接捐赠给需要捐助的人或团体,需要经过一定的中介机构,这是防止虚报教育捐赠的制度设计,通过国家认可的社会团体和国家机关起到一个鉴别教育捐赠真实与否的作用。另外,可以从应纳税所得额中扣除30%,并没有明确规定从哪一类所得中扣除,不利于捐赠者合理避税,在日常财务处理中,绝大部分捐赠人应该是将捐赠放在工资薪金应纳税所得额中减免。30%的减免额也没有规定可以向后续结转(即当月超出30%减免额的部分可以在后续月份减免,中国的个人所得税原来规定是按月计征的,2018年新《中华人民共和国个人所得税法》虽然规定了综合所得按年征收,但要求扣缴义务人按月预扣预缴,本质上仍与按月计征类似)。

(二)中美教育捐赠的个人所得税减免政策比较

中美在教育捐赠领域的个人所得税减免对比情况如表3-1所示。

表3-1　中美教育捐赠的个人所得税减免对比[1]

	中　国	美　国
个人所得税征收类别	分类征收	综合征收
个人所得税负担	较轻	较重
捐赠标的	货币、实物、房屋、有价证券、股权和知识产权等有形和无形财产	货币、实物、知识产权等各种有形和无形财产,以及为慈善组织培养学生服务、志愿者服务
受赠机构	合格的社会团体、国家机关	社区福利基金、公司、信托、基金会以及政府机构

---

① 金荣学、张迪、张小萍:《中美高等教育捐赠税收制度比较》,《教育研究》2013年第7期。

	中　国	美　国
减免比例	一般不超过应纳税所得额的30%	一般不超过调整过的总收入的50%
后续结转	不可以	可以结转五年
工资直接捐赠的特殊减免	没有	有
捐赠证明	必须是受赠机构开具的捐赠票据	受赠机构的收据、信件或书面证明,被盖销的支票,银行或信用合作社的证明,信用卡的证明,支付存根等多种形式
捐赠其他国家的减免	没有	有(基于双边的税收协定并在对方国家有收入)

相对而言,中国教育捐赠的个人所得税减免政策还比较严格和保守,这可能和个人所得税政策还不是中国主要的税种以及政府严谨的税收理念有关,即首先要保证的是国家税收收入,尽量不留下空子被人利用来偷税漏税,但这种保守的教育捐赠个人所得税减免政策也带来了无法较大程度撬动普通公众进行教育捐赠的弊端,今后在这方面应有所改进。

三、对中国民间资金参与学生资助的个人所得税减免的启示

参照美国多年来在教育捐赠的个人所得税减免方面的成熟经验,并结合中国目前的经济发展情况和税制改革动态,总结出对中国的借鉴,可能表现在以下方面。

(一)放宽合格的受赠组织的范围

除了美国以外,德、日等发达国家的合格受赠组织的范围也比较宽泛,以充分发挥方便公众捐赠的目的。[1] 参考他们的经验,合格的教育

---

[1]　赵海益、史玉峰:《我国个人公益性捐赠所得税优惠政策研究》,《税务研究》2017年第10期。

捐赠组织可适当限定,以防止通过教育捐赠的名义偷逃税款;但结合中国的实际适当放宽,可以把合格的接受教育捐赠的机构限制扩大到:一是各大学成立的教育基金会;二是专门成立的学生资助慈善机构,如中国的民间奖学金机构等;三是某些从事教育管理事务的政府机构(其可以履行学生资助的职能),如教育部门和各地的学生资助管理中心等。另外,也要充分发动全社会捐赠学生资助的热情,鼓励成立更多的合法合格的学生资助慈善机构,尤其是一些专项的民间奖学金机构等,以扩大受赠的范围,更好地利用民间资金来服务于学生资助。

(二)扩大民间捐赠的减免来源

当前中国的教育捐赠中,现金的捐赠形式还是主流,未来为扩大捐赠的基础,也应鼓励非现金的捐赠,如财产、知识产权甚至劳务的相关支出等,参考美国在此类项目上的成熟处理方法,应允许捐赠人可以往后续年度结转价值较大的财产和知识产权的捐赠,便利捐赠人的个人所得税减免。鼓励合格机构组织各种活动吸引捐赠人参加,允许其获得一定收益(音乐会、体育比赛的观看等),以捐赠人支付活动费用减去获得收益超过的部分作为实际的捐赠价值。鼓励家庭认领捐助非亲戚关系的困难学生,并且允许其用在困难学生身上的开支从个人所得税中减免。鼓励个人参与教育慈善机构的志愿者服务,并允许其减免参与慈善活动的相关成本支出。鼓励慈善机构接受各种物品,可以通过二手物品中介来销售,并以最终的价格作为捐赠额。鼓励慈善机构接受各种汽车、船和飞机,可以通过二手汽车、船和飞机中介来销售,并以最终的价格作为捐赠额。

(三)提高减免比例并允许向后结转

个人所得税未来发展方向是综合征收,因为只有这样才更加科学合理,更加考虑到不同人群的实际情况,综合征收个人所得税以后,将改为按年征收,还应适当调高对学生资助教育捐赠的个人所得税减免比例,如30%—50%的合理水平,并且允许往后续年份结转,如美国规定的结转期限为5年;在没有转变为综合按年征收个人所得税之前,应允许税收减免可以向以后月份结转(现行的个人所得税本质上还是按月计征的),如考虑结转12个月,如果以后个人所得税改为真正的按年计征(从个人所得税的未来改革趋势来看可能性较大),则应配套将向后结转年份改为3—5年,以鼓励捐赠人进行难以在一年内减免完的大额捐赠。

(四)采取更加便利捐赠人办理个人所得税减免的措施

要求受赠机构必须为捐赠人出具证明,同时为了便利捐赠人的税收处理,可以考虑扩大捐赠证明的范围,不仅限于受赠机构的票据,还应包括受赠机构的收据、信件或书面证明,银行或其他金融机构的证明,信用卡的证明,支付存根等等;但也要出台对虚假捐赠证明的严厉处罚措施,防止伪造或滥用捐赠证明进行偷税漏税行为。另外,增加工资直接减免的制度安排,鼓励捐赠人日常的教育捐赠,如果是工资直接减免,雇主有义务出具证明,这些证明同样具有法律效力,也应在税收减免时认可。

近期,个人所得税改革又成为社会的焦点,在慈善捐赠日渐成为社会风尚的背景下,参考美国的成熟经验,在放宽受赠组织的范围、扩大减免的来源、提高减免比例并允许向后结转及采取更加便利纳税人的措施方面可能是今后个人所得税在教育捐赠领域继续改革的四个方向,必将对刺激教育捐赠、发挥税收的调节效应产生综合效益。

四、美国教育捐赠的企业所得税和遗产税扶持政策及启示

相对于教育捐赠的个人所得税扶持政策,美国教育捐赠的企业所得税和遗产税扶持政策比较简单一些,因为企业所得税在美国的地位没有个人所得税重要,遗产税则没有个人所得税那么普及,其企业所得

税和遗产税对教育捐赠的扶持政策内容包括以下部分。

企业对教育的捐赠不超过企业所得税的应纳税所得额 10% 的部分,可以在计算企业所得税的应纳税所得额中扣除,当年扣除不完的,可以在以后的五个纳税年度中扣除;但个别捐赠,如捐赠给高校和研究机构,用于某些领域的如生物、物理等方面的研究和试验,可以超过10% 的扣除额。

发达国家尤其是美国对遗产的课税都比较重,但在教育捐赠领域却是可以全额扣除的,即遗产中对教育的捐赠,可以全额扣除掉以后,对剩余遗产部分再计征遗产税。①

综上所述,美国企业所得税相对没有那么重要,其可扣除的比例还不如中国企业所得税的扣除比例力度大,但向后续结转年度要多一些,这方面中国可适当考虑是否需要增加向后续结转年度。

遗产税方面,毫无疑问,美国的遗产税对鼓励慈善捐赠有着重要的意义。但相对而言,遗产税对激励对学生资助的捐赠影响较小一些,而且遗产税的实施要根据中国遗产税立法的整体安排来进行,但作为个人所得税和企业所得税的配套措施,这方面的政策还是要考虑的。

第二节　新加坡教育捐赠的税收
扶持政策及启示

一、中国教育捐赠的财税扶持政策可以参考新加坡的经验

各国教育捐赠的扶持政策中,财税扶持政策是重要的组成部分,财

---

① 金荣学、张迪、张小萍:《中美高等教育捐赠税收制度比较》,《教育研究》2013 年第7 期。

税扶持政策主要包括税收减免政策,即对捐赠方(包括企业和个人)的捐赠金额可以在纳税时在应纳税所得额中扣除;以及财政匹配政策,即政府匹配个人或企业的捐赠金额的一定比例,不一定是全额匹配,匹配比例一般低于100%,但个别国家对一些比较重视的领域捐赠的匹配比例也可能会超过100%,甚至达到300%,一般是经济规模较小但比较发达、财力比较宽裕的中小型国家,如本节论述的新加坡。

近年来,中国富豪捐赠教育已经成为社会关注的热点,但整体而言,教育捐赠参与度,尤其是普通民众的教育捐赠参与度还明显不高。2015年中国个人捐赠总额达到169.30亿元人民币[①],人均年慈善捐款约为12元人民币(169.30亿元人民币除以13.75亿人口计算得出),这一方面说明我国的个人慈善捐赠还比较落后,但另一方面说明还有巨大潜力可挖。2015年新加坡可以申请税收减免的慈善捐款达到14亿新元,比2014年增加24%。其中企业和个人捐出的可扣税慈善捐款分别达到9.115亿新元和4.495亿新元,人均年慈善捐款约为82新元(4.495亿新元除以547万人口计算得出),约合393元人民币。2015年新加坡慈善捐款再创新高的原因一方面是多年来持之以恒的政府扶持政策的结果;另一方面,2015年是新加坡建国50周年,新加坡政府又出台了专门政策,将捐款减免的比例从250%提高到了300%,即个人或企业捐赠1元,可以在税前收入中减免的金额从2.5元提高到3元,从而更大地激发了企业和个人的捐赠热情。[②]

我国导致慈善捐赠比较落后的原因有很多,包括整个社会慈善文化氛围还不够浓厚,宣传还不够到位,收入水平的影响等等,但财税扶持政

---

① 权敬:《爱心满满! 2015年我国捐赠总额突破1100亿元》,2016年12月5日,http://news.xinhuanet.com/gongyi/2016-12/05/c_129391189.htm。

② 许翔宇:《去年国人可扣税慈善捐款约14亿元,创历年最高记录》,2016年8月12日,http://www.zaobao.com.sg/realtime/singapore/story20160812-653309。

策的缺失是其中一个很重要的因素。有研究显示,财税扶持政策对中国民众教育捐赠的激励还比较有限。[①] 如何利用好财税扶持政策鼓励广大民众参与到教育捐赠中来,挖掘出更大的捐赠潜力,是很值得研究的课题。尤其是随着经济的发展,企业所得税和个人所得税改革的不断推进,税收减免和财政匹配的影响有可能成为决定民众教育捐赠的重要因素,在这方面要早做准备,才好未雨绸缪,而吸收新加坡等发达国家成功的经验,可以提供重要的参考,对中国类似政策的设计是大有裨益的。

二、新加坡慈善捐赠的税收减免政策

新加坡早已迈入发达国家的行列,其经济发展稳定,社会经济政策制定水平较高,高等教育在亚洲居于前列,在世界上也有一定的竞争力,同时其还是一个华人社会,社会文化、风俗习惯和我国有类似的地方,这些因素决定了其政策设计对我国来说有一定参考价值。近年来,尤其是 2008 年全球金融危机之后,为应对发展变化的国际新形势,充分发挥新加坡高等教育机构的作用,新加坡政府强化了其教育捐赠的财政匹配政策;2015 年又是新加坡建国 50 周年,其更出台了专门的教育捐赠税收刺激政策,提高了教育捐赠的税收减免比例,以充分鼓励教育捐赠并取得了不错的效果。了解新加坡教育捐赠的税收减免与财政匹配政策,并提炼出对我国教育捐赠的借鉴之处,是有相当参考价值的。另外,新加坡还位于"21 世纪海上丝绸之路"上,地理位置重要,地缘政治地位显著,了解这些"21 世纪海上丝绸之路"沿线国家的先进政策,并探究可能的教育与经济合作机会,对我国开展"21 世纪海上丝绸之路"建设也是有相当意义的。

---

① 冯涛、程宝燕:《个人捐赠参与学生资助影响因素的实证研究》,《教育与经济》2016年第 6 期。

新加坡教育捐赠的财政扶持政策也主要包括税收减免和财政匹配政策,通过这两种方式来激励企业和个人捐赠教育,其教育捐赠的税收减免政策对税前减免的捐赠种类、不能税收减免的捐赠、税收减免的比例以及其他方面都作出了详细的规定,具体内容如下。

（一）可以税前减免的捐赠种类

可以税前减免的捐赠种类范围比较广泛,包括现金、股票、计算机、土地和建筑物等。但必须是捐赠给核准的公益机构(Institution of a Public Character,IPC)和新加坡政府机构才可以获得税收减免,并不是所有的慈善机构都是核准的公益机构,具体名单可以在新加坡官方网站查询,以便供捐赠方参考。

可以减免的现金捐赠还需保证捐赠方不能获得返还的物质收益,除非这个收益返还没有商业价值①,现金捐赠适用于企业和个人捐赠。

可以税前减免的股票捐赠必须是在新加坡交易所公开上市的股票和在新加坡交易的单位信托基金的基金;由公益机构来决定股票或基金的价值,一般基于同类型股票和基金在公开市场上的价格,以捐赠日的最后价格为准。捐赠日是股票或基金的法定权利转移给公益机构的那天。有持有时间限制的股票或期权不能适用于这部分规定的股票捐赠。股票捐赠只适用于个人捐赠。

可以税前减免的计算机捐赠包括硬件、软件、配件和外设。需满足以下条件:捐赠给指定的教育、研究公益机构,捐赠的硬件和软件由新加坡资讯通信发展管理局核准,捐赠方向新加坡资讯通信发展管理局申请核准其捐赠物的价值。计算机捐赠只适用于企业。

可以税前减免的土地和建筑物捐赠是从 2003 年 4 月 1 日起开始

---

① 没有商业价值指的是:返还的收益被看作是对捐赠的感谢,同时这些收益没有转卖的价值。

生效的,捐赠方和公益机构需要安排一个估价人来作出捐赠土地或建筑物的价值评估,然后公益机构需要向新加坡国内税务局提出申请来认可这个市场价值,评估的成本不能税收减免,捐赠日期是转移法律权利给公益机构的那天。土地和建筑物的捐赠适用于企业和个人。

(二)不能税收减免的捐赠

如果捐赠本质上是在公益机构的设施、活动和项目上做广告则不能获得税收减免,捐赠方展示他们的旗帜、产品及其他附属品等均被视为做广告及市场营销。如果捐赠是为了外国慈善,比如捐赠给一个公益机构管理的海外救济基金的也不能获得税收减免。

(三)税收减免的比例和其他具体规定

2015 年为新加坡 50 周年国庆,2015 年 1 月 1 日到 12 月 31 日(包括这两天)期间的捐赠的减免比例由 250% 提高到 300%,适用于个人、企业、信托、团体等。为鼓励继续捐赠,从 2016 年 1 月 1 日到 2018 年 12 月 31 日,继续维持 250% 的减免比例,之后的减免比例由新加坡政府适时调整。

税收减免要比捐赠晚一年,例如 2014 年捐赠的金额,将会在 2015 年报税时减免。捐赠方不需要在所得税申报单中主张自己的捐赠,公益机构会把信息报送给新加坡国内税务局。

所有的由公司和个人组成的实体(包括俱乐部和类似机构、管理公司、贸易协会和城镇理事会)必须提供他们的名称和报税号码给公益机构。匿名捐赠人不需要提供报税号码给公益机构,但是如果后来他们希望获得税收减免,则必须提供报税号码给公益机构,然后由公益机构提供给国内税务局。

如果捐赠的税收减免超过了当年的收入,则可以将未使用的税收减免结转到以后年度,最多 5 年,例如 2014 年的捐赠,在 2015 年开始减免,则最多可以结转到 2020 年。

公司捐赠者必须满足持股情况不变的条件,即股东和持有股份情况都不得发生变化,只有这样,才能使用那些未使用的税收减免来抵扣未来的收入,捐赠的税收减免要排在交易损失和资本分配之后使用。[①]

三、对中国民间资金参与学生资助的公共财政扶持政策的启示

中国和新加坡教育捐赠的税收减免政策的对比情况如表 3-2 所示。

表 3-2　中新两国教育捐赠的税收减免政策比较

	中　国	新加坡
受赠机构	必须是政府核准的教育公益机构,一般是各大学成立的教育发展基金会和政府设立的教育基金会	必须是政府核准的教育公益机构
可减免的教育捐赠的种类	货币、实物、房屋、有价证券、股权、知识产权等有形和无形财产	现金、股票、计算机、土地和建筑物等
税收减免的比例	1∶1	2015 年 1 月 1 日到 12 月 31 日(包括这两天)为 3∶1,2016 年 1 月 1 日到 2018 年 12 月 31 日为 2.5∶1
税收减免的后续年度结转	企业捐赠可以结转到以后 3 年,个人捐赠目前还不能结转	可结转到以后 5 年
报税流程	公司和个人从公益机构获得捐赠证明,然后自己在报税时提交捐赠证明给税务机构	公司和个人提供他们的名称和报税相关号码给公益机构,公益机构提供给国内税务局,然后国内税务局直接在公司和个人报税时减免

根据上述中新两国对比情况,并结合中国的国情,总结出对我国民间资金参与学生资助的税收减免政策的启示如下。

[①] Tax Deductible Donations, https://www.iras.gov.sg/irashome/Individuals/Locals/Working-Out-Your-Taxes/Deductions-for-Individuals/Donations/.

（一）捐赠财产价值的认定要更加科学和人性化

以前我国相关税法规定中可以减免的教育捐赠主要是现金捐赠，已经完全不适应当前的经济和社会情况，我国相关法律规定企业捐赠的实物等同于销售，甚至还要为捐赠的资产交税。[①] 这严重制约了企业的捐赠积极性。2016 年出台的《中华人民共和国慈善法》已经将捐赠范围扩大到货币、实物、房屋、有价证券、股权、知识产权等有形和无形财产，但对非货币资产如何评估和定价还没有非常详细、科学的规定。今后应增加评估非现金资产的相关规定，如由第三方社会中立评估机构来评估这些非现金资产的价值，但需要税务部门来最后认定价值，整个程序需要简化，以进一步鼓励和扶持社会各界以其方便的方式进行捐赠。

（二）条件许可情况下适当提高税收减免的倍数比例

中国当前的教育捐赠税收减免倍数比例是 1∶1，即按照捐赠金额在应纳税所得额中扣除，同时不能超过一定的限额，企业教育捐赠不能超过企业年度利润总额的 12%，然后可以在企业所得税应纳税所得额中税前扣除。个人所得税的相关规定则是：个人将其所得通过中国境内的社会团体、国家机关向教育公益事业的捐赠额未超过纳税义务人申报的应纳税所得额 30% 的部分，可以从其个人所得税应纳税所得额中扣除。个人通过非营利性的社会团体和国家机关向农村义务教育，高等学校开发新产品、新技术、新工艺所发生研究开发经费（偶然所得、其他所得除外）的捐赠，准予从其个人所得税应纳税所得额中全额扣除。这样的减免的倍数比例规定还是有些保守，立法者的理念还是停留在害怕税收流失的考量中。加大税收减免的比例，税收会减少一些，但增加了教育公益事业的投资，实际上是替政府投资了教育，而且

---

① 金荣学、张迪、张小萍：《中美高等教育捐赠税收制度比较》，《教育研究》2013 年第 7 期。

一般来说,由于税收减免是在应纳税所得额而不是应纳税额中扣除,这个增加的教育投资要大于政府减少的税收。以企业教育捐赠为例,假设某企业捐赠100万元给教育机构,并且不超过其年度利润的12%,现行的企业所得税税率为25%,则该企业最多只能获得25万元的税收减免,全社会却增加了教育投资100万元,这个此消彼长是显而易见的。因此,可考虑提高民间资金参与学生资助的税收减免倍数比例,尤其是小额捐赠的税收减免倍数比例,如不超过1万元的捐赠,这样不会带来太大的资金压力,试行按照1.5:1的比例进行税收减免,即捐赠1元,可以在企业所得税和个人所得税中减免1.5元,将来再根据试点的情况来决定是否增加税收减免的倍数比例。

(三)延长税收减免的结转年份

中国当前的教育捐赠中个人捐赠只能在当年获得税收减免,超过最高减免限额的部分不能结转到后续年度,企业捐赠可以结转到后续3年;而新加坡规定的是无论个人捐赠还是企业捐赠都可以结转到后续5年内,这样的规定无疑更加满足了捐赠方的需求。尤其近年来,中国富豪对高校的捐赠屡次刷新纪录,上亿元的捐赠屡见不鲜,而且富豪的大额捐赠大多以企业的名义,有些以个人的名义,这样高额的捐赠如果以个人名义捐赠则无法结转,以企业名义捐赠不一定能够在后续3年的应纳税所得额中减免完,无疑会影响富豪的捐赠热情,甚至可能导致其将捐赠资金分期分批捐赠,以获得捐赠的税收减免最大化,但这对于教育机构未必是好事,一笔大额捐赠显然比分期的捐赠要有用得多。应尽早出台税收减免的结转规定,一步到位的做法是采用世界各国实行较多的5年结转规定,即无论个人捐赠还是企业捐赠,当年捐赠额如果在次年减免不完的,可以在随后5年内减免完,以充分满足捐赠方的需求,让他们在进行大额捐赠时无后顾之忧。

第三节 其他主要发达国家教育捐赠的
税收扶持政策及启示

法国作为欧洲大陆主要发达国家之一,对教育捐赠的税收扶持是涵盖在其慈善捐赠税收减免政策中的,个人捐赠方面,不超过个人收入20%的部分,可以按照66%的税率实行税收减免。企业捐赠方面,不超过企业0.5%的营业额,可以按照60%的税率减免,这一点规定比较特别,中国的规定是不超过企业利润的12%,而法国的规定是不超过营业额的0.5%,大概是出于方便核算的目的。

德国教育捐赠的税收扶持政策规定主要是:给大学的捐赠,不超过个人收入10%的部分可以免税。[①]

日本作为亚洲最发达的国家,其教育捐赠税收扶持政策也较为完善,主要体现在企业捐赠和个人捐赠两个方面。其中企业向公益法人或特定非营利活动法人捐款可以在税前全部扣除,这个扣除比例还是相当大的;个人向公益法人或特定非营利活动法人捐款可以在年所得30%以内扣除超过5000日元的部分,即捐赠款项先减去5000日元,剩余的部分在税前扣除,但不能超过年所得的30%。

纵观欧洲发达国家的代表法国、德国和亚洲发达国家的代表日本教育捐赠的税收扶持政策,基本上也是集中在企业所得税和个人所得税的减免上,只是在税前扣除比例上略有差异,欧洲大陆国家法国和德国,由于政府福利色彩较为浓厚,政府包办了很多领域,对慈善捐赠的

[①] 梁显平、洪成文:《西方发达国家高等教育社会筹资:经验、特点及趋势》,《比较教育研究》2018年第3期。

扶持力度没有美国那么大,因此其税收扶持力度一般。日本个人捐赠的扣除力度和我国个人所得税法的规定相同,但企业所得税的扣除力度较大,值得借鉴。

小　结

表 3-3 总结了不同国家的相关政策中对中国民间资金参与学生资助的税收扶持政策的借鉴。

表 3-3　民间资金参与学生资助的税收扶持政策的借鉴总结

国　家	民间资金参与学生资助的税收扶持政策的借鉴
美　国	放宽合格的受赠组织的范围;扩大民间捐赠的减免来源;提高减免比例(如个人所得税提高到 50%)并允许向后续结转更多年度;采取更加便利捐赠人办理个人所得税减免的措施
新加坡	捐赠财产价值的认定要更加科学和人性化;条件许可情况下适当提高税收减免的倍数比例;延长税收减免的结转年份
德　国	比中国当前的税收扶持力度还小
法　国	
日　本	企业所得税的扣除比例可适当提高

从表 3-3 可以看出,我国民间资金参与学生资助的税收扶持政策可以从以下几个方面进一步完善:放宽合格的受赠组织的范围,除大学的受赠机构——大学教育基金会以外,还可以扩展到专门的学生资助慈善机构,如民间奖学金机构等;扩大民间捐赠的减免来源,不仅包括现金捐赠,还应包括财产捐赠等;提高减免比例(如个人所得税提高到 50%)并允许向后结转更多年度;等等。这些都将作为备选政策组成部分,并通过后续实证研究和仿真研究章节的验证,来最终确定采纳与否。

第四章　民间资金参与学生资助的财政
匹配政策的国际比较与借鉴

如前文所述,各国并没有专门出台针对学生资助捐赠的财政匹配政策,这方面的政策涵盖在对教育捐赠的财政匹配政策中,本章将介绍有代表性的国家在这方面的政策,并提炼出对中国民间资金参与学生资助的财政匹配政策的借鉴。

第一节　美国教育捐赠的财政匹配政策及启示

一、政府匹配民间资金捐赠教育的意义及研究现状

随着我国教育事业的发展,对资金的需求在不断提高,政府的财政投入虽然也在增加,但由于多方面因素的影响,如中西部地方政府财力有限,社会保障、基础设施等领域也需要投资,使得开拓新的资金来源成为教育研究领域越来越热的话题。从国际惯例来看,新的资金来源主要是提高学费、学校开展经营性活动,以及吸收民间资金的捐赠等。由于提高学费的社会影响太大,一定程度上会影响社会稳定,且中国目前学费已经处于一个较高的水平上,提高空间不大而社会反响可能很

大,2014 年夏天,部分省份提高大学学费引起了较大的社会反响就是个很明显的例证。[①] 同时美国的学费上涨已经带来了一系列不良后果,包括社会反响强烈,学生贷款余额不断累积,已达 1.2 万亿美元,导致借款学生负担沉重,提供贷款的商业银行、贷款公司面临着巨大的坏账压力,政府也承担着巨大的财务风险,甚至有可能带来金融系统性风险。[②] 这给了中国一个反面的例证,所以提高学费显然不是一个理想的选择。大学通过从事经营性活动来筹集资金是一个可能的选择,但会影响大学的教学科研,同时也并非所有的大学都有能力和基础从事此类活动,这些局限性决定了通过这个路径来筹集资金也并非普遍可行。与前两条途径相比,吸引民间资金捐赠教育则是一个不错的选择,其具有以下优势:一是不会花费政府资金;二是不会增加学生负担;三是不会影响高校的本业——教学和科研。

　　基于上述优点,这种筹集资金补贴教育的方式在我国开始日渐受到重视,并在政府、企业、民间机构和个人的共同努力下发展起来。教育部和财政部已开始对中央高校接受的社会捐赠收入进行配比,由中央高校统筹使用。但和发达国家相比,中国无论是捐赠的绝对水平还是相对水平目前都还处于起步阶段,还有很大的发展空间。发达国家在教育捐赠方面有数百年的历史积累和发展,尤其是美国,其教育体系中顶尖私立大学如哈佛大学从建校开始就依赖于民间资金的捐赠和社会力量的扶持,对教育捐赠的发展起到了极大的推动作用。[③] 多年来,

---

① 徐弘毅:《多省 14 年首次调整高校学费　最高涨幅超 80%》,2014 年 8 月 8 日,http://china.caixin.com/2014-08-08/100714832.html。

② Andrew Haughwout,Donghoon Lee,Joelle Scally,Wilbert van der Klaauw, "Student Loan Borrowing and Repayment Trends, 2015 ", http://www. newyorkfed. org/newsevents/mediaadvisory/2015/Student-Loan-Press-Briefing-Presentation.pdf.

③ 徐来群:《"哈佛帝国"的建立——哈佛大学筹资研究》,《高教探索》2010 年第 2 期。

美国联邦政府和地方政府也积累了很多吸引民间资金捐资助教的财政匹配政策,值得中国借鉴。

美国政府层面扶持民间资金捐赠教育的政策操作主要包括两个方面:(1)税收减免,即对捐赠的个人减免个人所得税,对捐赠的企业减免企业所得税等(这些内容已在第三章加以介绍);(2)财政匹配,即政府(包括联邦政府和州政府)财政以一定比例匹配捐赠者(包括个人、公司和基金会等主体)的捐赠资金。这两方面政策对捐赠者的影响机理是不同的,根据 Holger Sieg 和 Jipeng Zhang(2012)的研究,捐赠主要出于温暖效应(可以界定为心理收益)和经济收益才进行,大部分捐赠人则是混合了两种因素,至于两种因素所占比重则取决于捐赠人的性格特征。[1] 税收减免政策主要是满足捐赠者的经济收益,使捐赠者获得真实的资金回报;而财政匹配政策则使受赠的机构或者项目获得多一倍(也可能是其他比例)的资金投入,扩大了捐赠资金的使用效益,主要是满足了捐赠者的心理收益。两方面的政策各司其职,需要配合起来才能发挥作用。

对美国税收减免政策扶持民间资金捐赠教育的国内研究较多,包括高晓清(2011)将美国教育捐赠的税收优惠政策归纳为"一疏二堵","一疏"指个人和企业捐赠教育可以获得税收优惠,"二堵"指遗产税和赠与税堵住了富人的资产继承和转移。[2] 张磊(2013)提出提高企业和个人所得税减免的扣除比例;建立实物和无形资产捐赠的税收优惠制度;采取递延抵扣制度,提升捐赠的数额和持续性;逐步推进遗产税制

---

[1] Holger Sieg, Jipeng Zhang, "The Effectiveness of Private Benefits in Fundraising of Local Charities", *International Economic Review*, No.2, 2012, pp.349–374.

[2] 高晓清:《美国高校社会捐赠制度研究》,湖南师范大学出版社 2011 年版,第91—93 页。

度。同时还要建立国家财政资金配比制度。[①] 张继华（2014）介绍了美国《国内税收法典》规定捐赠不动产根据不同财物性质及捐赠形式采用不同的税收优惠比例，超过减税捐赠额的捐赠部分可顺延 5 年抵扣。遗产税与继承税也允许对慈善捐赠在税前扣除。另外，政府根据捐赠主体款项使用的性质配套不同比例的资金。[②] 金荣学等（2013）全面介绍了美国捐赠的税收减免制度，并和中国做了比较，提出了对中国未来税收减免制度的借鉴。[③] 但关于美国政府财政匹配扶持民间资金捐赠教育的政策还很少有详细介绍，从美国的实践情况来看，政府的财政匹配政策效果比税收减免效果还要更好一些，一方面能吸引到更多的民间资金，另一方面还可以减少税收减免中的欺诈现象。已有研究证明了这一点，Catherine C.Eckel 和 Philip J.Grossman（2008）进行了田野实验（实地实验），对比了匹配捐赠和税收抵扣的区别，结果发现：匹配捐赠相对于税收抵扣而言会带来更多的捐赠额。[④] Marsha Blumenthal、Laura Kalambokidis 和 Alex Turk（2012）认为美国现有的慈善捐赠税收抵扣（即将捐赠金额在应纳税所得额中扣除）存在一定弊端：捐赠人虚报捐赠较为严重，而税务机构审计成本过高。他们提出采用政府匹配个人捐赠的做法，可以有效地解决捐赠人虚报捐赠和降低违规现象，并对两种方案进行了实验，结果发现政府匹配捐赠的做法确实增加了捐

---

① 张磊：《新制度经济学视角下我国高校社会捐赠制度之建构》，《江苏高教》2013 年第 4 期。

② 张继华：《美国大学社会捐赠良性生态系统形成及特征》，《比较教育研究》2014 年第 12 期。

③ 金荣学、张迪、张小萍：《中美高等教育捐赠税收制度比较》，《教育研究》2013 年第 7 期。

④ Catherine C.Eckel, Philip J.Grossman, "Subsidizing Charitable Contributions：A Natural Field Experiment Comparing Matching and Rebate Subsidies", *Experimental Economics*, No.11, 2008, pp.234-252.

赠总额(即个人捐赠额加上政府匹配的数额)并降低了申报违规现象。① 上述这些前期的研究说明了财政匹配政策对吸引民间资金捐赠的重要性。本书通过对美国联邦政府和州政府两个层面的两个项目案例来介绍、分析和评价美国政府财政匹配政策对民间资金捐赠教育的作用效果和制度设计,并试着提出对中国今后相关政策的借鉴。

二、美国政府匹配民间捐赠教育的政策实践

美国是个财政分权制国家,联邦政府和州政府财政来源不同,各自来自不同种类的税收,财政支出的投向也不一样,如在教育领域,联邦政府资金主要投向学生资助以及全国范围内的科学研究资助等,州政府资金主要负责解决本州中小学和公立大学的日常办学经费。其政府财政匹配民间资金捐赠教育的政策也分为联邦和州两级,本节选取了佛罗里达州匹配民间资金捐赠提高学生成绩项目(State Funds Provide $1 for $1 Match Incentive for Charitable Giving to Increase Student A-chievement in Florida)和联邦政府匹配民间资金捐赠国家人文科学基金项目(Federal Funds Matching the Contributions to NEH-sponsored Projects)两个层面来介绍美国联邦和州一级政府匹配民间资金捐赠教育的政策,并探究其政策设计和社会经济环境的契合,从而更好地提出对中国此类政策的建议。

(一)佛罗里达州匹配民间资金捐赠提高学生成绩项目

1. 佛罗里达州匹配项目的作用效果

2001 年以来,佛罗里达州议会已经拨款 3400 万美元作为匹配资金,并成功地撬动了两倍于此的民间资金投入到教育领域(由于州政

---

① Marsha Blumenthal, Laura Kalambokidis, Alex Turk, " Subsidizing Charitable Contributions with a Match instead of a Deduction: What Happens to Donations and Compliance?", *National Tax Journal*, No.1, 2012, pp.91−116.

府每年匹配拨款总额有限,同时要按照学区相对平均分配以照顾公平,因此最终的匹配金额和民间捐赠金额虽然名义上是 1:1 的比例,但通常会撬动更多的民间资金)。2015—2016 学年佛罗里达州已经分配了450 万美元到下属的各个学区,基本上维持了上一学年的水平。[①] 民间捐赠资金加上州政府匹配资金的投入效果是明显的,从参与项目的学生层面来看,以提高毕业率为例(但捐赠资金和匹配资金的投入可能不是唯一发生作用的因素),94%的高年级参与学生顺利从高中毕业,84%的参与学生对从高中毕业显示出了浓厚的兴趣,74%的参与学生在努力从高中毕业方面显示出了进步;从参与项目的教师层面来看,94%的参与教师在某一特定领域拓宽了知识面,91%的参与教师在一般教学方面拓宽了知识面,80%的参与教师改进了教学态度,82%的参与教师在教学方法上有所改变。

2. 佛罗里达州匹配项目的制度设计

该匹配项目通过佛罗里达州教育基金会联盟(成立于 1984 年,是一个非营利组织,为 60 个地方校区的教育基金会提供服务,这 60 个地方校区教育基金会是它的会员)来操作,该机构每年提取政府匹配经费的 5%作为管理费,不能超过这个比例,以保证该匹配项目的低成本运行。该匹配项目的条件是:民间资金必须捐赠给公立学校;捐赠资金必须用于读写能力的培养,低成绩学生,生涯与技能教育,授课质量的改进,科学、技术、工程以及数学教育,提高升学率的举措。符合这些条件的民间资金捐赠,可以申请州政府预拨给佛罗里达州教育基金会联盟的资金进行匹配,匹配的比例是 1:1。捐赠的主体则来源广泛,包括个人、企业(如银行、移动通信等企业)、社会团体,甚至一些地方政

---

① "State Funds Provide $1 for $1 Match Incentive for Charitable Giving to Increase Student Achievement in Florida", http://educationfoundationsfl.org/matching-grant-program.

府(如 City of Hallandale 、City of Hollywood 、City of Pompano 等)。佛罗里达州教育基金会联盟会在每年的总结报告中列出捐赠主体的名字以资鼓励,这也在一定程度上满足了个人的心理收获以及企业的广告效应和社会影响。

从每年的 7 月 1 日到次年的 6 月 30 日为一个财政年度,佛罗里达州教育基金会联盟所扮演的角色不仅是一个财务代理人,同时还为地方校区的教育基金会提供技术支持,包括培养地方校区的教育基金会人员判断项目是否符合要求、为他们提供训练、维护项目在线网站运营、开拓会员资源、管理联系人数据库等。地方学区的匹配资金按照以下原则来分配:每个学区首先分配 1 万美元的基础匹配金额,然后按照每个学区最新的全日制学生人数比例,计算出附加匹配金额,一般来说,全日制学生人数越多,附加匹配金额越大。基础匹配金额加上附加匹配金额就是该学区最终获得的当年度最终匹配金额。在每个财政年度开始前,教育基金会联盟的人员会拜访各个地方学区,宣传这个项目,同时会举办一些培训会来培训地方学区教育基金会的人员,使其熟悉和掌握这个项目的申请、审批事宜。匹配资金必须在收到民间资金之后才能下拨,有一个在线的资助匹配系统来处理整个的流程,申请匹配的项目参与人需要在线提交匹配申请,经历一个同行评审过程,即 A 学区的捐赠资金匹配申请会被送到 B 学区或者 C 学区的教育基金会的负责人员那里,由他们来负责评审。之所以采用这样的交叉同行评审制度,是因为这种项目是一种非竞争性的项目,不会有利益冲突。捐赠资金和匹配资金的投向则是购买教学设备、帮助学生通过一些职业资格考试以及培训教师等方面。[1]

---

① "2014-2015 School District Education Foundation Matching Grants Program Year End Report",http://educationfoundationsfl.org/wp-content/uploads/2015/10/2014-15-CFEF-Matching-Grant-Report.pdf.

（二）联邦政府匹配民间资金捐赠国家人文科学基金项目

1. 国家人文科学基金项目简介及联邦政府匹配的作用效果

国家人文科学基金项目是美国联邦政府资助人文科学研究的一个项目,通过美国国家人文科学基金会(是一个联邦机构,成立于 1965 年)来实施,国家人文科学基金项目分为三种:全额资助项目,即全部经费由国家人文科学基金会拨付;联邦资金匹配项目,即申请人从个人或者组织那里获得一定数额捐赠,基金会按 1∶1 的比例匹配这笔捐赠;混合项目,即申请人获得一定数额捐赠,基金会以一定比例匹配这笔捐赠,除此之外,基金会再资助一定数额经费。[1] 例如,某申请人从符合条件的第三方捐赠者那里获得 1 万美元捐款,基金会则匹配 1 万美元资金,除此之外,基金会再资助 3 万美元,这样的项目就是混合项目。美国联邦政府希望通过国家人文科学基金会的匹配项目和混合项目,吸引私人和组织的捐赠,以发挥杠杆效应,加大资助力度,从而获得更多更好的研究成果并推进人文科学在美国的发展。基金会成立 50 年来,共提供了 63000 项资助,超过 53 亿美元,其中包括 25 亿美元的匹配资金。[2]

2. 联邦政府匹配项目的制度设计

基金会的资助主要投向是机构和个人研究者,机构包括学院、大学、博物馆、图书馆等,资助的目的主要是加强学校中的教与学,促进原创的研究,提供终身学习的机会,提供获得文化和教育资源的机会等。个人和组织的捐赠必须符合一定的条件基金会才会匹配,这些条件包括:捐赠必须是货币捐赠,或者最终会转化为货币,或者来源于非现金

---

[1] "Budget Information and Instructions", http://www.neh.gov/files/grants/budget_information_and_instructions_june_2015.pdf.

[2] "The National Endowment for the Humanities Kicks off Year-long Celebration of the Agency's 50th Anniversary", http://www.neh.gov/news/press-release/2015-09-28.

捐赠产生的净收益;捐赠资金必须来源于非联邦性质的第三方,并且不能从受赠者那里得到回报或者补偿;捐赠人必须直接将捐赠资金转移给受赠人(项目主持人),并且捐赠资金必须在项目期间用于项目研究的支出。如果是捐赠承诺的话,则必须满足:这种承诺保证在法律上具有强制执行力的义务,捐赠资金必须在项目进行期间到位,才可以获得联邦资金的匹配;如果最终保证捐赠的资金没有到位,项目主持人必须确保从其他来源获得资金,否则联邦匹配资金将会被退回。匹配资金的申请通过网络上的管理系统进行。

以下情况不符合联邦资金匹配的条件:资金最早来源于联邦拨款,无论中间经过何种形式转移给了项目主持人;产生于捐赠的资金,如利息等;非现金的捐赠形式,如服务和设备,并且最终无法转化为现金;如果捐赠资金是给予参与和协助项目研究的其他个人(不包括项目主持人)和组织,除非这些资金后来转移给了项目主持人;项目进行活动中的注册费等其他收费;延迟的捐赠,如慈善年金信托等;项目主持人自己的捐赠;捐赠人从项目中获得了收益;捐赠人与项目主持人关系密切(如近亲属)。

有时捐赠人会出于减免税收的考虑将资金直接捐赠给国家人文科学基金会,这种情况下,捐赠人需要签署一定的文件以及通过支票来转移资金。直接捐赠给国家人文科学基金会可以减免联邦所得税(《美国法典》第20卷的规定),捐赠给项目主持人则不能依据《美国法典》第20卷的规定,但可以依据美国《国内收入法典》获得税收减免。如果因为种种原因捐赠给项目主持人无法获得税收减免,捐赠人则可以通过直接捐赠给国家人文科学基金会来实现其税收减免的目的。①

---

① Federal Matching Funds Guidelines, http://www.neh.gov/grants/manage/federal-matching-funds-guidelines.

三、美国联邦和州两级政府匹配教育捐赠政策评价

美国的政府匹配教育捐赠政策实行几十年来,效果是显著的,有效地吸引了民间资金,为公共教育事业的发展增加了经费投入,同时宣传了教育慈善事业,为更多的人和企业参与到慈善中来发挥了作用。综合来看,其优点主要体现在以下几个方面。

（一）增加了捐赠个人和企业的收益

不同的捐赠人进行捐赠,其希望获得的收益是不一样的,有的是为了经济利益,有的是为了他人的尊重,有的是为了自己的心理满足。与税收减免政策相比,政府的匹配政策进一步加大了捐赠人进行捐赠所获得的收益,更大程度地激发了他们进行捐赠的可能。自己的捐赠带来了政府同等资金的匹配,加大了投入到慈善领域的资金,使得受捐赠项目可以获得更好的发展,捐赠人可以获得更大的心理满足。除了吸引等额政府匹配资金外,捐赠人同时还可以获得税收减免,这样就获得了双重收益,即心理收益和经济收益,更好地满足了捐赠人的需要。

（二）制度设计严密又有一定灵活性

美国作为一个发达国家,在政策设计前会充分论证,同时由于多年的政策实践经验丰富,社会政策设计水平较高。具体到教育捐赠政策方面则表现为:方方面面的情况考虑得比较充分,规避了各种假捐赠骗取政府资金的行为,如:先进账民间资金以后政府资金才开始匹配;同时匹配经费投向很有针对性,完全瞄准了政策设计者希望扶持的领域;资金的微观匹配和宏观分配上的设计尤为合理,首先明确政府匹配的比例,但同时为了公平地照顾不同地区,佛罗里达州的项目是按照区域就读学生人数较为平均地分配,而国家人文科学基金的项目则可以在全额、匹配和混合三种项目中根据具体情况合理安排资金;如果捐赠人捐赠给项目主持人无

法获得直接的税收减免,就会直接捐赠给基金会。上述设计都充分考虑了捐赠人的实际情况,保证了其经济利益,体现了高超的政策设计水平。

(三)信息化手段运用充分

无论是国家人文科学基金会还是佛罗里达州教育基金会联盟的政府匹配的办理,都通过基于计算机和网络的专门设计的财政匹配事务处理系统来处理政府匹配项目的申请、评估、审批等事宜,这种信息化的处理方式提高了捐赠活动和匹配活动的效率,同时可以迅速处理和方便积累各种捐赠和匹配数据,为今后评估、反思此类项目和做相关研究提供了很好的数据基础。

(四)通过低成本、高效率和专业化的基金会方式运作

国家人文科学基金项目的匹配由国家人文科学基金会运作,基金会本身就是科研项目申请受理单位,同时又负责政府资金的匹配,不会增加太多成本,同时由于工作的直接相关性,运作匹配事宜也比较专业和高效。佛罗里达州私人捐赠提高学生成绩项目由佛罗里达州教育基金会联盟运作,每年的管理费不得高于州政府匹配资金的5%,同时也锻炼了一支负责政府资金匹配的专业化队伍,而且这支队伍还可以不断进行培训和交流,提升了专业素养。

除了优点之外,以上两个项目也存在着需要改进的地方,具体包括以下两点。

(一)匹配比例单一

1∶1的匹配比例虽然明确,但未区分捐赠金额的大小而仅以一种比例匹配并不一定能够适应所有的捐赠项目,可能造成资金的浪费。可以丰富匹配比例的形式,如借鉴个人所得税的累进税率,实行累进的匹配比例,即捐赠资金越高,政府匹配比例越高,这样可以起到鼓励民间资金捐赠往大额方向发展的作用,同时也可

以节省匹配资金,更大限度地发挥政府资金使用的效益,吸引更多的民间资金捐赠。

(二)资金没有形成循环利用

上述两种匹配项目有一个共同的特点,即政府匹配经费当年就全部下拨并投入使用,下一年政府还要拨付新的经费来进行新年度的资金匹配,没有形成一个能产生固定收益的资金池,也就是说没有形成资金的循环使用,资金使用效益不高。

四、对中国民间资金参与学生资助的财政匹配政策的启示

吸引民间资金的政策中,减税和匹配两者缺一不可,只有搭配使用,才能最大限度地发挥出满足捐赠人各种心理收益和经济收益的功效。近年来,中国政府非常重视这个问题,已经在相关的税法和中央高校的民间资金捐赠匹配方面出台了相关政策,财政部和教育部在 2009 年出台了《中央级普通高校捐赠收入财政配比资金管理暂行办法》(以下简称《暂行办法》)。[①] 匹配政策是由政策要素组合而成的,主要包括捐赠主体、受赠主体、捐赠形式的要求、匹配比例、作业方式、评审机构和方式、匹配资金的投向等。以下将中美两国政府匹配民间资金捐赠教育政策的政策要素集中在表 4-1 中做一比较,然后在借鉴美国联邦和州两级政府匹配政策成功的制度设计的基础上,对中国民间资金参与学生资助的财政匹配政策提出改进建议。

---

① 《财政部　教育部关于印发〈中央级普通高校捐赠收入财政配比资金管理暂行办法〉的通知》,2009 年 10 月 12 日,http://www.mof.gov.cn/zhengwuxinxi/caizhengwengao/2009niancaizhengbuwengao/wengao200912qi/201002/t20100203_267633.html。

表4-1 中美政府匹配民间资金捐赠教育政策比较

	佛罗里达州匹配民间资金提高学生成绩项目	联邦政府匹配民间资金捐赠国家人文科学基金项目	中国当前的匹配政策
层 级	地 方	联 邦	中 央
捐赠主体	个人、企业(如银行、移动通信等企业)、社会团体,甚至一些地方政府	非联邦性质的第三方,并且不能从受赠者那里得到回报或者补偿	未明确列出和指明
受赠主体	60个地方校区的教育基金会	国家人文科学基金项目的主持人或国家人文科学基金会	各高校在民政部门登记设立的基金会
捐赠形式的要求	货币资金	必须是货币资金捐赠,或者最终会转化为货币资金,或者来源于非现金捐赠产生的净收益	10万元以上(含10万元)的货币资金
匹配比例	1:1	1:1	比例不确定,根据财力由主管部门每年逐校核定
作业方式	信息化	信息化	文件化操作
评审机构和方式	同行交叉评审,即60个地方校区的教育基金会交换匹配项目的申请书来评审,可以提高评审水平	国家人文科学基金会直接评审	财政部和教育部直接评审
匹配资金的投向	和捐赠资金用于同一项目	和捐赠资金用于同一项目	优先用于资助家庭经济困难学生、支持毕业生就业、开展教学科研活动等支出。不得用于偿还债务、发放教职工工资和津补贴、日常办公经费等。和捐赠资金可以有不同用途
管理费用	不得超过政府匹配经费的5%	未明确规定	未明确规定

(一)鼓励经济发达地方试点捐赠匹配

《暂行办法》目前只规定由中央财政匹配中央高校的民间捐赠,对地方高校都没有涉及;但实际上,东部经济发达地区的地方高校都有吸引民间捐赠的土壤,既有富裕的个人,也有实力强大的企业,还有财力雄厚的地方政府,以及多年流传的捐赠文化,这几个方面的优势决定了东部高校实行民间资金捐赠的政府匹配很可能会取得较好的效果,尤其是吸引民间资金投入到学生资助方面,并且可能为中央财政匹配中央高校探索出较多成功的经验。近年来,东部发达地区的一些地方政府如广东省深圳市、北京市、浙江省等都开展了一些财政匹配教育捐赠的试点,今后应鼓励东部发达地区在立足自己地区实际情况的基础上勇于试点,为全国范围内大规模地推广财政匹配教育捐赠政策探索成功的经验。美国的财政匹配教育捐赠政策也不是全国统一的,而是各州和联邦机构各自探索、相互借鉴。

(二)明确匹配比例

《暂行办法》目前规定财政部会同教育部对捐赠收入总额采取分档按比例核定的方式,并综合考虑高校地理位置、财力状况等因素,逐校确定配比资金数额,而没有明确规定匹配比例,这样无法给捐赠人以完整的预期,在他们捐赠的时候完全不知道政府会匹配多少资金,这很可能会影响他们的捐赠决策。美国的这两个项目匹配基本都是明确规定了匹配比例。但如果采取美国的这种做法,在当前的区域经济发展不平衡的情况下,很可能会出现东部高校吸引捐赠多、政府匹配也多的局面,就会形成富者越富、穷者越穷的结果,这无疑照顾了效率,却丢掉了公平。因此还是要充分考虑中国的国情,可以采取中央政府和地方政府合作的方式来保证公平,同时兼顾效率。具体做法是东部地区地方高校捐赠完全由地方政府承担匹配经费,中央直属高校的捐赠由中央和地方政府按比例承担,中央财政低比例。另外,东部地区财政状况较好,可以采用1∶1匹配的方式;而中西部地区地方高校捐赠则完全由地方政府承担匹配经费,中央直属高校的捐赠由中央和地方政府按比例承担,中央财政高比例。同时中西部地区财政状况较差,可以采用节省政府匹配经费的累进比例方式。

（三）明确匹配资金的用途和民间捐赠资金一致

《暂行办法》中规定匹配资金的用途是统筹使用，优先用于资助家庭经济困难学生、支持毕业生就业、开展教学科研活动等支出。不得用于偿还债务、发放教职工工资和津补贴、日常办公经费等。这个规定比较模糊，没有明确与民间捐赠资金用于同一用途，而且实践操作中往往和捐赠资金分开使用的可能性比较大。美国的匹配制度设计是与捐赠人资金汇总用于同一用途，增大了民间捐赠资金的效果，满足了捐赠人对受赠项目的重视度，增大了民间资金的利用效率，更能吸引他们进行捐赠。因此，应规定对民间资金捐赠给学生资助的，政府的财政匹配资金也必须用于学生资助领域，给捐赠方以良好的预期，充分调动他们的积极性，达到良好的政策效果。

（四）捐赠匹配管理的机构专门化和人员专业化

长远来看，从整个社会捐赠事业的发展考虑，应建立专门负责政府匹配资金管理的非政府机构，并培养一批专门的从事捐赠管理，尤其是学生资助领域捐赠匹配事务管理的专业人士，这些专业人士应该具有热心慈善事业的品德，具备财务会计以及法律的专业知识，并熟悉学生资助的事务，还可以定期开展交流和培训，以及到发达国家同类型机构去学习，今后高校也可以在相关专业下（如教育经济与管理专业）开设捐赠管理方向的学术硕士或设计专门管理捐赠的专业硕士如教育慈善管理专业硕士，为捐赠事业的发展，以及学生资助捐赠的政府匹配政策的顺利运作提供坚实的人力资源基础。

（五）严格规定政府匹配的负面清单

《暂行办法》对匹配的负面清单即不合格条件已有规定，包括：捐赠收入来源必须合法，必须有利于高校的长远发展且不附带任何政治目的及其他意识形态倾向；申请配比资金的项目必须具有真实的捐赠资金来源、数额及用途,具有明确的项目名称。但上述规定不够明晰和严格,留下了一些模糊地带,如使用来自其他层级政府或国企的资金来捐赠给中央直属高校,中央政府是否匹配等,这些都可能成为套取政府匹配资金的漏洞。美国的相关政策规定非常严格和明晰,国家人文科学基金会的规定是只要资金最早来源于联邦拨款,无论中间经过何种形式转移给了项目主持人都不能匹配;捐赠人从项目中获益以及捐赠人与项目主持人关系密切(如近亲属)都不能匹配。那么,我国如果出现前述地方政府和国企捐赠给中央高校的情况,中央政府再进行匹配是否构成国家资金的重复投入和浪费? 应出台类似规定,如只要是最初来源于国家层面(包括中央政府、地方政府和国有企业)的资金一概不再匹配,以堵住相关漏洞,节省财政资金。

(六)形成捐赠资金和匹配经费循环使用的运作模式

中国慈善捐赠事业起步较晚,现在还在初级阶段,民间捐赠资金和政府匹配经费都比较有限,能够循环使用的资金运作模式才是最理想的。具体来说,鼓励民间捐赠资金和政府匹配经费形成本金,但要设定最低的经费门槛(太低的本金无法形成一定规模的收益),以每年产生的收益投入一些需求资金不是很大的领域,如资助贫困学生、设立讲座教授、奖励优秀教学等,这样资金的使用效果可以在多年内显现,收益才能最大化。

第二节　英国教育捐赠的财政匹配政策及启示

英国作为传统的发达国家,其大学本来沿袭欧洲大陆法系国家大学的传统,不收或很少收取学费,但由于财政紧张等原因,20世纪90年代起开始沿着美国的路径,大学收取学费并最终达到一个较高的水平,与之相配套的助学贷款及助学金在英国也随之发展起来,并达到了一个较高的水平。

虽然学费成为高等教育的主要来源之一,但财政经费的短缺,以及美国等其他国家慈善捐赠的成功发展还是给了英国推动教育捐赠的动力,作为重要的推动政策,财政匹配政策在英国也得到了较好的发展。

一、英国教育捐赠的财政匹配政策的具体内容

首先是政府的技术扶持,包括给予高校的启动经费,用于雇用专业的捐赠管理人员和购买设备,同时还投入经费帮助高校培训这项工作的相关人员。其次是给出一个固定的总额,2007 年启动这项工作时的匹配经费总额是 2 亿英镑。最后是匹配的比例不是固定的,是按照不同学校的情况加以区别对待的,并设定匹配资金的上限,具体的政府匹配民间资金捐赠的比例(政府对比民间资金)是 1∶1(基本无经验的高校)、1∶2(少量经验并有发展计划的高校)、1∶3(经验丰富的高校)。经验越丰富的高校,比例反而越低,即高校吸引 3 英镑捐赠,英国政府才匹配 1 英镑,而基本无经验的高校吸引 1 英镑捐赠,政府就会匹配 1 英镑;匹配资金上限的规定则相反,越没有经验的高校匹配资金的上限越低(因为这些高校吸收的民间资金也少),越具有丰富经验的高校的匹配资金的上限越高。①

二、英国教育捐赠的财政匹配政策的优点

一是充分的技术扶持。作为一个较晚推行财政匹配政策的国家,英国高校在这方面的经验非常缺乏,如果盲目开展,效果可能很不理

① 梁显平、洪成文:《英国高等教育财政配比捐赠政策的产生、实施效果及启示》,《比较教育研究》2017 年第 4 期。

想。因此英国在推行财政匹配政策之前,就对高校进行这方面的技术
扶持,为高校拨付专门的财政匹配政策推行的启动经费,招聘捐赠筹集
的专业人员,并组织这方面的相关培训,短期内培养了专业化的募集捐
赠和财政匹配的人员,为财政匹配提供了充足的人力资源。

　　二是设定一个财政匹配资金的总额,保证了政府的财力可负担。
英国政府在 2007 年启动财政匹配政策时,设定了一个 2 亿英镑的财政
匹配资金的上限,这样就保证了政府在执行政策时的主动性,不至于因
为匹配资金过高而承受不起,同时激励各高校尽早吸引捐赠来申请政
府的匹配资金。

　　三是匹配比例根据高校的情况区别对待,扶持弱者,激励强者。在
财政匹配政策设计上,英国的做法也比较有特点,即区分不同的高校的
实际情况,在匹配比例上给予不同的对待。对吸引捐赠基础较差的高
校匹配比例较高,对吸引捐赠基础较好的高校匹配比例较低,以扶持在
吸引捐赠基础不好的高校在这方面的发展,尽量改变高校在吸引捐赠
方面贫富不均的状况;同时又限定了各类型高校获得匹配资金的上限,
对吸引捐赠基础较好的高校匹配资金上限规定较高,也满足了这些高
校实际吸引捐赠资金较多的情况,等于在扶持弱者的同时也激励了强
者,是非常有技术含量的制度设计。

三、对中国民间资金参与学生资助的公共财政扶持政策的启示

　　中国与英国刚刚启动财政匹配政策的时候情况类似,都是处在财
政匹配政策的启动阶段,各高校都缺乏专门的处理财政匹配事宜的技
术人员,需要教育行政部门牵头进行人员培训,可以邀请发达国家长期
从事此类政策的专业性人才,定期为各高校从事这方面工作的人员进
行培训。一方面培训教育捐赠的财政匹配的知识和实务,另一方面培
训学生资助的知识和实务,最终形成复合的知识结构,能够胜任学生资

助捐赠的财政匹配事务的管理。

在财政匹配的政策设计方面,也可以参考总额限定、比例不同的做法。总额限定的好处显而易见,使政府的财政负担可控;比例不同则起着调控不同高校的作用。建议参考英国的做法,按照过去吸引捐赠的情况,把各高校分为基础较差(如中西部的地方性高校)、基础中等(如东部的地方性高校和中西部教育部直属高校)和基础较好(如东部的教育部直属高校)三类,每一类高校设定不同的捐赠比例,以扶持那些过去吸引捐赠较少,尤其在学生资助领域捐赠较少的高校的募捐事业,达到高校在吸引教育捐赠领域的均衡发展。

第三节 新加坡教育捐赠的财政匹配政策及启示

一、新加坡教育捐赠的财政匹配政策相关规定

新加坡教育捐赠的财政匹配政策主要集中在高等教育领域,为促进民间资金捐赠新加坡高等教育,新加坡政府对民间资金捐赠高等教育实行匹配资助政策,符合匹配的受赠机构必须是大学和研究机构,这反映了新加坡对高等教育资助的重点。匹配比例方面的规定是:对新设立的大学和研究机构的捐赠实行3∶1的匹配金额资助,对已设立的老牌大学和研究机构的捐赠实行1.5∶1的匹配金额资助。[1] 采取差异化的政策是因为新设立的大学基础较差,需要更好的扶持;而已设立的老牌大学基础较好,包括已经建设完备的校园设施,稳定运行的学术项目等,对资金的需求相对较小,但同时又具备更加有利的吸引捐赠的

---

① "Yojana Sharma.SINGAPORE:New Universities Trust to ensure funding",http://www.universityworldnews.com/article.php? story=20100902081004138.

条件,如校友众多、社会影响更大等。新加坡教育捐赠的财政匹配政策采取的是帮助弱者和后发者的原则。

二、新加坡教育捐赠的财政匹配政策的典型案例

在华人社会圈影响巨大的李嘉诚基金会及和记黄埔集团曾经向新加坡两所大学进行过捐赠。一次是捐赠给新设立的新加坡管理大学(Singapore Management University),该所大学于 2000 年 1 月成立,是为了培养商界管理人才而成立的。捐款分为两部分,其中 1500 万新元用作支持图书馆建设。作为感谢,新加坡管理大学将该图书馆命名为"李嘉诚图书馆";另外将 450 万新元作为奖学金,成立"李嘉诚奖学金",以支持每年最多达 8 名来自亚洲地区,尤其是中国香港及内地的优异学生于新加坡管理大学修读学士学位课程。该校每获 1 元的捐款,新加坡政府将拨款 3 元匹配资金资助。此次 1950 万新元捐款,为该校额外带来新加坡政府 5850 万新元的匹配资金。[1] 新加坡管理大学另一次比较大的捐赠来自李基金会(为纪念实业家李光前先生而成立的基金会,李光前是著名侨领陈嘉庚先生的女婿),李基金会捐赠了 5000 万新元,新加坡政府匹配了 1.5 亿新元。同时新加坡管理大学还把商学院命名为"李光前商学院",将商学院所在大楼命名为"李光前大楼",一些项目也以李光前命名。[2]

李嘉诚基金会及和记黄埔集团还捐赠给老牌的新加坡国立大学李光耀公共政策学院 1 亿新元,设立一个教育及学术发展基金,支持多项

---

① 《基金会及和记黄埔集团捐资新加坡管理大学坡币 1,950 万元支持图书馆及成立中港学生奖学金》,2002 年 9 月 9 日,http://www.lksf.org/record-donation-of-s19-5-million-to-singapore-management-university/? lang=zh。

② "SMU Receives Record S $ 200 Million—Fund to go towards Scholars Programme, Fund for Excellence and Endowment for the University", https://ink.library.smu.edu.sg/cgi/viewcontent.cgi? article=1032&context=oh_pressrelease.

教育活动,包括设立教授席和建立数十个硕士生奖学金,李光耀公共政策学院将其中一幢建筑物命名为"李嘉诚大楼"。此次捐赠获得新加坡政府1∶1配对金额资助(当时对已设立老牌大学的捐赠匹配比例为1∶1,后来才提高到现在的1.5∶1的比例)。[①]

三、对中国民间资金参与学生资助的公共财政扶持政策的启示

我国已经开始财政匹配教育捐赠的政策试点,财政部和教育部在2009年出台了《中央级普通高校捐赠收入财政配比资金管理暂行办法》,仅对中央直属高校受赠的货币资金进行匹配,门槛为10万元以上,没有明确匹配比例(受制于每年财政匹配资金的限制),匹配资金优先用于资助家庭经济困难学生、支持毕业生就业、开展教学科研活动等支出,但不得用于偿还债务、发放教职工工资和津补贴、日常办公经费等,和捐赠资金可以有不同用途。[②] 地方的试点则有五个省市,以深圳市为例,其2016年出台了匹配民间资金捐赠高校的政策,每年安排不超过5亿元的配比资金,对深圳高校接受社会捐赠收入进行匹配,深圳的所有全日制普通高校都将适用这一政策。具体规定是:只有人民币100万元(含100万元)以上的捐赠才予以匹配,人民币100万元到5000万元(含5000万元)的捐赠,按照1∶1的比例配比;年度获得捐赠单笔数额在人民币5000万元以上的,超出5000万元的部分,按照1∶0.5的比例配比。[③] 我国中央政府、地方政府以及新加坡财政匹配

---

① 《李嘉诚先生捐款坡币一亿元予新加坡国立大学李光耀公共政策学院》,2007 年 3 月 8 日,http://www.lksf.org/s100-million-gift-made-to-the-lee-kuan-yew-school-of-public-policy-at-nus/? lang=zh。

② 《财政部 教育部关于印发〈中央级普通高校捐赠收入财政配比资金管理暂行办法〉的通知》,2009 年 10 月 12 日,http://www.mof.gov.cn/zhengwuxinxi/caizhengwengao/2009niancaizhengbuwengao/wengao200912qi/201002/t20100203_267633.html。

③ 王莉英:《我市安排配比资金鼓励社会捐赠高校》,2016 年 3 月 3 日,http://sztqb.sznews.com/html/2016-03/03/content_3470205.htm。

教育捐赠的细节如表4-2所示。

表4-2　中新两国教育捐赠的财政匹配政策比较

层　级	新加坡财政匹配 教育捐赠政策	中国当前的财政匹配教育捐赠政策	
	中　央	地方(深圳)	中　央
受赠主体	大学和研究机构	深圳的所有全日制普通高校	中央直属高校在民政部门登记设立的基金会
捐赠形式的要求	货币资金	100万元(含100万元)以上的货币资金	10万元(含10万元)以上的货币资金
匹配比例	根据大学和研究机构的基础不同,从1.5:1到3:1	随捐赠金额增加匹配金额累退,从1:1到0.5:1	比例不确定,根据财力由主管部门每年逐校核定
有无配套的精神激励措施	有	无	无

新加坡政府对高等教育捐赠的匹配政策是慷慨和区别对待的,其匹配比例在全世界主要发达国家中也是非常少见的,以高等教育和慈善捐赠最发达的美国为例,其对教育捐赠的一般匹配比例为1:1,远低于新加坡政府对教育捐赠的匹配比例。新加坡政府对新设立大学的捐赠匹配比例为3:1,对老牌大学的捐赠比例为1.5:1,均超过了一般国家对教育捐赠的1:1匹配比例,也超过了新加坡政府对文化领域捐赠的1:1匹配比例。这不仅体现了新加坡对教育的重视,也体现了其精巧的政策设计水平,即将教育放在一个更重要的位置,同时教育领域内部又根据基础的不同有区分地加以扶持,以促进后发大学早日赶上老牌大学。但中国的情况又和新加坡这样一个城市国家不太一样,中国存在着地区差异,与此同时,也存在着教育机构基础不同的差异。

结合新加坡的财政匹配教育捐赠的政策,对我国民间资金参与学生资助的财政匹配政策的启示表现在以下方面。

（一）中央政府和地方政府可以按不同比例共同参与财政匹配

我国是一个大国,存在着地区差异,高校也分为中央直属高校和地方高校,现行的中央财政匹配教育捐赠覆盖中央高校,地方政府只有几个省市有财政匹配政策。未来应建立中央财政和地方财政共同参与的财政匹配教育捐赠的机制。

中央政府和地方政府共同参与财政匹配首先涉及的问题是:财政匹配的宗旨到底是什么? 是鼓励拔尖,还是照顾落后? 财政匹配是使强者更强,还是照顾弱者? 按照当前中国教育的实际情况,以及尚处于教育捐赠起步阶段的发展现实,照顾弱者可能更加公平一些,因为那些发展较好的高校本身吸引捐赠能力就很强,从财政部门和其他来源获取资金的能力也较多,和弱势高校相比,不太需要财政匹配的帮助。可以采取类似新加坡的做法,对发展较差的高校实行高比例财政匹配,对发展较好的高校实行低比例财政匹配,以鼓励民间资金捐赠发展较差的高校,缩小不同高校间的发展差距。具体而言,可以采取以下的政策设计:中央高校以中央财政匹配为主,地方政府匹配为辅;地方高校则分区域,参考其他学者的成熟分类,将全国分为经济发展一类、二类、三类地区(一般而言,经济发展较好的地区,对学生资助的捐赠一般也比较多,管理水平也相对较高)①,一类地区财力较强,可完全由地方财政匹配,二类、三类地区则以中央财政匹配为主,地方财政匹配为辅,这样既实现了更高比例的匹配,又可以分担财务压力,照顾了不同地区的实际情况,具有灵活的可操作性,更加可行一些。再结合不同类型高校加以调节。未来不同地区和不同高校的中央和地方政府匹配比例具体情况可以根据表4-3来设计。

---

① 史秋衡、康敏:《探索我国高等学校分类体系设计》,《中国高等教育》2017年第2期。

表4-3　不同地区和不同高校的中央和地方政府匹配比例

区　域	高　校	匹配比例	
		中央政府	地方政府
经济发展 一类地区	基础较好高校	0	100%
	基础不好高校	0	100%
经济发展 二类地区	基础较好高校	中	中
	基础不好高校	高	低
经济发展 三类地区	基础较好高校	高	低
	基础不好高校	100%	0

（二）财政匹配和命名等精神收益激励措施搭配使用

发达国家现在吸引捐赠的举措都是组合拳,即财政匹配加上精神收益鼓励举措(命名楼宇以及楼宇里的附属设施如座椅房间等、冠名奖学金等),以全方位满足捐赠方的收益,尽量鼓励他们进行捐赠。具体到个案,应该由专业的捐赠工作人员根据捐赠方、受赠方的具体情况,考虑捐赠金额、受赠高校的基础、受赠的领域等具体条件,与双方沟通谈判确定,以充分发挥捐赠的效应。

新加坡的财政匹配教育捐赠往往伴随着命名大楼、冠名奖学金等精神收益鼓励举措,这样搭配财政匹配政策,更好地满足了捐赠方的物质收益和精神收益,取得了非常好的效果,这方面我国也可以借鉴,对捐赠金额在一定数量之下的,采取财政匹配和冠名奖学金的鼓励举措;对捐赠金额达到一定数量之上的捐赠,除财政匹配外,还可以采取命名大楼这种更加高端、更能满足捐赠方精神收益的鼓励举措,以更加充分地调动捐赠方的积极性,全方位地满足其各种收益,激励其进行更大金额的捐赠。

作为经济社会中的经济人,企业和个人的捐赠热情需要物质利益的激励来带动。随着经济的发展、个人和企业所得税改革的不断推进,以及社会慈善文化的建设,教育捐赠的财政扶持政策还有着巨大的发展空间,而世界各国包括新加坡已有的相关政策则给我国提供了很好的借鉴,结合中国的国情,把其他国家有益的相关政策本土化为我所用,作为推动教育捐赠的政策准备,是非常有意义的。

小　结

表4-4总结了代表国家相关政策中对中国民间资金参与学生资助的财政匹配政策的借鉴。

表4-4　代表国家相关政策对中国民间资金参与
学生资助的财政匹配政策的借鉴总结

国　　家	中国民间资金参与学生资助的借鉴
美　国	适当允许经济发达地方试点捐赠匹配;明确匹配比例;明确匹配资金的用途和民间捐赠资金一致;捐赠匹配管理的机构专门化和人员专业化;严格规定政府匹配的负面清单;形成捐赠资金和匹配经费循环使用的运作模式
英　国	为高校培训财政匹配专业人才;总额限定,匹配比例不同,扶持弱校
新加坡	中央政府和地方政府以不同比例共同参与财政匹配,扶持弱校;财政匹配和命名等精神收益激励措施搭配使用

表4-4总结了有代表性的美国、英国和新加坡教育捐赠的财政匹配政策对中国民间资金参与学生资助的财政匹配政策的借鉴,主要包括:对不同的高校设定不同的财政匹配比例,扶持弱校的发展;培训财政匹配政策的操作人才;各级政府也可以采用不同财政匹配比例参与;在中国当前形势下,允许经济发达地方试点财政匹配政策;等等。这些

政策也构成中国未来民间资金参与学生资助的财政匹配政策的备选选项,将通过后续章节的实证研究来验证哪些政策要素可以被中国财政匹配政策的参与方所接受,符合中国国情,最终成为合适的中国财政匹配政策的内容。

第五章 民间资金参与贷款类学生资助的国际比较及中国借鉴

　　如前文所述,当前我国的学生资助分为奖学金、助学贷款、助学金、勤工俭学、困难补助和减免学费六种形式。其中助学贷款的资金来源于银行体系(包括商业银行和政策性银行国家开发银行),其他资助的资金主要来源于各级政府,少数来源于民间资金(主要投到了奖学金、助学金上)。这六种学生资助形式按照是否需要归还,可以分为两大类,即给付类(无偿)资助和贷款类(有偿)资助,给付类资助的资金直接转移给学生,不需要归还;而贷款类资助的资金则需要学生归还,并形成资金循环,以资助一届又一届的学生。目前民间资金参与学生资助主要是通过捐赠给付类资助的方式。

　　由于给付类资助和贷款类资助的不同特点,民间资金参与这两类资助的公共财政扶持政策也应有所区别,因为捐赠方在这两类资助的捐赠中获得的物质收益和精神收益是不太一样的。大部分国家民间资金参与学生资助基本都是投到了给付类资助上,但近年来,一些发达国家在捐赠贷款类资助领域有了一些探索,尤其是经济、教育、金融最发达的美国,这方面表现得比较活跃,很值得总结其经验并加以借鉴。

自 1994 年中国对大学本科全面收取学费以来,经历了一段时期的学费上涨,本科学费在 2000 年左右基本稳定在了 5000—8000 元的水平上,此后基本没有上涨过;2014 年,为适应高等教育体制的改革,政府又启动了研究生全面收费政策;目前研究生中的学术硕士每年学费基本维持在 10000—15000 元的水平,专业硕士的学费可以达到每年20000—100000 元乃至更高的水平,如法律硕士、金融硕士及工商管理硕士(MBA)等。与此同时,生活费由于物价上涨也在不断攀升,以上海为例,一个本科生每年的学费加上生活费大概需要 20000—30000元,学术硕士每年的学费加上生活费大概需要 30000—40000 元,专业硕士则高出更多。为应对这个学费和生活费的变化,政府主导的国家助学贷款额度也已经提高到本科生每年 8000 元,研究生每年 12000元,贷款年限则相应延长到 20 年,即使这样,这个额度也无法满足专业硕士的学费,更不用提覆盖到生活费方面了。

还款期限的延长会在一定程度上降低借款学生的还款负担,但对那些从本科开始一直到硕士、博士阶段持续申请助学贷款的学生(仅考虑学术硕士的情况)来说,就读年限至少需要 10 年(实际上绝大部分博士生就读年限还会更长),借款数额可能会高达 104000 元(本科生每年 8000 元,4 年本科需 32000 元;研究生阶段每年可贷12000 元,硕博六年需 72000 元,合计 104000 元),还款压力还是比较大的。即使对借款的本科毕业生而言,求职形势的严峻、毕业后成家买房的现实压力也会导致助学贷款还款负担的加重,虽然助学贷款在全国范围内总体上还处于可控的状态,但个别地区和个别群体的还款形势不容乐观,需要采取一定措施来缓解借款学生的还款压力,保证助学贷款的长效稳定运行,而民间资金介入助学贷款不失为一种可行的措施。

第一节 民间资金参与助学贷款运作的必要性

高等教育阶段的学生资助主要包括奖学金、助学贷款、助学金、勤工俭学、困难补助和减免学费六种形式,其中助学贷款和助学金是最重要的部分。学生资助资金目前在我国还主要来源于各级财政拨款、金融机构的贷款资金和高校自身的事业收入,2017 年,政府、高校及社会用于全国普通高等学校学生资助的资金共计 1050.74 亿元。其中财政资金 508.83 亿元,占 2017 年度高校资助资金总额的 48.43%;银行发放国家助学贷款 284.20 亿元,占总额的 27.05%;高校从事业收入中提取并支出资助资金 238.21 亿元,占总额的 22.67%;民间资金包括社会团体、企事业单位及个人捐助资金共 19.50 亿元,占总额的 1.85%。①2013—2017 年民间资金在高等教育阶段学生资助资金来源中的金额和所占比例如表 5-1 所示。

表 5-1 2013—2017 年高等教育阶段学生资助资金来源中民间资金的情况

年 份	民间资金金额(亿元)	民间资金所占比例(%)
2013	18.24	3.18
2014	12.33	1.72
2015	19.99	2.36
2016	18.53	1.94
2017	19.50	1.85

注:从 2013 年起,《中国学生资助发展报告》中,资助经费才开始单列民间资金的具体数额和比例,因此只有 2013 年以后的数据。
资料来源:2013—2017 年《中国学生资助发展报告》,见全国学生资助管理中心网站。

---

① 教育部:《2017 年中国学生资助发展报告》,2018 年 3 月 1 日,http://www.moe.gov.cn/jyb_xwfb/xw_fbh/moe_2069/xwfbh_2018n/xwfb_20180301/sfcl/201803/t20180301_328216.html。

2013—2017 年学生资助中民间资金的金额一般维持在 18 亿—19 亿元(仅在 2014 年有一个大的下滑),占学生资助总金额的比例一般保持在 2%左右,这在很大程度上说明民间资金参与学生资助还有很大的空间可以挖掘。发达国家中,民间资金的捐赠在学生资助领域发挥着重要的作用,以美国为例,无论是私立还是公立大学,都有大量私人资金的资助,通过奖学金、助学贷款、助学金等多种方式发挥着资助学生的作用。在我国,民间资金参与学生资助最多的形式也是设立奖学金,通过冠名的方式来满足捐赠人的精神收益,而对于我国学生资助最主要的形式——助学贷款,民间资金基本上没有参与,这制约了民间资金参与学生资助的力度和规模。本章介绍和分析了近年来世界上一些国家在这方面的实践,从而为我国提供政策借鉴。

第二节　近年来一些国家民间资金参与助学贷款的实践

一、雇主和民间资金捐赠参与助学贷款——美国的实践

受 2007 年次贷危机影响,美国州和地方政府财力普遍较为紧张,导致其给各州公立大学的拨款很受影响(美国的公立大学经费主要来自各州政府,联邦政府不承担办学经费,仅通过研究经费资助和学生资助等来补贴公立大学),为采取相应的补偿,各州公立大学普遍提高了学费,这种趋势又进而传递到私立大学,其助学贷款也随之上涨,再加上很多借款学生没有顺利完成大学学业,无法找到合适的工作,没有稳定的收入,和高涨的助学贷款数额交织在一起,带来了一系列的还款违约等问题,面临的助学贷款形势非常严峻。但作为世界上高等教育和助学贷款最发达的国家,美国助学贷款政策的创新也最为活跃,近年来

在民间资金参与助学贷款运作方面,产生了一些制度创新的举措,一定程度上缓解了美国助学贷款的恶化,这方面的详细举措主要包括雇主参与雇员的助学贷款还款和民间资金捐赠以减轻借款学生的负担。

(一)企业参与雇员的助学贷款还款及配套的公共财政扶持政策的推进

近年来,美国的助学贷款数额不断攀升,还款形势也在日趋恶化。在美国政府采取一定举措缓解助学贷款困境的同时,企业、非政府机构等民间资金和力量也在自发地寻找一些新途径,参与到助学贷款中来,帮助借款学生归还助学贷款,以减轻借款学生的负担。企业参与雇员的助学贷款还款就是新兴的一个制度创新产物,近年来在美国已经有了一定发展并取得了较好成效。

2015年美国全国有3%的企业已经参与到帮助雇员归还一定数额的助学贷款中来,纽约的普华永道会计师事务所分支机构帮助一些雇员归还助学贷款,每年可以达到1200美元的额度,持续六年时间。法国外贸银行集团的全球资产管理部门的美国雇员只要在本银行工作满五年,就可以获得企业每年5000美元的资助,去归还他们的联邦助学贷款。软件公司微软则利用自己和著名的助学贷款提供方 SoFi(Social Finance)公司的关系为雇员获得了利息降低的贷款优惠。可见会计、金融和IT行业的企业都参与到了为自己的雇员归还部分助学贷款的工作中来,这项制度创新在美国企业界已经扩展开来。[1] 企业发现,替员工归还部分助学贷款,不一定耗费很多资金,却可以维持、提高企业的集体凝聚力;并可以提升雇员对企业的归属感,使其对未来有更好的稳定预期,从而更好地工作,同时还能给企业带来其他多种正面效应。

---

① Joseph Pisani,"More Employers Help Workers Pay Student Loans",http://www.sltrib.com/home/3415590-155/more-employers-help-workers-pay-student.

　　企业帮助雇员归还部分助学贷款的方式目前主要包括以下三种：第一种是利用自己的社会关系网络帮助雇员以更优惠的利率重新安排其还款计划，因为作为企业，尤其是大企业，其社会活动能力要比作为个人的雇员强得多，在与贷款提供方谈判或议价时能够获得更好的贷款条件。这个方式也类似于联邦政府和州政府正在推行的再融资计划。第二种是企业直接以一定现金的形式发给雇员，由雇员用于归还其助学贷款。第三种是企业直接代替雇员向助学贷款的提供方还款，这种方式可以防止雇员挪用资金到其他用途。不同的公司会根据自己的实际情况来选择适合自己的利益最大化方式。

　　与此同时，随着企业帮助雇员归还部分助学贷款的发展，配套的公共财政扶持政策的立法也在美国国会推进，2015 年 10 月，一位来自伊利诺伊州的共和党众议员 Rodney Davis 提出了一项法案——《雇主参与助学贷款援助法案》(*Employer Participation in Student Loan Assistance Act*)，建议修订 1986 年的税法典，认为企业为雇员支付的助学贷款，包括本金和利息部分，无论是支付给雇员本人还是直接支付给助学贷款的贷款方，每年在 5250 美元限额以内的，都可以作为对教育事业的慈善捐赠从而获得免税待遇。[①]

　　（二）民间资金捐赠以降低借款学生的助学贷款债务

　　2016 年 3 月 3 日，美国的西北大学启动了一项民间资金的资助项目，以避免西北大学的借款学生陷入过多的助学贷款债务中去，影响学习和未来的工作。资助资金来自民间资金的捐赠，从 2016 年秋季学期开始，新入学的学生将会收到包括助学金和奖学金在内的资助包，以及勤工助学和夏季工作的机会，而不是像以前那样必须去借助学贷款来

---

　　① Joseph Pisani, "Bosses See Benefits in Helping Repay Student Loans", http://www.detroitnews. com/story/business/personal-finance/2016/01/17/bosses-see-benefits-helping-repay-student-loans/78941984.

交纳学费和维持生活。已经在西北大学就读的学生如果已经借了 2 万美元及以上额度的助学贷款,则学校也会向其提供奖学金等其他资助,以保证其助学贷款总额不会超过 2 万美元,确保其未来的还款负担不会太重,通过这些民间资金捐赠的奖学金、助学金等资助方式,降低了助学贷款的份额,从而减轻借款学生的助学贷款负担。①

二、助学贷款资金来源的债券筹集——日本和英国的实践

发达国家除了美国以外,实行助学贷款较早,在世界上比较有影响的就是日本和英国了,欧洲大陆国家德国和法国等由于长期秉持不收大学学费的理念(德国曾经出现过收取大学学费的反复,但现在已经又回到了不收大学学费的老路上去),助学贷款的范围很小,影响不大。

日本的助学贷款起步很早,最早产生于第二次世界大战时期,自成立以来一直是由日本政府主导的,资金很长时期内都来源于政府财政的资金,由日本学生支援机构(前期的名称是"日本育英会")负责放贷,直到 2001 年,为了弥补政府助学贷款资金的不足,开始面向民间投资者发行债券,以筹集民间资金来用于助学贷款的发放,债券筹集的民间资金最高时曾经达到助学贷款全部资金的 25%,后来回落到 20% 左右。而且日本政府对这个助学贷款债券没有任何的担保,完全由民间投资者自己承担风险。②

英国的助学贷款经办机构和日本类似,是由英国政府成立的学生贷款公司经办的,资金来源主要来自政府,但少部分来自民间资金的捐

---

① Dawn Rhodes,"Northwestern University Takes Aim at Student Loan Debt",http://www.chicagotribune.com/news/local/breaking/ct-northwestern-university-loans-financial-aid-20160303-story.html.

② 徐国兴:《日本国家助学贷款制度的本金筹措机制及启示》,《江苏高教》2013 年第4 期。

赠,形成了对政府资金的有效补充。①

三、贷款银行联合企业帮助借款学生就业——菲律宾的实践

还款始终是各国助学贷款运行中最难解决的问题,但也是最重要的问题,关系到助学贷款的循环使用和长效稳定运行。助学贷款的还款主要取决于两个因素:一个是还款能力,这取决于借款学生的工作稳定性以及工作收入;另外一个是还款意愿,这一般由各国金融体系中的信用系统来制约,但最关键的是工作稳定性和工作收入,如果借款学生找不到工作,收入不稳定或太低,则无论如何也无法顺利还款。菲律宾开发银行(类似我国国家开发银行的金融机构)的助学贷款在帮助借款学生找工作,进而保证还款能力方面做了有益的尝试。

菲律宾开发银行和民间企业联系,从助学贷款开始借款的时候,就帮助借款学生锁定了未来的工作,借款学生将来可以到与菲律宾开发银行合作的民间企业就业,以保证他们的就业,从而获得稳定的收入,保证借款学生有能力持续还款。这样的做法在全世界实行助学贷款项目的国家中都是很少见的,甚至可能是独家的,其他国家顶多是经办机构帮助推荐借款学生工作机会,而菲律宾开发银行这种四方介入的模式:学校和企业挑选借款学生,然后菲律宾开发银行发放助学贷款,学校教授课程,企业进行培训,毕业后到企业就业,学生获得工作收入后开始稳定还款,保证了助学贷款还款的顺畅,也是培养学生新模式的一种探索,是民间机构参与助学贷款运作的另一个值得探究和借鉴的模式。②

---

① 胡妍:《英国高等教育学生资助政策研究》,西南大学硕士学位论文,2015 年。

② DBP HELPS Philippines Student Loan Program, http://studentscholarshipgrant.com/philippines/dbp-helps-ph.

四、商业性助学贷款的运作——哈萨克斯坦和吉尔吉斯斯坦的实践

助学贷款由于起着资助困难学生完成大学学业,形成人力资本积累的作用,对国家和社会都有着极大的现实意义。因此从世界各国的普遍情况看,大部分都是政府以帮助支付部分利息、提供担保等形式进行补贴,是一种政策性贷款。纯商业性助学贷款则是完全没有政府补贴的助学贷款,也属于民间资金的范畴,一般用于对政府补贴的政策性助学贷款的补充。

(一)哈萨克斯坦的商业性助学贷款

哈萨克斯坦海力克银行的助学贷款就是这样一种商业性助学贷款,没有资格限制,这种贷款主要用于学费支出;贷款期限从 3 个月到 120 个月不等;由于是商业性助学贷款,其年利率达到了 15%;贷款货币为哈萨克斯坦本币坚戈①;在不需要收入证明的情况下,贷款额度为 15 万坚戈到 900 万坚戈(相当于人民币 0.3 万—18 万元),需要收入证明的情况下,贷款额度最高可达 3 千万坚戈(相当于人民币 60 万元);这种贷款需要提供担保,担保资产可以是不动产,或者金融机构来做担保人;另外还收取手续费,约为贷款金额的 1%。②

(二)吉尔吉斯斯坦的商业性助学贷款

吉尔吉斯斯坦投资信贷银行的普通助学贷款也属于这样一种商业性助学贷款,借款人必须是吉尔吉斯斯坦公民,就读于大学、专门的技术学院的硕士研究生以及正在修读职业资格提高课程的学生;普通助学贷款主要用于支付学费;贷款的货币可以是吉尔吉斯斯坦本币索姆③或者美元;额度为 150—5000 美元,或者是 0.6 万—20 万索姆(相

---

① 1 坚戈约等于人民币 0.02 元,2018 年 6 月 28 日外汇牌价。
② 海力克银行网站关于助学贷款的介绍,http://www.halykbank.kz。
③ 1 索姆约等于人民币 0.1 元,2018 年 6 月 28 日外汇牌价。

当于人民币 600—2 万元); 贷款期限为 6 个月到 5 年; 年利率为 18% 起, 另外收 1% 的附加费; 也需要提供担保, 根据不同贷款额度需要动产、不动产和担保人来提供担保。①

五、民间资金和机构参与助学贷款国际实践的总结

纵观近年来世界各国民间资金和机构参与助学贷款的实践, 基本上呈现以下几种情况: 民间资金帮助借款学生还款, 一般是和借款学生有联系的主体, 如借款学生的雇主(企业); 民间资金参与助学贷款资金的融资; 贷款银行和民间机构帮助借款学生就业, 进而保证助学贷款的还款; 民间资金通过商业性助学贷款的方式, 弥补借款学生资金需求的不足, 对政策性助学贷款起着补充的作用(见表 5-2)。

表 5-2　民间资金和机构参与助学贷款的做法和方式

国家	民间资金和机构参与助学贷款的做法	民间资金和机构参与助学贷款的方式	备　注
美国	雇主帮助雇员还款	资金和机构	政府正在酝酿财税扶持政策
日本	民间资金购买助学贷款债券	资　金	政府主导的助学贷款模式, 政府对助学贷款债券没有任何担保
英国	民间资金直接捐赠给学生贷款公司	资　金	政府主导的助学贷款模式
菲律宾	实业界帮助借款学生就业	机　构	从借款开始就和实务界联系就业, 形成了多方参与助学贷款的机制
哈萨克斯坦和吉尔吉斯斯坦	民间资金通过私人银行以商业性助学贷款方式形成对政策性助学贷款的补充	资　金	利率较高的商业性助学贷款是政策性助学贷款的补充

---

① Education Loans, http://en.kicb.net/products_and_services_private/ loans_retail/ consumer_loans_eng/ edu/.

美国是世界上高等教育、金融和助学贷款最发达的国家,由于受2007年次贷危机的影响,大学普遍提高了学费,带动助学贷款额度不断提升,带来了一系列后续的问题,这给其助学贷款政策的变革提供了土壤。企业参与雇员的助学贷款还款及配套的公共财政政策的扶持,是助学贷款政策领域的一个重要创新,在全世界的助学贷款实践中都有着重要的意义,将来有希望在其他实行助学贷款政策的国家推行。日本和英国是另外两个长期实行助学贷款的大国,由于高等教育体量和美国相差较大(这是由地域和人口差异决定的),助学贷款政策的创新相对落后,民间资金参与助学贷款主要体现在吸取民间资金作为助学贷款的资金来源,以弥补资金的不足,这也是与两个国家的助学贷款运行都是以政府为主导、由政府机构来经办的模式相适应的。菲律宾则是贷款银行联合企业为借款学生提供就业机会的典型代表,通过保障就业来保证借款学生的还款能力,是助学贷款政策实践中的一个亮点。哈萨克斯坦和吉尔吉斯斯坦是发展中国家里采用商业性助学贷款补充政策性助学贷款比较有代表性的国家,由于发展中国家金融抑制的现实,银行体系中的资金不足,导致商业性贷款的利率普遍较高,其由政府补贴的政策性助学贷款的供给不能满足大学生的实际需要,商业性助学贷款在这方面起到了很好的补充作用。以上这些政策探索对中国民间资金和机构参与助学贷款都有着很好的启示。

第三节　民间资金参与助学贷款的国际实践对中国的借鉴

一、对企业进行减税鼓励其帮助雇员还款

首先,修订已有的相关法律,增加企业帮助雇员归还助学贷款的法

律规定。目前的《中华人民共和国企业所得税法》对企业慈善捐赠的规定是：企业发生的公益性捐赠支出，在年度利润总额12%以内的部分，准予在计算应纳税所得额时扣除。今后可考虑通过立法将企业帮助雇员归还助学贷款列入企业对教育事业的慈善捐赠的范围，允许其将该年度帮助归还的助学贷款在企业所得税的应纳税所得额中扣除，仍然服从年度利润总额12%这样的最高限额规定(或下文中提出的有关改革比例的建议)。

其次，可以考虑以市场和政府的力量推动专门的从事这方面业务的中介机构的建立。帮助雇员归还助学贷款不是一件简单的事情，涉及多个方面的制度安排。一是支付方式的规定，企业是直接将还款支付给贷款机构还是将还款支付给雇员，支付给雇员如何保证其不会挪用到其他地方；二是归还金额的规定，企业是仅仅帮助归还利息还是归还本金的一部分甚至全部，归还多少才可以既起到提升企业凝聚力的作用同时又不过分影响企业的财务状况；三是合格雇员条件的限定，工作几年的雇员可以帮助其还款，是不是要根据工作年限和职务级别在还款上也进行区分；等等。这些制度安排都需要专业的中介机构来帮助企业根据自身的实际情况(公司规模、财务状况、员工人数等)设计助学贷款代偿的制度，这不是一件简单的事情，否则不但起不到激励雇员的作用，还可能发生反向的效应，如引起没有借助学贷款的雇员的反感，导致企业凝聚力的下降。

从美国的情况来看，需要有专业的中介机构专门来做这方面的评估。由于中国的人口基数大，大学入学规模的不断扩大，贫困生的总量也会越来越大，助学贷款的总额将来也会越来越大，这个市场规模十分庞大，一定程度上可能会形成一个很大的商机，可以在政府的引导下，鼓励已有的第三方支付机构如支付宝、拉卡拉、微信支付等进入这个领域，形成良性的竞争氛围，推动这种业务的专业化和高效运作。在市场中介机构没有形成前,可以考虑由企业直接向贷款银行转移代偿的助学贷款资金,以避免雇员挪用资金。

二、吸引民间资金捐赠借款学生

一方面,为更好地积累自己的人力资本,借款学生需要借更多的助学贷款进行教育投资,如进一步深造和培训;另一方面,更多的助学贷款借款又会使将来还款负担加重,这是一个两难的局面。借鉴美国西北大学民间资金捐赠给借款学生的经验,将来我国也可以吸引民间资金捐赠借款学生,如对借款学生设定一个助学贷款的限额(参考美国西北大学设定2万美元标准的做法),如果借款学生贷款超过这个限额,则学校使用吸引到的民间资金捐赠,为借款学生提供助学金和奖学金等其他资助,帮助其解决资金需要,同时锁定其助学贷款额度,不至于有太大的还款负担。

三、助学贷款经办机构介入借款学生的就业

中国的助学贷款经办机构是各商业银行(通过招标方式来经办校园地国家助学贷款)和政策性银行国家开发银行(经办生源地助学贷款),两者都有着广泛的社会关系网络,商业银行和当地企业,国家开发银行和当地政府、基建行业的企业由于贷款的关系一般都保持着紧密的关系,可借鉴菲律宾开发银行的经验,在法律允许的范围内,由银行机构帮助借款学生寻找实习和工作机会,必要的时候高校也可以参与进来,这也是一种产学研的合作途径,效果是多方面的:借款学生解决了就业,职业发展有了保障;经办的银行机构发放的助学贷款还款会比较顺利;企业密切了和银行机构的联系;高校则解决了学生就业问题,今后在这方面很值得探索,以形成一个稳定的机制。

四、民间资金参与商业性助学贷款

经济的发展和社会的进步,对大学生的综合素质提出了更高的要求,除了接受校内的教育之外,校外的培训也日渐成为大学生必不可少的促进人力资本积累的重要手段,而校外的培训收费是完全市场化的,不像大学学费那样有政府补贴,价格是比较高的,也不是目前的国家助学贷款所能覆盖的,除此之外,专业硕士未来是硕士培养的一个重要发展方向,而专业硕士的学费也是非常高的,这些形势的发展都需要在目前的政策性国家助学贷款之外,发展商业性助学贷款来满足这方面的资金需要,使助学贷款体系形成一个完善的整体,满足不同方面的需要。可以参考哈萨克斯坦和吉尔吉斯斯坦的实践,由商业银行开发更多的商业性助学贷款,面向校外培训市场和专业硕士市场,考虑到这种助学贷款数额较大,风险较高,可以在贷款设计上增加担保,并通过提高利率来控制风险,保障贷款的顺利回收。也可以借鉴日本和英国的经验,金融机构(不一定仅限于商业银行)发行助学贷款债券,吸收民间资金的捐赠,然后加上自己的资金,放贷给有这方面资金需求的借款学生。

小　结

随着高等教育的进一步发展,大学收费体制的进一步深化,学费可能还会进一步提高,这当然有一定合理性,也是确保大学获得足够的发展资金,提供更好的教学质量的重要保证。进入 2016 年以来,多个省份包括内蒙古、海南、江西等纷纷召开公办普通本科院校提高学费听证会,为提高学费做准备,这决定了今后助学贷款在总量和范围上都还有很大的扩展空间,而美国目前的助学贷款形势已经给我们敲响了警钟。

如何既保证学生的资金需求,同时又控制住助学贷款的风险,是一个非常重要的问题。此外,财政资金在高等教育发展中的主体地位也需要改变,民间资金作为重要的资金来源,应该被引入高等教育包括学生资助的领域中来,这是未来的发展趋势,也是政府近期一直在努力引导的方向。

以上背景决定了民间资金参与助学贷款有其必要性,这种行为也有其可行性,如企业参与助学贷款的还款可以获得税收减免等物质收益以及增进员工凝聚力、树立良好社会形象、丰富企业文化等精神收益;而自己付出的仅仅是一定数额的物质成本,比较起来,收益是大于成本的,在市场经济条件下,作为经济人的企业完全有动力来从事这一慈善捐赠行为。而政府在这一过程中地位同样重要,需要由其来启动相关立法的修改,培育相关中介机构,以及通过减税等公共财政手段激励企业为雇员归还助学贷款,以及激励民间资金捐赠给借款学生,维持一个合适的还款负担等,最终的结果是多赢的,贷款银行参与借款学生的就业,以及民间资金补充助学贷款的来源,都是我国未来助学贷款政策的创新方向。

第六章 民间资金参与给付类学生资助的国际比较及中国借鉴

——以美利坚奖学金为例

自 20 世纪末中国大学收费体制改革以来,学生资助一直是高等教育的热点问题,这个问题如果得不到很好的解决,不但会阻碍贫困学生的顺利就学,不利于高等教育的发展,也会影响社会的长治久安。学生资助的资金来源目前在我国还主要是财政拨款,这制约了学生资助的规模和力度。最大的发达国家美国的学生资助资金很多来源于民间资金,通过慈善机构来运作,慈善机构一方面从公司、个人和基金会等其他机构那里吸引捐赠资金,另一方面负责选择经济困难学生,经过严格的审查筛选来确定资助对象,并提供经济资助、财务指导、金融咨询和职业生涯规划等综合服务。

第一节 民间资金通过民间慈善机构
参与学生资助的发展

在我国,民间资金参与学生资助的方式一般是以下几种:一是公司和个人将资金捐赠给高校,由高校直接选择学生来实现资助;二是公司或个人直接选择学生进行资助;三是公司或个人将资金捐赠给专门的慈善机构,由慈善机构充当中介,来选择学生进行资助。第二种方式由于信息不对称以及捐赠者没有时间、精力以及专业经验来鉴别受资助对象,因此一般很少采用,而且依照我国现行法律,第二种方式也不能获得慈善捐赠的税收减免,这样对捐赠者来说也是不利的。第一种方式比较常见,但捐赠给高校则必须捐赠给依照法律合法设立的高校基金会,才能获得慈善捐赠的税收减免。直接捐赠给高校基金会固然省力省时,但也存在一定缺点,高校的基金会专业水平参差不齐,有的捐赠资金利用并不充分和高效,有时也不能完全体现捐赠者的偏好,而且捐赠给学生的资助资金一般在数千元到数万元之间,和捐赠给高校进行基础设施建设的资金相比往往数量并不算多,有时也不太获得高校的重视,这些因素都制约了通过高校基金会捐赠学生的效果。相比之下,第三种方式,即通过专门的民间慈善机构(如果是专门的学生资助慈善中介机构最好)来进行学生资助往往有不错的效果,一是这种慈善中介机构往往专门从事利用民间资金进行学生资助的工作,具有专业的项目运作能力和管理经验,效率较高,这些是高校甚至政府机构都无法比拟的,有学者做过研究,发现对于有些公共品的提供,慈善机构比政府还有效率①;二是通过这种机构资助的学生往往分布更加广泛,可以扩大捐赠者选择受资助学生的范围,更加契合他们的捐赠偏好;三是这种机构基本都属于国家认可的慈善机构的范围,捐赠者向他们进行捐赠可以获得税收减免的资格,能够有效地吸引公司、个人和其他机构出于经济利益的

---

① John Peloza and Piers Steel, "The Price Elasticities of Charitable Contributions: A Meta-Analysis", *Journal of Public Policy & Marketing*, No.2, 2005, pp.260-272.

考虑进行捐赠。

由于多年以来慈善事业的发展和慈善文化的普及,发达国家尤其是最发达的美国慈善机构的运作已经非常成熟和专业,2014年美国的个人、基金会和公司共捐赠了3583.8亿美元,占美国国内生产总值的2.1%,其中个人捐赠占捐赠总额的72%;截至2015年5月,美国有1521052个慈善组织在从事各种慈善活动。[①] 中国在教育慈善捐赠方面的发展与美国还有很大差距,今后还大有可为。2012年教育部发布了《教育部关于鼓励和引导民间资金进入教育领域　促进民办教育健康发展的实施意见》,鼓励和引导民间资金进入教育的各个领域;2015年11月17日,财政部和教育部又联合发布了《财政部教育部关于改革完善中央高校预算拨款制度的通知》,提出要引导和激励中央高校拓宽资金来源渠道,健全多元化筹资机制。这就需要从发达国家尤其是美国成熟的教育慈善捐赠机构运作中汲取经验为中国所用。本章以美国最大的民间奖学金机构——美利坚奖学金(Scholarship America)为例,来详细介绍美国民间奖学金机构的运作,从而为中国类似机构的建设提供借鉴。

第二节　美国民间奖学金机构的运作
——以美利坚奖学金为例

美利坚奖学金在2003年之前称为美国公民奖学金基金会(Citizens' Scholarship Foundation of America),2003年后改为现在的名

---

① Charitable Giving Statistics,http://www.nptrust.org/philanthropic-resources/charitable-giving-statistics.

称。美利坚奖学金是一个非营利法人,以从私人部门筹集资金,帮助美国学生完成高等教育为主要目的,也是美国最大的非营利的、民间的学生资助机构。自1958年成立以来,其总共从私人部门筹集并向200万名学生发放了30亿美元的奖学金。①

由于美国政府也通过助学金和助学贷款等手段给大学生提供资助,而且财力雄厚,在大部分情况下一般是最主要的资助方,因此美利坚奖学金并没有把自己定位为学生资助的主要提供方,而是一个补充者,即补充政府资助的不足,以惠及更多的学生,提供更多的资助,同时也扩大自己的社会影响。

一、美利坚奖学金的资金筹集

美利坚奖学金的资金来源主要是公司和个人的募捐,2014年,美利坚奖学金共筹集了1.5亿美元的民间资金,其中指定受益人的为0.51亿美元,未指定受益人的为0.99亿美元。公司和个人在捐赠时可以选择直接捐赠给美利坚奖学金,由美利坚奖学金来决定资金投到哪些奖学金项目,也可以根据自己的偏好直接选择捐赠对象,即指定自己的捐赠给美利坚奖学金的某个特定奖学金项目,这样的安排也很人性化,最大限度地考虑了捐赠者的偏好,能够更加有效地吸引他们的捐赠。如果个人每年捐赠额达到1000美元,就可以加入一个名为杰弗逊协会的大额捐赠者的组织(以美国独立宣言的起草人托马斯·杰弗逊命名),这无疑给捐赠者带来了荣誉并增加了社会资本。募集资金的渠道一般是举办募捐晚会、当地分支机构在社区直接募捐,以及通过自己网站的宣传。

除了向个人、企业募捐之外,美利坚奖学金还可以运用贷款和

---

① Our Mission and History,https://scholarshipamerica.org/mission.php.

本票等金融工具融资,以备不时之需。例如 2014 年 7 月,该机构就获得了明尼苏达州第一国民银行 75 万美元的信用融资承诺,利率为该银行基础利率加 0.5%,但最低为 3.75%,体现了其灵活融资的能力。

二、美利坚奖学金的资金投向

(一)向困难学生发放奖学金

2014 年,该组织发放了 1.67 亿美元的奖学金,其中被捐赠方指定受益人的奖学金为 0.51 亿美元,未指定受益人的为 1.16 亿美元。主要包括一个普遍奖学金项目和三个特殊奖学金项目。

1. 普遍奖学金项目——英才奖学金项目(Dollars for Scholars)

这是美利坚奖学金最普遍的一种奖学金,通过其分布于全美国超过 500 个以社区为基础的分支机构来运作,并且 99% 的英才奖学金分支机构是由志愿者来管理的,这降低了奖学金项目的运作成本,这些志愿者会接受美利坚奖学金正式职员以及其他志愿者的培训来提高管理水平,以保证奖学金项目运转的专业高效。美利坚奖学金还开发了一种名为"Chapter Net"的在线工具来帮助分支机构建立自己的网站,管理奖学金从而减少纸面的工作。2014—2015 学年,共有 1.8 万名学生获得了 1850 万美元的英才奖学金,人均数额在 1000 美元左右,其主要功能是覆盖大学各种支出的总额和他们能够获得的其他财务资助(主要来自美国政府和其他一些民间机构)之间的差额。因此,英才奖学金并不是一种完全保障困难学生就读大学的全额奖学金,只是一种补充奖学金。①

---

① Program Overview, https://scholarshipamerica.org/files/2015 - dollars - for - scholars - fact-sheet.pdf.

2. 特殊奖学金项目——梦想奖学金项目（Dream Ward）

美国大学的毕业率较低，从 2013 年的数据来看，全日制并且是第一次攻读四年制学位的学生，六年毕业率为 59%。[①] 为鼓励学生顺利完成大学学业，梦想奖学金项目是发放给大二及以上年级学生的一个奖学金项目，目的是鼓励学生完成大学学业。这个奖学金项目覆盖范围比较小，2014—2015 学年，共向 12 名受助人发放了 15.1 万美元的奖学金。[②]

梦想奖学金由于额度较高，因此条件比较严格，包括：年满 17 周岁，美国公民，获得美国永久居留权或者符合《童年入境暂缓递解》（*Deferred Action for Childhood Arrivals*，DACA）项目（奥巴马总统在任期间通过的一个项目，针对童年时期入境美国的外国人，可以在美国有两年的宽限期居留，两年后的状况要根据美国国会的进一步协商来决定）的条件，必须是为了获得一个副学士学位或者是第一个学士学位，之前的学分绩点为 3.0 以上（以 4.0 为最高度量标准的学分体系），计划注册为全日制大二或更高年级的学生，并且要证明有财务需要。奖学金金额在每年 5000—15000 美元之间（取决于申请人的家庭经济状况），并且会逐年递增 1000 美元，以激励学生继续学业。梦想奖学金还分为三种：普通梦想奖学金，科学、技术、工程和数学相关专业梦想奖学金，华裔美国人梦想奖学金。

3. 特殊奖学金项目——守梦者奖学金项目（Dreamkeepers）

这是为那些在就读社区学院期间遇到突发财务困难的学生维持学业而设立的奖学金。2014—2015 学年，这个项目共花费了 74 万美元资助了 1545 名遇到突发财务状况的学生，每个学生获得的资助额平均

---

① Graduation Rates, https://nces.ed.gov/fastfacts/display.asp?id=40.

② The Facts, https://scholarshipamerica.org/files/2015-scholarship-america-fact-sheet.pdf.

为 445 美元。目前已经覆盖了 43 所社区学院。该项目不仅为遇到突发财务困难的学生提供奖学金,还为学生提供金融咨询和长期的资金安排服务等,以帮助学生渡过暂时的财务困难,顺利完成学业,留住梦想。

4. 特殊奖学金项目——自由家庭奖学金项目(Families of Freedom Scholarship Fund)

这是为 2001 年"9·11 恐怖袭击事件"以后受到影响的家庭成员完成大学学业而设立的一个专项奖学金项目,创立于 2002 年。主要发放给在"9·11 恐怖袭击事件"中丧生或永久残疾人员的子女和配偶,帮助他们完成大学学业。该项目的条件也比较严格,牺牲或永久残疾的人员包括受袭飞机的机组成员和乘客、世贸中心和五角大楼的工作人员及游客、救援人员(包括消防员、医疗救助人员和执法人员)。奖学金必须用于支付给位于美国境内获认可的大学、两年制或四年制学院和职业技术学校等。[①] 该奖学金项目自 2002 年创立以来,已经向 2825 名受助人发放了 1.15 亿美元的奖学金。[②] 2014—2015 学年,则共向 760 人发放了 1254 万美元的奖学金[③],近几年的资助人数保持在 770 人左右,但资助人数将会逐年下降(随着时间的推移,"9·11 恐怖袭击事件"中牺牲或永久残疾人员的子女和配偶基本都完成了大学学业)。[④]

表 6-1 概括了美利坚奖学金四种奖学金的主要组成要素。

---

① Families of Freedom Scholarship Fund Eligibility,http://www.familiesoffreedom.org/eligibility.php.

② The Families of Freedom Scholarship Fund, http://www.familiesoffreedom.org/about.php.

③ Families of Freedom News,http://www.familiesoffreedom.org/news.php.

④ Current Actuarial Report,http://www.familiesoffreedom.org/actuarial.php.

表 6-1　美利坚奖学金四种奖学金的主要组成要素

项目	目的	人均资助额	申请渠道	申请时对成绩的要求
英才奖学金	覆盖大学费用和他们能够获得的其他财务资助之间的差额	1000 美元/年	通过美利坚奖学金的社区分支机构分散申请	无
梦想奖学金	鼓励学生顺利完成大学学业	5000—15000 美元/年	通过美利坚奖学金的网络申请系统集中申请	有,要求学分绩点在 3.0 以上
守梦者奖学金	解决学生的突发财务困难	445 美元/次	通过美利坚奖学金的网络申请系统集中申请	无
自由家庭奖学金	为受"9·11 恐怖袭击事件"影响的家庭的成员完成大学学业	16000 美元/年	通过自由家庭奖学金基金网站集中申请	无

(二)投资以实现保值增值

由于从资金募集到奖学金的发放中间有一个时间差,因此大量资金会在美利坚奖学金手中集聚一段时间,为免受通货膨胀的影响及获得一定收益,这笔资金一般用于投资。美利坚奖学金的投资去向主要是现金等值物、大额存单、美国国库券、美国政府债券、证券投资基金、固定收益投资基金、公司债券以及对冲基金等。2014 年美利坚奖学金共持有 1.39 亿美元的上述金融工具,其中持有最多的是固定收益投资基金(约为 0.59 亿美元),显示出该机构的投资风格偏稳健,注重低风险,这可能是由其慈善机构的性质所决定的。

三、美利坚奖学金间接服务其他捐赠主体的项目

很多公司出于社会形象和财税减免的需要愿意进行慈善捐赠,但本身在这个领域缺乏专业知识和管理经验,这就给美利坚奖学金提供了这方面的服务需求。除了自己直接运作的奖学金项目以外,美利坚

奖学金还运用自己的人力资源、管理经验和网络服务系统为其他有捐赠意向的主体,包括公司(既包括财富100强这样的大公司,也包括小公司)、基金会和个人提供奖学金管理服务,帮助这些有捐赠意向的主体向全世界范围内的困难学生提供奖学金资助。该服务名称为奖学金管理服务(Scholarship Management Services)。[①] 该服务项目自1976年开始运行以来,共帮助发放了14亿美元的奖学金,2014—2015学年,帮助运作了1300个奖学金项目,共发放奖学金1.93亿美元。

四、美利坚奖学金的项目管理成本

2014年,美利坚奖学金的项目管理成本为0.18亿美元,包括奖学金管理服务部门、旗下几个奖学金项目的运行成本、行政管理成本和资金募集成本,占当年非受限募集捐赠资金(1.33亿美元)的13.5%,如果考虑到奖学金管理服务部门的支出并不直接作用于美利坚奖学金自己的奖学金项目,而是服务于其他捐赠者自己的奖学金项目的因素,剔除奖学金管理服务部门的支出(约0.1亿美元),剩余的项目管理成本(约0.08亿美元)仍然占了当年非受限募集捐赠资金(1.33亿美元)的6%左右,项目管理成本比例略高了一些,但这也可能是高质量的项目实施所必需的,包括高质量的管理人员、详细的项目审批和评估过程、计算机网络服务系统的开发和利用等,这些都需要较高的支出来确保。

五、美利坚奖学金对政府财税激励捐赠政策的利用

美国教育捐赠的税收优惠政策可以归纳为一疏二堵:一疏指个人和企业捐赠教育可以获得税收优惠,二堵指遗产税和赠与税堵住了富人的资产继承和转移,只能将其捐赠出去。公司法人教育捐赠的应纳

---

① Overview,https://scholarshipamerica.org/files/2015-sms-fact-sheet.pdf.

税所得额减免的最高比例为 10%,个人教育捐赠的应纳税所得额减免的最高比例为 50%,并可以往后结转 5 年,结转的捐赠扣除优先于当年的捐赠扣除。遗产税方面,如果把遗产捐赠给教育机构,则可以冲抵遗产税的税额。另外,美国政府还可以配套民间资金的教育捐赠,并且把政府的配套资金算在民间捐赠者名下,还有些公司会对自己员工的教育捐赠进行匹配。① 这些举措为美国民间资金参与学生资助提供了强有力的政策鼓励。妥善利用好美国的财税减免政策来筹集资金是每一个慈善捐赠机构的首要任务。

从 1962 年开始,美利坚奖学金的前身美国公民奖学金基金会就从美国国税局那里获得了联邦所得税的豁免,后来其又从州政府那里获得了州所得税的豁免,在 2003 年改名为美利坚奖学金后,这个税收豁免延续了下来。这意味着美利坚奖学金基本上所有的收入(包括捐赠收入、投资收入等)都免征联邦和州所得税,在美国这样一个所得税比较重的国家,这对于美利坚奖学金来说是一个非常大的优惠,其可以节省下巨额税收来用于资助困难学生。

另外,对公募捐赠机构(即面向不特定群体筹集资金的机构)来说,其筹集的捐赠资金会受税收扣除、个人收入、捐赠的成本、慈善组织的声望和成立年限以及挤出效应(指捐赠者发现慈善机构如果从其他渠道获得捐赠资金会减少乃至取消自己的捐赠)等因素的影响。② 美利坚奖学金这样的公募慈善机构是美国税务机构认可的非营利机构,公司和个人捐赠给美利坚奖学金,可以在自己的所得税中扣除一定比例,这可以激发公司和个人对美利坚奖学金的捐赠,保证了奖学金的资金来源。

---

① 高晓清:《美国高校社会捐赠制度研究》,湖南师范大学出版社 2011 年版,第 91—93 页。

② Michelle H.Yetman and Robert J.Yetman, "How Does the Incentive Effect of the Charitable Deduction Vary across Charities?", *The Accounting Review*, No.3, 2013, pp.1069-1094.

第三节　对美利坚奖学金的评价

一、美利坚奖学金的优点

其优点主要体现在以下五个方面。

（一）普遍奖学金和特殊奖学金结合的覆盖方式

美利坚奖学金的奖学金发放采取点面结合的覆盖方式，既以每人小额度的方式资助大量学生，如梦想奖学金和自由家庭奖学金；也以每人大额度的方式资助少量学生，如英才奖学金和守梦者奖学金。小额资助大量学生可以惠及更多的学生，扩大自己的影响；而大额资助则瞄准经过精心挑选的较有潜质的学生或者是捐赠者指定的个别群体，能比较充分地满足他们的财务需要，这样点面结合的奖学金投放模式既保证了自己的影响力，同时又实现了重点学生的充分保障，不失为资金有限情况下的一个较好选择。

（二）直接运作和间接支持相结合的奖学金发放

美利坚奖学金的另一个特点是直接运作和间接支持的奖学金发放方式，其既直接运作自己的奖学金项目，也利用自己的资源间接支持其他捐赠者（公司、基金会和个人）建立他们的奖学金，用于学生资助。这样既满足了不同捐赠者的不同捐赠方式的要求，客观上增加了奖学金的发放，惠及了更多的学生；也扩大了自己的影响，同时保证了自己的人力资源、专业管理经验的更充分的利用，起到了双赢的效果。

（三）全面而灵活的融投资方式

作为美国最大的民间奖学金机构，处在美国这个世界上金融最发达的市场经济环境中，美利坚奖学金聘请了经验丰富的财务金融人员来管理其奖学金项目，例如其首席财务官，就是一位毕业于加州大学商学院 MBA 项目,在多家大公司有非常丰富的财务工作经验的职业经理人。① 这个职业化的团队保证了美利坚奖学金整体的融投资方式都非常专业化。一方面,吸引捐赠和从其他渠道筹集资金非常市场化和灵活,吸引捐赠中非常注意考虑捐赠方的心理需求和经济需求,提供了灵活多样的捐赠方式,甚至还可以向商业银行贷款;另一方面,在保证安全的前提下,美利坚奖学金投资了大量金融产品,包括各种债券、基金、股票等,但高风险资产较少,这样的一个投资组合兼顾了收益和风险,在保证安全的前提下最大限度地实现了资产的保值增值,为更好地提供奖学金奠定了基础。

(四)明细具体和针对性强的奖学金条件设计

美利坚奖学金经过多年的奖学金运作实践,对资助哪些群体,以及在哪个环节进行资助会保证受助学生的利益最大化方面有丰富的经验。尤其反映在其专项奖学金条件设计上有极其详细和针对性很强的准入限制,保证了目标群体的入选。对于资助经费较多的梦想奖学金和自由家庭奖学金,条件规定极其详尽,覆盖了方方面面的情况,基本上没有留下灰色地带,这把那些不符合条件的群体完全排除在外,保证了资助的准确到位,也完全满足了捐赠人的偏好,为后续捐赠资金的不断进入,以及资助项目的循环往复打下了坚实的基础。

(五)分支机构建设完备且成本较低

美利坚奖学金在美国全国建设了 500 多个立足于社区的分支机构,其筹资和奖学金的发放都从社区开始,这样的好处是信息比较对称,分支机构对于哪些人比较富裕、比较乐意捐赠,哪些家庭比较贫困、应该获得奖学金,都比较了解,保证了筹资和发放奖学金的针对性比较

---

① Richard S. (Rick) Greene, Chief Financial Officer, https://scholarshipamerica.org/greene.php.

强,而其99%的工作人员都是志愿者,又为其节省了运行成本。另外,所有奖学金项目的申请、评估、审核等流程都通过网络管理系统进行,也节省了办公成本,提高了效率,还能够方便数据的储存和处理,为今后分析与改进奖学金项目提供了便利。

二、美利坚奖学金运作中可能的缺陷

与此同时,美利坚奖学金的运作中也有一些可以讨论的地方,具体体现在以下两个方面。

(一)项目管理成本略高

虽然美利坚奖学金采取了多项措施来降低成本,比如增加志愿者服务的比重,网络处理奖学金项目,控制正式职员数量等;但美国毕竟是发达国家,人力和服务成本很高,再加上筹资还经常要举办各种活动,一般还要租用繁华区域的场地等。因此,即使不考虑奖学金管理服务部门的支出,2014年美利坚奖学金项目的运营成本仍占了当年非受限募集捐赠资金的6%,与同类型的教育慈善机构相比还是略高了一些。以佛罗里达州教育基金会联盟(成立于1984年,是一个非营利组织,为60个地方校区的教育基金会提供服务,这60个地方校区教育基金会是其会员)为例来比较,该机构负责每年匹配民间资金给特定用途如提高学生成绩等方面的捐赠,其运行费用就只有5%。[①]

(二)吸引捐赠能力欠缺制约了奖学金的投放额度

在慈善捐赠中,一个比较普遍的情况是,获得资助的学生或者和这个机构有较深渊源的学生将来成为富人,其感念以前获得的资助或者在这个机构有较好的回忆,才会回馈这个机构。如媒体多有报道的美

---

① "2014-2015 School District Education Foundation Matching Grants Program Year End Report", http://educationfoundationsfl.org/wp-content/uploads/2015/10/2014-15-CFEF-Matching-Grant-Report.pdf.

国和中国校友巨额捐赠回馈母校的案例,与一些美国私立名校相比,美利坚奖学金这种专项慈善机构的奖学金投放方式却决定了其吸引捐赠回报的能力是较为欠缺的。具体到投放方式来说,英才奖学金和守梦者奖学金额度太少,分别为 1000 美元/年和 445 美元/次,远远低于受助学生从其他渠道获得的资助,更不用说覆盖他们在大学期间的花费,很难给受助学生很大的触动,激发他们将来回馈美利坚奖学金的动力;梦想奖学金和自由家庭奖学金虽然额度较高,但覆盖人数太少,这些人成功的概率不能说很大,因此也很难期望从他们那里获得高额捐赠回报。大额资助学生的比例过低,小额资助很难打动受助学生导致的捐赠回报率过低是美利坚奖学金这种专项慈善机构运作中的一个弱项。

第四节　对中国民间奖学金未来发展的启示

一、建立利用民间资金资助学生的专门机构

目前的教育慈善机构大多是全方位的,即从事多个领域的运作,包括校园基础设施建设、学科建设、教师资助、校园文化建设,以及学生资助等等。自 2012 年教育部发布鼓励民间资金发展高等教育事业的文件以来,各地各校纷纷成立多家吸引民间资金的教育捐赠机构,但缺乏专业性较强的专门机构。而募集来的民间资金又大都投资于建设各种楼堂馆所,购买各种设备等硬件设施,以及促进学科发展;用于学生资助的较少。而实际上,育人比硬件可能更加重要,教学比科研可能更值得投入,而且对于普通个人的小额捐赠来说,也很适用于学生资助,因为学生资助所花资金不多,效益却很大。因此,可以参照美国的经验,发起设立中国民间奖学金专门机构,主要从事利用民间资金资助学生的慈善事业。

二、对学生资助的民间慈善机构实行公共财政扶持

目前我国还没有专门从事学生资助的民间慈善机构,大部分都是综合性的教育慈善机构。教育慈善机构涉及的领域很多,对学生资助的关注度难免不够,今后除了综合性的教育慈善机构之外,应适当鼓励建立一些专项的教育慈善机构,包括专门从事学生资助的慈善机构,同时应充分运用公共财政扶持政策,扶持这些专项的学生资助民间慈善机构的发展。这方面的公共财政扶持政策包括两个方面:一方面,确认资助学生的民间慈善机构的慈善身份,向其捐赠的个人和企业等都可以获得免税待遇,以帮助资助学生的民间慈善机构获取捐赠;另一方面,对资助学生的民间慈善机构给予免税待遇,即其获得的一切收入都免征各种税收,以扶持其累积资金和实力,更好地用于资助学生领域。

三、规划好自己的定位和资助领域

中国民间奖学金(以下简称"中民奖")的定位应该秉持着舍面求点的原则,面主要交给政府来覆盖,中民奖侧重覆盖点,即不以取代政府资助为目的,而是对政府资助进行有效补充。重点放在政府资助可能稍微欠缺的中西部尤其是西部农村地区的学生资助以及贫困且优秀的学生进一步深造上。因为我国对本科、全日制硕士和博士的资助都比较充足;但中西部地区学生的资助有可能受地方政府财力的限制而有所欠缺,而目前的资助体系对学生进一步深造方面的覆盖也是不够的。

四、严格精密地设计奖学金产品

奖学金的设计非常重要,这决定了是否瞄准了目标群体,是否体现了捐赠者的理念,是否实现了慈善机构的功能,还决定了今后的吸引捐赠能力。因此应依托自己的定位,勾画出自己的资助目标群体,并做好

前期调研,测算全国大概的人数和需求资金,并做好资金筹集的规划等工作,然后要立足于当前中国的经济金融环境,探索出一条发放奖学金最有效率的路径,最终形成调研、确定目标群体、筹资、设计奖学金产品、发放到目标群体、后期跟踪、一定时期后评估以决定是否调整或延续该奖学金项目的动态机制。机构按照奖学金种类设不同事业部,分别管理不同的奖学金项目,并设研发部,专门研究奖学金产品设计和后续奖学金的绩效评估等工作,为中民奖的有效运作提供充足的智力支持。

五、专业化人才管理和志愿者服务相结合的人力资源模式

该机构的人员本着节约精简的原则,除中高层管理人员和必需的技术人员之外,其余服务人员都通过培养训练志愿者的方式来完成。根据 2013 年 12 月国务院新闻发布会发布的《中国青年志愿者行动 20 年报告》,截至 2013 年 11 月底,全国所有的省(自治区、直辖市)和市地州盟、2763 个县市区旗,以及 2000 多所高校建立了青年志愿者协会,并建立了 13 万个志愿服务阵地,形成了比较完善的组织体系;经过规范注册的青年志愿者达 4043 万人。据不完全统计,2013 年,注册志愿者向社会提供了 6.9 亿小时的志愿服务。[1] 这充分说明随着中国志愿者文化的发展,依托志愿者来从事学生资助的可行性已经具备。另外,还需要依托高校建立联络员制度,这样不仅可以节约人力成本,还可以宣传慈善文化,扩大机构的社会影响。但中高层管理人员要通过市场化方式,并给予较高薪酬来吸引专业的财务、金融、计算机等人才,这样才能实现管理规范、投资专业的目的,也才能真正运作好奖学金项

---

① 《解读中国志愿服务历程》,2015 年 7 月 15 日,http://zgzyz.cyol.com/content/2015-07/15/content_11496125.htm。

目。同时,建立一个基于网络的奖学金申请、评估、发放和后期跟踪管理系统,所有奖学金项目的申请、评估和审批都通过网络管理系统进行。

随着中国高等教育和慈善事业更高层次的发展,一方面,作为世界上人口最多的国家,有大量的需要接受高等教育的学生,其中相当一部分是家庭经济困难的学生,这为民间奖学金提供了强烈的现实需求;另一方面,中国经济实力的增强,富裕阶层的增多,也为此类奖学金机构提供了充分的资金供给来源,复旦大学一位校友通过某基金会向复旦大学捐赠7亿元①,几乎相当于美利坚奖学金一年的奖学金发放额。这进一步说明资金供给的条件已经比较成熟,中国民间奖学金必将有很大的发展空间。

小　结

本章主要介绍了民间资金参与给付类学生资助的专项制度安排。步入21世纪以来,各国经济和教育的发展促成了民间资金参与学生资助的一些新的制度创新,建立专门的学生资助民间慈善机构也是大力推动民间资金参与学生资助的一个未来发展趋势。在这个过程中,公共财政扶持政策可以在以下方面加以扶持:一方面,认定学生资助民间慈善机构的慈善身份,使得向其捐赠的主体都可以获得税收减免的待遇,帮助其吸引资金;另一方面,对从事学生资助的民间慈善机构所有收入都给予免税待遇,帮助其积累资金,以更好地进行学生资助工作。

---

① 彭德倩:《复旦大学获泛海公益基金会7亿元豪捐》,2015年12月21日,http://house.people.com.cn/n1/2015/1221/c164220-27956433.html。

第七章 个人捐赠参与学生资助
影响因素的实证研究

　　本章主要探究个人捐赠参与学生资助的影响因素,以有针对性地提出措施,并和前文国际比较内容中的国外借鉴相对应,即从国外借鉴的举措要符合实证研究的结论,才能在一定程度上保证从国际比较中借鉴的政策设计符合中国的国情。

第一节 探究个人捐赠参与学生
资助影响因素的意义

　　近年来,中国富豪对高等教育的捐赠逐渐成为社会和媒体关注的焦点,SOHO集团的潘石屹夫妇捐赠哈佛大学1500万美元引起社会热议,中国香港地产商陈启宗兄弟捐赠哈佛大学3.5亿美元更是引起了一些争论,中国香港地产商李德义捐赠麻省理工学院1.18亿美元影响相对较小;而复星集团的郭广昌捐赠复旦大学1亿元人民币、澳门宝龙集团的许健康和上海豪盛投资集团的陈家泉捐赠复旦大学1亿元人民币,阿里巴巴集团的马云向杭州师范大学捐赠1亿元人民币则获得了较多肯定。富豪对高等教育的捐赠当然比较容易吸引眼球,也推动了慈善的宣传,带动了普通民众的捐赠意识,起到了以点带面的作用。个人的参与推动了整个社会慈善捐赠的文化和氛围,形成了捐赠—获得资助—受赠人再捐赠的良性循环,这可能是更重要的。同时,整个社会慈善文化和氛围形成以后,会带动相关的法律法规的建设,更加有利于慈善捐赠,而配套的法律法规则要依赖于捐赠领域理论和实证研究的结果。

学生资助的资金目前在我国还主要来源于财政拨款,这制约了学生资助的规模和力度,发达国家学生资助的很多资金来源于民间资金。以美国为例,大学学费尤其是私立大学学费是非常高的,对优秀的困难学生,大学和一些社会慈善机构会提供奖学金来进行资助,而这些奖学金很多都来源于民间资金的捐赠。中国的民间资金参与高等教育的慈善捐赠由于文化氛围、历史传统、社会环境的原因和发达国家相比还存在着较大局限,尤其是慈善捐赠的主体——个人的发掘方面还存在着很大不足。

对教育的慈善捐赠受很多因素的影响,在市场经济下,民间资金投入学生资助事业需要公共财政资金的补贴,主要体现在个人所得税和企业所得税的减免上,以及财政匹配捐赠。尤其是财政匹配捐赠这个在发达国家已经比较成熟的措施,中国也开始初步试点,财政部和教育部在 2009 年出台了《中央级普通高校捐赠收入财政配比资金管理暂行办法》,国内几个省市也已经出台了地方政府匹配民间资金捐赠高校的相关政策。因此,探究一下影响个人对高等教育慈善捐赠的因素,包括物质因素、精神因素和其他因素,并有针对性地采取财税扶持政策从上述方面来引导和扶持个人来捐赠困难学生,这对社会捐赠文化的形成、对慈善捐赠相关法律法规的建设、对高等教育的发展、对困难学生的全面成长都是很有意义的。

第二节　个人捐赠参与学生资助
影响因素的文献回顾[①]

　　毫无疑问,大多数人进行捐赠都离不开精神方面的收益,尤其是像中国这样的发展中国家,慈善捐赠的税收减免立法还比较欠缺,物质方面的收益不太显著,这种情况下,精神收益可能是主要的影响因素。有研究者认为,捐赠行为给捐赠者的效用主要包括心理与精神上的满足感、社会影响力的提高、企业文化的提升、机会主义利己目的的实现,如当捐赠者为使自己的子女就读某一所理想大学而向该所大学提供带有附加条件的捐赠(罗公利、杨选良、李怀祖,2007)。[②]也有研究发现,声望是捐赠人追求的一个重要因素(William T. Harbaugh,1998)。[③]

　　对个人而言,捐赠的税收减免主要是个人所得税方面,税收减免力度越大,个人越愿意捐赠困难学生。有学者分析了税收制度对教育捐赠的影响机理,发现税收优惠会影响教育捐赠供给量,不同税收优惠的效应各不相同(金荣学、张迪、张小萍,2013)。[④] 美国1986年和2001年的税收削减对个人捐赠高等教育也造成了影响(Noah D.

---

　　① 为方便阅读,并保持实证章节写作的整体框架和连续性,本章单独列出有关这部分研究的文献回顾,下章同。

　　② 罗公利、杨选良、李怀祖:《面向大学的社会捐赠行为的经济学分析》,《经济理论与经济管理》2007年第5期。

　　③ Harbaugh,W.,"What Do Donations Buy? A Model of Philanthropy Based on Prestige and Warm Glow",*Journal of Public Economics*,No.67,1998,pp.269-284.

　　④ 金荣学、张迪、张小萍:《中美高等教育捐赠税收制度比较》,《教育研究》2013年第7期。

Drezner,2006)。① 有关税收抵扣对慈善捐赠的效应的研究发现:平均而言,增加税收抵扣 1%,可以导致慈善捐赠增加 1.44%(John Peloza和 Piers Steel,2005)。② 税收减免对不同捐赠机构,包括公募捐赠机构(资金来源于不特定的人或机构,来源广泛)和私募捐赠机构(资金只来源于特定的人或机构,来源狭窄),对不同捐赠类型,包括教育、宗教、文化等的不同效应,公募捐赠机构的捐赠受税收减免、个人收入、捐赠的成本、慈善组织的声望和成立年限以及挤出效应等因素的影响,私募捐赠机构的捐赠则受税收扣除、个人收入、该州财富水平、慈善组织的年限、慈善组织的现金流等因素的影响(Michelle H.Yetman 和 Robert J.Yetman,2013)。③

　　政府匹配捐赠支出方面主要指政府直接匹配学生资助捐赠金额的一定比例,财政匹配力度越大,个人越愿意捐赠困难学生。有关研究发现:美国现有的慈善捐赠税收抵扣(即将捐赠金额在应纳税所得中扣除)存在一定弊端:捐赠人虚报捐赠较为严重,而税务机构审计成本过高。采用政府匹配个人捐赠的做法可以有效地解决捐赠人虚报捐赠和降低违规现象。并对两种方案进行了实验,结果发现政府匹配捐赠的做法确实增加了捐赠总额并降低了申报违规现象(Marsha Blumenthal、Laura Kalambokidis 和 Alex Turk,2012)。④ 有田野实验对比了匹配捐赠

---

① Drezner,N.,"Recessions and Tax-Cuts:Economic Cycles'Impact on Individual Giving, Philanthropy, and Higher Education", *International Journal of Educational Advancement*, No.4, 2006,pp.289-305.

② Peloza,J.,Steel,P.,"The Price Elasticities of Charitable Contributions:A Meta-Analysis", *Journal of Public Policy & Marketing*,No.2,2005,pp.260-272.

③ Yetman,M.,Yetman,R.,"How Does the Incentive Effect of the Charitable Deduction Vary across Charities?", *The Accounting Review*,No.3,2013,pp.1069-1094.

④ Blumenthal,M.,Kalambokidis,L.,Turk,A.,"Subsidizing Charitable Contributions with a Match Instead of a Deduction:What Happens to Donations and Compliance?", *National Tax Journal*,No.1,2012,pp.91-116.

（在美国，很多公司会匹配员工对慈善组织的捐赠）和税收抵扣（在应纳税所得中减去捐赠金额）的区别，结果发现：匹配捐赠相对于税收抵扣而言会带来更多的捐赠额（Catherine C.Eckel 和 Philip J.Grossman，2008）。①

　　发达国家和中国的一些知名捐赠案例都显示，母校在很多情况下是捐赠者首先选择的捐赠对象，这在美国的私立大学体现得尤为显著，很多家庭连着数代子女都就读于同一所学校，并持续不断地对其进行捐赠。一些研究也揭示了这一点，母校经历和校友组织会对个人捐赠产生较大影响（张继华和滕明兰，2012）。② 校友捐赠是私立高等教育机构的重要财政来源（Jessica Holmes，2009）。③ 美国大学商学院近年来有个趋势，即将传统的 MBA 项目重新设计为专门的 MBA 项目（如房地产、生物科学、电子商务、体育管理等），这样能够带来更强的校友联系进而推动捐赠（Jennifer Wiggins Johnson、Veronica Thomas 和 Joann Peck，2010）。④ 对母校的捐赠与收入、参加的课外活动、导师指导以及本科生活的满意度有关（Charles T.Clotfelter，2001）。⑤ 校友捐赠的决定因素有：主修社会科学、修过语言课程、本州居民以及在金融部门就业等，此外，有亲属也就读母校以及

①　Eckel, C., Grossman, P., "Subsidizing Charitable Contributions: A Natural Field Experiment Comparing Matching and Rebate Subsidies", *Experimental Economics*, No. 3, 2008, pp. 234-252.

②　张继华、滕明兰:《美国大学校友捐赠长盛不衰的组织要素考察》,《比较教育研究》2012 年第 1 期。

③　J.Holmes, "Prestige, Charitable Deductions and Other Determinants of Alumni Giving: Evidence from a Highly Selective Liberal Arts College", *Economics of Education Review*, No. 1, 2009, pp.18-28.

④　Johnson, J., Thomas V., Peck, J., "Do Specialized MBA Programs Cultivate Alumni Relationships and Donations?", *Journal of Marketing for Higher Education*, No.1, 2010, pp.119-134.

⑤　Clotfelter, C., "Who Are the Alumni Donors? Giving by Two Generations of Alumni from Selective Colleges", *Nonprofit Management & Leadership*, No.2, 2001, pp.119-138.

在校期间参加过校队也是乐于捐赠的因素（Phanindra V.Wunnava 和 Michael A.Lauze，2001）。[①]

近年来，与中国慈善机构有关的一些丑闻将捐赠中介推向了风口浪尖，相当多的个人对捐赠中介心存疑惑，非常担心自己的捐赠被中介挪作他用甚至被浪费，因此捐赠中介也已经成为慈善捐赠的一个很重要的影响因素。荷兰慈善捐赠行为的研究发现：捐赠人之所以捐赠主要是因为他们欣赏慈善组织的工作，捐赠行为给了捐赠人良好的感觉，以及能够让他们感觉自己亲身参与其中，感同身受则是最后影响捐赠的因素（Sophia R.Wunderink，2002）。[②]

基于对以上文献分析的基础，结合中国的具体国情，将当前在中国个人慈善捐赠困难学生的影响要素归纳为精神影响、税收减免、财政匹配、母校经历和捐赠中介五个方面，以这五个方面的要素作为主要的研究假设，来建立模型进行检验。

第三节　研究假设和理论模型

一、研究假设

基于上述文献分析回顾的总结，提出以下研究假设。

H1：精神影响因素对个人捐赠困难学生有正向影响。

毫无疑问，大多数人进行捐赠都离不开精神方面的收益，尤其是发展中国家，个人所得税的调节效应还不明显，财政匹配没有普遍实行的

---

① Wunnava,P.,Lauze,M.,"Alumni Giving at A Small Liberal Arts College:Evidence from Consistent and Occasional Donors",*Economics of Education Review*,No.20,2001,pp.533-543.

② Wunderink,S.,"Individual Financial Donations to Charities in the Netherlands:Why, How and How Much?",*Journal of Nonprofit & Public Sector Marketing*,No.2,2002,pp.21-39.

情况下,物质方面的收益不太显著,这种情况下,精神收益可能是主要的影响因素,具体到捐赠困难学生,精神影响因素是指个人捐赠困难学生时可以获得精神上的满足感,符合自己的价值观,出于怜悯和同情的需要、实现社会责任等,这方面的精神收益越大,个人越愿意捐赠困难学生。

H2:税收减免因素对个人捐赠困难学生有正向影响。

对个人而言,捐赠的税收减免主要是个人所得税方面,税收减免方面的因素包括捐赠金额在个人所得税的应纳税所得中扣除;捐赠金额如果在本月个人所得税的应纳税所得中没有扣除完,则顺延到后续月份;对持续捐赠困难学生的(如持续数月乃至数年),给予更加优惠的税收扣除安排等,这方面的税收减免优惠越大,个人越愿意捐赠困难学生。

H3:财政匹配因素对个人捐赠困难学生有正向影响。

发达国家财政匹配捐赠已经非常普遍,发展中国家则相对滞后一些,但这样往往有很大的挖掘空间,具体到捐赠困难学生上,政府匹配捐赠支出方面主要包括政府直接匹配学生资助捐赠金额的一定比例,政府通过给予大学一定经费激励大学匹配学生资助捐赠金额的一定比例等,这方面的财政匹配力度越大,个人越愿意捐赠困难学生。

H4:母校经历因素对个人捐赠困难学生有正向影响。

发达国家和中国的一些知名捐赠案例都显示,母校在很多情况下是捐赠者的首选捐赠对象,这在美国的私立大学体现得尤为显著,很多家庭连着数代子女都就读于同一所学校,并持续不断地对其进行捐赠。具体到捐赠困难学生,母校经历方面的因素主要包括在校时获得了他人的资助,毕业后还获得了母校的帮助,增强了对母校的认同感和归属感,如在母校获得了很好的职业生涯发展、在母校收获了同学的友情等等,这方面的感受越深,个人越愿意捐赠困难学生。

H5:捐赠中介因素对个人捐赠困难学生有正向影响。

近年来的一些新闻报道将捐赠中介推向了风口浪尖,相当多的个人对捐赠中介心存疑惑,非常担心自己的捐赠被中介挪作他用甚至被浪费,因此捐赠中介也已经成为慈善捐赠的一个很重要的影响因素。具体到个人捐赠困难学生方面,捐赠中介方面的因素主要包括大学和慈善机构的声望很好,大学和慈善机构的历史悠久,大学和慈善机构的财务良好,大学和慈善机构符合受访者的理念和风格,大学和慈善机构的慈善捐赠宣传做得很好,等等。对捐赠中介越认可,个人则越愿意捐赠困难学生。

二、理论模型

根据上述假设,精神影响、税收减免、财政匹配、母校经历和捐赠中介五个方面的因素会影响个人未来捐赠困难学生的可能性,因此,本书的理论模型为:

$$Don_i = \beta_0 + \beta_1 Spi_{1i} + \beta_2 Tax_{2i} + \beta_3 Mat_{3i} + \beta_4 Uni_{4i} + \beta_5 Med_{5i} \qquad (7-1)$$

其中因变量 Don_i 为受访者未来捐赠困难学生的可能性;自变量为精神影响、税收减免、财政匹配、母校经历和捐赠中介五个方面的因素, Spi_{1i} 为精神影响对未来捐赠困难学生的影响; Tax_{2i} 为税收减免因素对未来捐赠困难学生的影响; Mat_{3i} 为财政匹配因素对未来捐赠困难学生的影响; Uni_{4i} 为母校经历因素对未来捐赠困难学生的影响; Med_{5i} 为捐赠中介对未来捐赠困难学生的影响,五个因素综合起来会影响到受访者未来捐赠困难学生的可能性。本书的研究目的是要探究在中国上述哪些因素对个人捐赠困难学生有显著影响,并进而基于这些影响采取对策,吸引个人捐赠困难学生。

第四节　困难学生慈善捐赠影响
因素的实证检验

一、问卷设计、发放和数据搜集

将受访者未来捐赠困难学生的可能性作为因变量,上述五个变量细化以后加上受访者的性别、收入、职位等基本情况构成了问卷的主要题项,题项采取里克特五分量表,因为预调研时经过问卷初步测试,作为非专业人士,受访者并不能有效区分七分量表,使用七分量表的问卷效果并不好。五分量表包括对该问卷题项表示的影响途径非常不赞同(1分)、不赞同(2分)、一般(3分)、赞同(4分)和非常赞同(5分)。因变量也采用五分量表来衡量资助困难学生的可能性。同样设非常不赞同(1分)、不赞同(2分)、一般(3分)、赞同(4分)和非常赞同(5分)五个选项供受访者选择。问卷设计好之后,在上海进行了问卷发放,最终收回有效问卷736份,来源广泛,具有较强的代表性。

二、效度和信度检验

对问卷题项进行 KMO 和 Bartlett 的检验,如表7-1所示,KMO 值为0.939,说明适合进行因子分析。

表7-1　KMO 和 Bartlett 的检验

取样足够度的 Kaiser-Meyer-Olkin 度量		0.939
Bartlett 的球形度检验	近似卡方	13479.127
	df	378
	Sig.	0.000

从解释的总方差发现只有前五个因子的特征值大于1,并且前五个因子的特征值之和占总特征值的63.938%,因此,提取前五个因子作为主因子。再看表7-2旋转成分矩阵。可以看出,提取出五个主因子,税收减免的六个变量在第一个因子上载荷较大,可以将第一个因子命名为税收减免因子;捐赠中介的五个变量在第二个因子上载荷较大,可以将第二个因子命名为捐赠中介因子;精神影响因素的七个变量在第三个因子上载荷较大,可以将第三个因子命名为精神影响因子;母校经历的六个变量在第四个因子上载荷较大,可以将第四个因子命名为母校经历因子;财政匹配的四个变量在第五个因子上载荷较大,可以将第五个因子命名为财政匹配因子。

表7-2 旋转成分矩阵

变 量	成 分				
	1	2	3	4	5
捐赠金额如果在本月个人所得税的应纳税所得中没有扣除完,则顺延到后续月份	0.832				
捐赠金额在个人所得税的应纳税所得中扣除	0.831				
捐赠实物按照市价折算金额在个人所得税的应纳税所得中扣除	0.799				
对持续捐赠困难学生的(如持续数月乃至数年),给予更加优惠的税收扣除安排	0.793				
如果购买一些用于学生资助慈善捐赠的金融产品,政府也应该给予税收减免	0.723				
捐赠的发票及证明文件开立要便利化	0.679				
大学和慈善机构的财务良好		0.865			
大学和慈善机构的历史悠久		0.848			
大学和慈善机构的声望很好		0.810			
大学和慈善机构符合理念和风格		0.753			
大学和慈善机构的慈善捐赠宣传做得很好		0.715			

续表

变　　量	成　分				
	1	2	3	4	5
喜欢帮助他人			0.748		
社会责任			0.733		
符合价值观			0.717		
社会风气改变的需要			0.685		
共鸣和感同身受			0.679		
怜悯和同情			0.466		
心理和精神上的满足感			0.434		
毕业后还获得了母校的帮助				0.794	
在校时获得了他人的资助				0.750	
在母校获得了很好的职业生涯发展				0.717	
母校的老师对自己很好				0.652	0.311
对母校的认同感和归属感			0.314	0.647	0.300
在母校收获了同学的友情			0.323	0.534	0.312
政府通过给予大学一定经费激励大学匹配学生资助捐赠金额的一定比例	0.322				0.758
政府通过给予员工单位税收优惠激励单位匹配学生资助捐赠金额的一定比例	0.379				0.720
政府通过给予慈善机构税收优惠激励慈善机构匹配学生资助捐赠金额的一定比例	0.370				0.706
政府直接匹配学生资助捐赠金额的一定比例	0.350				0.671

　　然后进行了信度检验,目前衡量可信程度的指标最常用的是Alpha信度系数法,如果量表的信度系数在0.9以上,说明量表的信度很好;如果在0.8—0.9之间,说明量表的信度可以接受。五个主因子所包含题项的Cronbach's Alpha系数如表7-3所示,均大于0.8,说明信度也较为理想。

表7-3　五个主因子的信度统计量

因　子	Cronbach's Alpha	项　数
精神影响	0.827	7
母校经历	0.870	6
税收减免	0.915	6
财政匹配	0.895	4
捐赠中介	0.921	5

三、全样本模型的回归结果

以未来捐赠的可能性为因变量,以新生成的精神影响因子、税收减免因子、财政匹配因子、母校经历因子和捐赠中介因子这五个公因子得分为自变量,使用全部数据进行线性回归(OLS)得出的全样本模型最终结果如表7-4所示。

表7-4　全样本模型最终结果

模　型	非标准化系数		标准系数	F	R^2
	β	标准误差	β		
(常量)	3.867***	0.024	—		
税收减免	0.253***	0.024	0.285		
捐赠中介	0.059**	0.024	0.066	131.539	0.474
精神影响	0.394***	0.024	0.444		
母校经历	0.154***	0.024	0.173		
财政匹配	0.357***	0.024	0.402		

注:*** 、** 分别表示在0.01、0.05 水平上统计显著。

最终五个自变量都通过了统计检验,进入了最终的模型,最终模型为:

$$Don_i = \beta_0 + 0.394Spi_{1i} + 0.253Tax_{2i} + 0.357Mat_{3i} + 0.154$$
$$Uni_{4i} + 0.059Med_{5i} \tag{7-2}$$

五个自变量中,精神影响因素的系数最大,为 0.394;次之是财政匹配因素,系数为 0.357;税收减免因素位于第三,系数为 0.253;母校经历因素排在第四位,系数为 0.154;排在最后的则是捐赠中介因素,系数为0.059。这说明个人最看重精神因素的影响,如果是物质因素的话,个人更看重财政匹配的作用,税收减免的因素则不太看重,这也和发达国家如美国相关研究得出的结论一致,母校经历也有一定影响,捐赠中介因素则相对不太在意。

为进一步分析不同类别人群的捐赠偏好,以性别(女性和男性,以男性为参考类别)、年收入水平(10 万元以下、10 万—30 万元、30 万元以上,以 10 万元以下为参考类别)、所处行业(国企政府机关事业单位、外资企业、民营个体及其他行业,以民营个体及其他行业为参考类别)、年龄(30 岁及以下、31—50 岁、51 岁及以上,以 30 岁及以下为参考类别)、最终学历期间的成绩水平(前 25%、25%—50%、50%以后,以50%以后为参考类别)、职位(中高职位、低层,以低层为参考类别)、家庭财富(较富足、一般,以一般为参考类别)等因素设为虚拟变量,以精神影响因子、税收减免因子、财政匹配因子、母校经历因子和捐赠中介因子作为自变量,以未来捐赠的可能性为因变量分别进行回归,结果如表 7-5所示。

表 7-5 加入收入和年龄虚拟变量后的捐赠偏好模型结果

模　型	非标准化系数		标准系数	t	Sig.
	β	标准误差	β		
(常量)	3.845	0.064		59.753	0.000
税收减免	0.246	0.024	0.277	10.178	0.000

续表

模　型	非标准化系数		标准系数	t	Sig.
	β	标准误差	β		
捐赠中介	0.057	0.024	0.065	2.398	0.017
精神影响	0.393	0.024	0.443	16.418	0.000
母校经历	0.159	0.024	0.179	6.592	0.000
财政匹配	0.354	0.024	.398	14.665	0.000
年龄为31—50岁	0.079	0.054	0.044	1.465	0.143
年龄为51岁及以上	0.195	0.118	0.046	1.651	0.099
女性	−0.017	0.050	−0.010	−0.343	0.732
年收入为10万—30万元	0.144	0.066	0.065	2.186	0.029
年收入为30万元以上	−0.042	0.110	−0.011	−0.381	0.703
国企政府机关事业单位	−0.050	0.053	−0.027	−0.935	0.350
外资企业	−0.058	0.084	−0.020	−0.693	0.488
前25%	−0.004	0.065	−0.002	−0.056	0.955
25%—50%	−0.026	0.062	−0.014	−0.419	0.676
较富足	0.060	0.081	0.022	0.744	0.457
中高职位	−0.016	0.055	−0.009	−0.281	0.778

加入虚拟变量以后,五个影响因素的系数变化不大,影响从大到小仍然是精神影响、财政匹配、税收减免、母校经历和捐赠中介,基本和没有加入虚拟变量的模型一致。虚拟变量中,较为显著的只有年收入为10万—30万元(和10万元以下相比)、年龄为51岁及以上(和30岁及以下相比)。从收入水平来看,年收入为10万—30万元的受访人要比10万元以下的受访人更愿意捐赠,但年收入为30万元以上的受访人反而和10万元以下的受访人无差别,可能还是慈善捐赠观念不够的原因,今后在这方面还是需要加强宣传以及进一步推动慈善文化的建设;从年龄方面来看,51岁及以上的受访人比30岁及以下的受访人捐赠意愿更强,因为这时很多人已经处于财务自由阶段,人生也步入后期,

更加重视捐赠,而 31—50 岁的受访人和 30 岁及以下的受访人无差别,可能是 30 岁及以下这个年龄段和 31—50 岁的受访人还处于经济比较紧张的阶段(尤其是考虑到在上海这个大城市的环境),捐赠意愿相对较弱一些。

小 结

当前来看,个人对困难学生进行慈善捐赠主要看重的因素还是精神因素,这就需要在这方面采取一些措施来满足捐赠人的精神需求,如在新闻媒体上定期刊登捐赠人的信息,向其所在工作单位通报等。物质的激励因素方面,他们更加看重政府匹配自己捐赠金额的比例,而且这方面的影响系数接近精神因素的影响系数,而不是太看重税收减免这种能给自己带来直接的物质利益的方式。

近期中国香港和内地富豪捐赠母校的颇多案例也说明母校的经历对他们的捐赠还是有较大影响的,本章对个人的问卷调查也在一定程度上验证了这一点,这就给高校提供了启示,在学生就读期间就要对他们进行慈善捐赠的潜移默化的宣传,培育慈善捐赠的社会文化氛围,以吸引校友的民间资金,资助于后来的困难学生,形成捐助资金的良性循环,并带动后来学生的捐赠行为。

从美国的情况来看,税收减免固然没有财政匹配更能吸引捐赠,但仍然是吸引捐赠的一个非常重要的方式,而基于本章的实证研究,当前税收减免的影响过小,远远低于精神影响和财政匹配的影响。难道中国的捐赠者比美国的捐赠者要更加不重视直接的物质利益?这可能和当前的个人所得税税制设计有关,首先,相对于发达国家,我国个人所得税征收比重还不高,大部分纳税人即使是中产阶级,也不用缴纳太多个人所得税,还没有太深的体会;其次,现行的捐赠税收减免宣传不够,很多人都不太了解,同时捐赠的税收减免力度也比较小,没有起到拉动个人捐赠的效应。现行的教育捐赠的税收减免规定是:一般而言,个人将其所得对教育事业进行捐赠,捐赠额未超过纳税义务人申报的应纳税所得额30%的部分,可以从其应纳税所得额中扣除。对农村义务教育等一些特定教育事业进行捐赠,可以在个人所得税前全额扣除,不受30%比例的限制。但即使是全额扣除,这个减免力度也还是比较小的,以一个月收入8000元的捐赠者为例(为简化起见,假设其只有工资薪金收入,下同),其每月通过政府认可的教育捐赠机构捐赠1000元给困难学生(相对于月收入,这个捐赠额已经不少),每月税收减免额度仅为100元,减免力度仅为10%(100∶1000)在物价上涨的今天已经不是一个让人太在意的金额。

随着经济的发展、经济结构的转型、税收制度的不断完善,以及社会公平的要求不断提高,未来税收制度的主体很可能由商品课税向所得课税转变,个人所得税也会提高到一个比较重的程度,这可能就给税收减免的拉动慈善捐赠效应带来了很大的空间,在这方面完善相关财税立法,很可能会撬动个人的捐赠热情,在立法时,当前还应该着重在财政匹配上多做文章,比如规定个人捐赠一定金额,政府可以匹配其捐赠金额的10%,并计入个人名下,而不再对其进行税收减免,这样可能对个人的效用还大一些;但随着未来所得税的提高,个人慈善捐赠的税收减免弹性可能会增大,那时可考虑多设计一些税收减免的法条,以契合个人的要求。

第八章　企业捐赠参与学生资助
影响因素的质性研究

　　本章在上一章个人捐赠参与学生资助的问卷调查的基础上,通过对捐赠企业(单位)的深度访谈,希望揭示影响企业捐赠参与学生资助的因素,以出台针对企业捐赠参与学生资助的公共财政扶持政策,是对上一章问卷调查的补充。

　　本章选取了一个受赠高校——F 大学①,通过访谈对其学生资助进行捐赠的企业②,探究影响企业捐赠参与学生资助的因素;选取了一个捐赠的民间企业——D 公司③,通过访谈其负责捐赠的 D 公司基金会经理,探究影响其捐赠参与学生资助的因素;选取了一个捐赠的国有企业——Z 银行④,通过访谈其总行负责捐赠的工作人员,探究影响其捐赠参与学生资助的因素;选取了一个受赠高校捐赠管理主体——K

---

　　①　出于尊重受访单位意愿的考虑,将该大学称为 F 大学。
　　②　本章访谈的捐赠主体除一个事业单位——某公证处外,其他都是企业,某公证处其实也是企业化运作的实体,其本质更加接近企业,因此,下文统称为捐赠企业,不再另作说明。
　　③　出于尊重受访单位意愿的考虑,将该公司称为 D 公司。
　　④　出于尊重受访单位意愿的考虑,将该银行称为 Z 银行。

大学①教育基金会,访谈其具体负责捐赠事务的秘书长,探究从高校基金会的角度,应如何吸引捐赠的举措。通过从多个视角、多个维度的质性研究,力争全面地揭示企业捐赠学生资助的影响因素,尤其是什么样的公共财政扶持政策能够激发企业的捐赠,为后续的研究做好铺垫。

第一节　受赠高校视角的案例研究
——以 F 大学为例

从中国的大学开始收取学费以来,学生资助就是一个备受社会关注的热点问题,如何筹集和利用好各方面的资金帮助困难学生顺利完成大学学业,形成和积累人力资本含量,也成为学术界关注的课题。长期以来,学生资助主要来自于政府部门的财政拨款、高校自身的积累资金和国有银行体系的助学贷款。近年来,民间资金开始成为学生资助的一个重要来源,这种趋势的转变可以有效补充国有资金的不足;倡导社会慈善捐赠的文化;资金的来源方企业和个人也可以获得自身的精神收益和物质收益,是一个多赢的局面。

个人捐赠参与学生资助的研究已不少见,企业捐赠参与学生资助的实证研究还较少,从笔者调研的经历看,很多非上市企业出于财务秘密的考虑,或不想让外界以为自己是为了物质利益如税收减免、广告效应等才捐赠参与学生资助的,大多不太愿意配合这个主题的问卷调查。因此想搜集大规模的问卷开展实证研究存在一定难度;但围绕一个高校,联系若干有代表性的捐赠企业进行深度访谈,进行案例研究,还是比较可行的。本书围绕东部慈善捐赠较为发达的城市上海的一个普通

①　出于尊重受访单位意愿的考虑,将该大学称为 K 大学。

高校——F大学,经多方努力,联系了五个比较有代表性的捐赠企业,通过深度访谈的方式,探究企业捐赠参与学生资助的影响因素,以有针对性地出台扶持政策,更好地吸引企业捐赠参与到学生资助中来。

一、企业捐赠参与学生资助影响因素的文献回顾

对企业这个"经济人"来说,捐赠教育的动机一般是获得一定的收益,包括高管的精神收益、企业品牌的塑造和提升、税收减免和财政匹配的获得等,这些已由研究所验证。

个人进行捐赠很大程度上是出于精神收益的需要,企业是由股东拥有的,管理层来掌控的,股东和管理层的精神收益同样是企业进行捐赠的一个重要影响因素。有学者揭示:内在调节因素包括自利和利他的一些因素如怜悯、社会正义、感同身受、同情、内疚、恐惧、自尊的需要等;过程决定因素包括捐赠人过去的慈善经历,对慈善组织的判断标准如责任感,都会影响捐赠决策(Michael Jay Polonsky、Laura Shelley和Ranjit Voola,2002)。[1] 捐赠者从捐赠行为中获得的效用包括:心理与精神上的满足感,社会影响力的提高,企业文化的提升,使自己的子女就读某一理想大学(罗公利、杨选良、李怀祖,2007)。[2] 温暖效应(纯粹出于热心)和私人收益也是捐赠的重要影响要素,大部分捐赠会受这两种因素的影响(Holger Sieg和Jipeng Zhang,2012)。[3] 声望也是捐赠人追求的一个重要因素(William T.Harbaugh,1998)。[4] 甚至高管的任

---

[1]　M.J.Polonsky, L.Shelley, R.Voola, "An Examination of Helping Behavior-Some Evidence from Australia", *Journal of Nonprofit & Public Sector Marketing*, No.2, 2002, pp.67–82.

[2]　罗公利、杨选良、李怀祖:《面向大学的社会捐赠行为的经济学分析》,《经济理论与经济管理》2007年第5期。

[3]　Sieg, H., Zhang, J., "The Effectiveness of Private Benefits in Fundraising of Local Charities", *International Economic Review*, No.2, 2012, pp.349–374.

[4]　Harbaugh, W., "What Do Donations Buy? A Model of Philanthropy Based on Prestige and Warm Glow", *Journal of Public Economics*, No.67, 1998, pp.269–284.

期都和捐赠有关(唐恒书、何万波、梁丽,2011)[1]。捐赠人之所以捐赠主要是因为他们欣赏慈善组织的工作,捐赠行为给了捐赠人良好的感觉,以及能够让他们感觉自己亲身参与其中,感同身受则是最后影响捐赠的因素(Sophia R.Wunderink,2002)[2]。很多企业捐赠高校的主要原因是股东或管理层毕业于那里,捐赠自己的母校也主要是出于他们的精神收益的考虑,相关研究对此已有所验证,母校经历和校友组织会对个人捐赠产生较大影响(张继华和滕明兰,2012)[3]。校友捐赠是私立高等教育机构的重要财政来源(Jessica Holmes,2009)[4]。对母校的捐赠与收入、参加的课外活动、导师指导以及本科生活的满意度有关(Charles T.Clotfelter,2001)[5]。综合上述已有的研究,企业进行捐赠中股东和管理层可以获得的精神收益可能包括:怜悯同情、社会正义、心理与精神上的满足感、社会声望、企业文化的提升等。

企业和个人相比,有盈利的目标要追求,可能在一定程度上更重视物质收益。有研究发现:政府作用于社会捐赠的经济政策主要是税收激励和政府支出政策,税收激励可以通过影响捐赠的价格和捐赠者的收入对捐赠产生影响,政府支出对自愿捐赠具有三种效应:替代效应,即通过减少一种商品或劳务的政府支出,增加社会对非政府组织供给

---

① 唐恒书、何万波、梁丽:《基于行为经济学的企业赈灾捐赠机制研究》,《软科学》2011年第4期。

② Wunderink,S.,"Individual Financial Donations to Charities in The Netherlands:Why,How and How Much?",*Journal of Nonprofit & Public Sector Marketing*,No.2,2002,pp.21-39.

③ 张继华、滕明兰:《美国大学校友捐赠长盛不衰的组织要素考察》,《比较教育研究》2012年第1期。

④ J.Holmes,"Prestige,Charitable Deductions and Other Determinants of Alumni Giving:Evidence from a Highly Selective Liberal Arts College",*Economics of Education Review*,No.1,2009,pp.18-28.

⑤ Clotfelter,C.,"Who Are the Alumni Donors? Giving by Two Generations of Alumni from Selective Colleges",*Nonprofit Management & Leadership*,No.2,2001,pp.119-138.

(自愿捐赠)的需求;收入效应,即通过增加消费者的福利,不论其最初对政府供给是否满意;捐赠者相互作用效应,即通过影响其他捐赠者的捐赠行为对自愿捐赠者产生影响(郭健,2009)。① 美国教育捐赠的税收优惠政策可归纳为一疏二堵,一疏指个人和企业捐赠教育可以获得税收优惠,二堵指遗产税和赠与税堵住了富人的资产继承和转移,只能将其捐赠出去。美国的税收优惠政策包括公司法人教育捐赠的应纳税所得额减免的最高比例为 10%,个人教育捐赠的应纳税所得额减免的最高比例为 50%,并可以向后续结转 5 年,结转的捐赠扣除优先于当年的捐赠扣除。遗产税方面,如果把遗产捐赠给教育机构,则可以冲抵遗产税的税额。另外,美国政府还可以配套民间资金的教育捐赠,并且把政府的配套资金算在民间捐赠者名下,还有些公司会配套自己员工的教育捐赠(高晓清,2011)。② 还有研究比较了完全税收优惠和部分税收优惠对企业和个人捐赠的不同影响,分析了慈善捐赠在我国的阻碍因素,主要包括:企业生存压力大;法规滞后,尤其是遗产税还没有开征;慈善机构建设水平低下等(武晋晋、黎志文,2010)。③ 有学者提出了促进慈善捐赠的税收政策建议:提高公益、救济性捐赠税前扣除的额度,增加捐赠者的免税收益;简化税收优惠审批手续(黄桂香、黄华清,2008)。④ 开征新税种,提高富有者不进行慈善捐赠的代价;提高企业和个人所得税减免的扣除比例;建立实物和无形资产捐赠的税收优惠制度;采取递延抵扣制度,提升捐赠的数额和持续性;逐步推进遗产税制度,形成倒逼机制。同时还要建立国家财政资金配比制度,即公民的

---

① 郭健:《社会捐赠运行机制及其影响因素的经济学分析》,《经济学家》2009 年第 7 期。
② 高晓清:《美国高校社会捐赠制度研究》,湖南师范大学出版社 2011 年版。
③ 武晋晋、黎志文:《慈善捐赠行为的经济学分析》,《经济视角(下旬)》2010 年第 5 期。
④ 黄桂香、黄华清:《税收政策影响慈善捐赠行为的经济学分析》,《价格月刊》2008 年第 2 期。

捐赠将得到不同比例的配套资金,并且此配套资金将算在捐赠者个人名下(张磊,2013)。[1] 外国的研究早已有了类似发现,从加拿大的情况看,收入、财富、年龄和税收抵扣对慈善捐赠的影响是显著的,税收抵扣可以根据捐赠金额的多少适用不同的抵扣比例效果更好,对于更大额的捐赠使用更高的抵扣比例(Harry Kitchen 和 Richard Dalton,1990)。[2] 美国现有的慈善捐赠税收抵扣(即将捐赠金额在应纳税所得中扣除)存在一定弊端:捐赠人虚报捐赠较为严重,而税务机构审计成本过高。改进的措施是:政府匹配个人捐赠的做法可以有效地解决捐赠人虚报捐赠和降低违规现象。有学者对两种方案进行了实验,结果发现政府匹配捐赠的做法确实增加了捐赠总额并降低了申报违规现象(Marsha Blumenthal、Laura Kalambokidis 和 Alex Turk,2012)。[3] 也有研究对比了匹配捐赠和税收抵扣的区别,结果发现:匹配捐赠相对于税收抵扣而言会带来更多的捐赠额(Catherine C.Eckel 和 Philip J.Grossman,2008)。[4] 税收减免对慈善捐赠的效应方面的研究则显示:平均而言,增加税收减免1%,可以导致慈善捐赠增加 1.44%(John Peloza 和 Piers Steel,2005)。[5] 近年来,税收减免对慈善捐赠的刺激效应进一步得到验证(Jon Bakija,2013)。[6]

---

[1]　张磊:《新制度经济学视角下我国高校社会捐赠制度之建构》,《江苏高教》2013 年第 4 期。

[2]　Kitchen,H.,Dalton,R.,"Determinants of Charitable Donations by Families in Canada:A regional Analysis",*Applied Economics*,No.22,1990,pp.285-299.

[3]　Blumenthal,M.,Kalambokidis,L.,Turk,A.,"Subsidizing Charitable Contributions with a Match Instead of a Deduction:What Happens to Donations and Compliance?",*National Tax Journal*,No.1,2012,pp.91-116.

[4]　C.C.Eckel,P.J.Grossman,"Subsidizing Charitable Contributions:a Natural Field Experiment Comparing Matching and Rebate Subsidies",*Experimental Economics*,No.11,2008,pp.234-252.

[5]　J.Peloza,P.Steel,"The Price Elasticities of Charitable Contributions:A Meta-Analysis",*Journal of Public Policy & Marketing*,No.2,2005,pp.260-272.

[6]　J.Bakija,"Tax Policy and Philanthropy:A Primer on the Empirical Evidence for the United States and Its Implications",*Social Research*,No.2,2013,pp.557-584.

通过捐赠,企业获得的不只是精神收益和税收减免与财政匹配,还可以塑造自己的品牌,有一定广告效应,即慈善捐赠可以给企业自身带来广告效应、从重大外部公共事件中减少处罚和追逐管理效用,同时社会福利也得到改善,企业和社会获得了互利(张敦力、汪佑德和汪攀攀,2013)。[①]

本书针对希望研究的企业参与学生资助问题,进行了深度访谈,并选取了有代表性的、不同类别的五个企业参与学生资助的案例进行深入的案例分析,通过案例内部的分析,以及案例之间的横向比较,来进一步了解企业参与学生资助的动因、捐赠方对现有的捐赠扶持政策的看法。

二、研究设计

(一)理论框架

作为个人参与学生资助研究的继续和深入,本章企业参与学生资助案例研究首先基于文献回顾的基础,提出如下假设。

企业捐赠参与学生资助的影响因素主要包括高管的精神收益和企业的物质收益,高管的精神收益包括怜悯同情、社会正义、心理与精神上的满足感、社会声望、企业文化的提升等;企业的物质收益则包括税收减免、财政匹配等财税方面的收益,以及给本企业带来的品牌广告效应等。作为"经济人",企业会出于上述收益的考虑参与学生资助。

本次深度访谈的内容也是验证这些假设,并探究哪些因素最能打动作为企业的捐赠方,从而出台有针对性的扶持政策,以更好地鼓励他们捐赠。除此之外,在访谈中还探寻了捐赠企业希望高校配合的举措,以及未来捐赠的偏好等问题。

---

① 张敦力、汪佑德、汪攀攀:《慈善捐赠动机与后果研究述评——基于经济学视角》,《广西财经学院学报》2013年第4期。

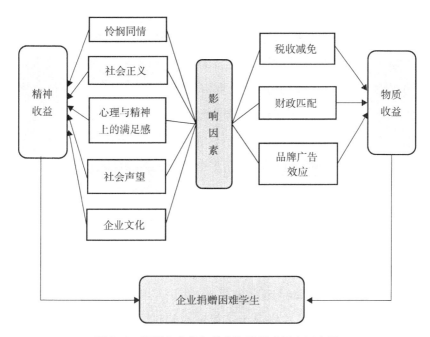

图 8-1　捐赠企业参与学生资助影响因素示意图

　　而作为个人参与学生资助研究的深入,本书采用案例研究的方法进行。案例研究是管理学常用的一种研究方法,有其特殊的作用,在本研究中其不仅可以发现影响捐赠方最重要的收益因素,还可以进入深入挖掘,通过深度访谈等手段,了解捐赠方为什么最看重这些收益,并征询他们自己对其他影响因素的改进建议,这些都是问卷调查的分析所不具备的。

（二）案例的选择

　　重复验证方法是一种比较流行的案例研究方法,其可以提炼出共性结论,提高案例研究的准确性。① 因此,本书使用重复验证的方法,

----

① ［美］罗伯特·K.殷:《案例研究:设计与方法》,周海涛等译,重庆大学出版社 2004 年版,第 60—68 页。

即对多个捐赠企业进行访谈来研究企业捐赠参与学生资助的问题,来了解哪些影响因素是捐赠方最看重的,以及哪些因素还可以改进。

在 F 大学学生工作部管理人员的协助下,选取了 5 个比较有代表性的捐赠方来对企业捐助参与学生资助进行深入研究,并进行个案的对比研究,在他们对影响因素的差别看法中进一步深入分析问题。这些捐赠方来自不同行业,规模也不尽相同,有的是外资企业,有的是校友开办的企业,注册地址也分布在多个区。因此,样本分布具有广泛性和代表性,基本能够代表 F 大学的 17 个捐赠单位。

(三)案例数据的收集

捐赠企业案例资料的来源如表 8-1 所示。本研究选择案例主要考虑的因素如下。

(1)案例选择并非是完全随机的,在一定程度上是根据信息资料的丰富程度来选择的,这样是为了保证案例研究的深入。

(2)捐赠企业案例的选择要求有一定代表性和分散性,即行业、规模、区域分散,以保证样本分布的合理。

(3)案例的选择限定在对 F 大学的贫困学生进行捐赠的企业上,以降低其他因素的不同带来的外部变异的影响。

表 8-1 捐赠企业案例资料的来源

受访单位	行业	性质	规模	访谈时间	访谈对象	资料获取	访谈方式和时间
S 公司①	食品业	外资企业	大型	2017 年 7 月	执行副总裁	通过 F 大学学生工作部部长联系	面谈 1 小时 20 分钟
B 公司②	服务业	中资企业	小型	2017 年 6 月	经理	通过 F 大学学生工作部科长联系	面谈 1 小时 15 分钟

---

① 出于尊重受访单位意愿的考虑,将该公司称为 S 公司。
② 出于尊重受访单位意愿的考虑,将该公司称为 B 公司。

续表

受访单位	行业	性质	规模	访谈时间	访谈对象	资料获取	访谈方式和时间
X 所①	法律服务业	中资企业	小型	2017 年 7 月	合伙人	通过 F 大学学生工作部科长联系	面谈 50 分钟
G 所②	法律服务业	中资企业	中型	2015 年 7 月	办公室主任	通过 F 大学学生工作部副部长联系	面谈 1 小时
A 公证处③	法律服务业	事业单位	大型	2015 年 7 月	办公室主任	通过 F 大学学生工作部副部长联系	面谈 1 小时

（四）研究方法

首先是查阅资料。在确定捐赠企业的基本范围后，联系其负责捐赠事务的经办人员或高管，通过各种方式查阅了这些企业的资料，最后确定了这 5 个企业作为此次案例研究的对象。

其次是深度访谈。2015 年 7 月—2017 年 7 月，笔者、课题组其他成员、学生助理在企业办公场所、公共场所（主要是咖啡厅）与这些企业具体负责捐赠事务的人员进行了详细的交谈。访谈时均进行了录音以备核对数据。访谈时首先请受访企业人员介绍自己企业的情况，捐赠的具体事宜，然后由研究者提出问题，访谈的内容主要是企业参与学生资助的具体情况、影响捐赠的主要因素、对政府的其他扶持政策的看法，以及对高校配合捐赠的看法等。

最后是专题讨论。在实际调研的基础上，为进一步印证得出的结论，先后组织了多次专题讨论，参加者主要是这个领域的研究者和高校联系企业捐赠的资深管理人员，这些讨论进一步深化了对企业捐赠参与学生资助问题的分析。

---

① 出于尊重受访单位意愿的考虑，将该律所称为 X 所。
② 出于尊重受访单位意愿的考虑，将该律所称为 G 所。
③ 出于尊重受访单位意愿的考虑，将该单位称为 A 公证处。

（五）信度和效度的保证

本案例研究的信度和效度检验如表8-2所示，本书按照罗伯特·K.殷提出的建构效度、内在效度、外在效度和信度四个方面来进行检验。[①]

表8-2　保证企业捐赠困难学生深度访谈信度和效度的研究策略

检　验	案例研究策略	策略发生的阶段	保证信度和效度的具体做法
建构效度	多元的证据来源	资料收集	通过深度访谈捐赠方和从受赠方获取资料互相验证
	形成证据链	资料收集	从受赠方获得原始资料—提取核心影响因素—构建理论模型—通过深度访谈从捐赠方获得数据—验证和修正模型
内在效度	进行模式匹配	证据分析	研究框架和最终理论模型基本符合
	尝试进行某种解释	证据分析	根据不同影响因素进行了解释说明
	使用逻辑模型	证据分析	建立影响企业捐赠困难学生影响因素的理论模型
外在效度	用理论指导单案例研究	研究设计	在慈善捐赠文献回顾的基础上，构建企业捐赠困难学生影响因素的理论模型
	通过重复、复制方法进行多案例研究	研究设计	对多个捐赠方通过重复方法进行了研究
信度	采用案例研究草案	资料收集	预先制订了详细的调研捐赠方的深度访谈计划
	建立案例研究资料库	资料收集	将不同捐赠方的访谈资料汇集成资料库，并按照不同的特征分类

---

① ［美］罗伯特·K.殷：《案例研究：设计与方法》，周海涛等译，重庆大学出版社2004年版，第45—49页。

三、案例背景介绍

（一）受赠学校及接受的民间资金出资的奖学金简介

F 大学始建于 1984 年，2004 年 9 月，上海市人民政府批准 F 大学为独立设置的普通本科院校。2015 年之前，F 大学隶属于上海市司法局，属于行业办学院校；2015 年之后隶属于上海市教委，成为普通高等学校，但与政法系统的行业合作仍然存在，现在已经形成了以法学为主干，政治学、经济学、社会学、管理学、语言文学等多学科协调发展的办学体系。

学校现有在校学生 1 万余名、二级学院 12 个、硕士学位授予点 9 个、本科专业及方向 31 个、高职专业 7 个。监狱学、社会工作是国家级特色专业，法学和工商管理为上海市本科专业综合改革试点专业。拥有上海市卓越法律人才培养基地、涉外卓越法律人才培养基地和卓越新闻传播人才培养基地。法学学科为上海市一流学科。建立了"'一带一路'安全问题协同创新中心"，并获批"最高人民法院'一带一路'司法研究基地"。学校招收外国留学生，分别与浙江大学、上海财经大学联合培养博士研究生。

F 大学接受的所有民间资金的捐赠都用于学生资助领域（与捐赠方协商确定或捐赠方指定），都是以奖学金的方式实现的，没有其他一些大学常见的冠名楼宇、资助科研等方式，这可能不是偶然的，对 F 大学这种中小规模学校来说，吸引来的企业捐赠数额都不算大，最大的一笔是 30 万元，这些数额决定了无法用于其他领域较大规模的支出，而奖学金几万元即可设立，无形中成了捐赠 F 大学最常见的方式。

F 大学目前共有 17 项民间资金出资的奖学金，出资方包括 7 家律师事务所、4 家公司、1 家事业单位、1 家基金会，其他是以个人名义捐赠的；都是通过奖学金的方式资助困难学生；每项奖学金每年额度大都为 2 万—3 万元。经过慎重选择，选出 S 公司、B 公司、X 所、G 所、A 公证处五家单位作为深度访谈的样本代表,基本上能够代表捐赠单位的行业、规模、性质等特征。

(二)捐赠企业及奖学金简介

S公司是食品行业的龙头企业之一,也是世界华商500强企业,由菲律宾华人创建。经受访人S公司执行副总裁李先生介绍,创始人是爱国华人,对中国有很深的感情,也很热心慈善事业,公司自成立以来,累计向救灾、医疗、教育等事业捐赠6200万元,目前公司是宋庆龄基金会、上海红十字会、上海市慈善基金会的理事。该公司向教育领域的捐赠主要是奖学金,此前已经向八所学校做过捐赠,包括哈尔滨医科大学以及河北、江西等地的一些中学,基本都是自己的分公司所在地的学校,其中对哈尔滨医科大学的奖学金捐赠已经有20余年,累计数十万元。S公司和F大学都位于上海市青浦区,对F大学的捐赠源于在青浦区政协的一次会议,李副总和F大学学工部部长一拍即合,促成了这项青浦区高校和青浦区最大企业之一的校企合作,由S公司在F大学设立"S公司"奖学金,为期十年,共计30万元。奖学金的条件是:家庭经济条件较差的女生,出发点则是照顾那些因为家庭重男轻女而处于不利经济地位的女生。

B公司是一个小型企业,其创始人和现任经理是F大学2005级校友刘先生,主要从事各种翻译业务。其在F大学设立的是"凌云"奖学金,奖学金的名称是取自己和祖父姓名中各一个字来构成,每年捐赠2万元,迄今为止该奖学金已经发放五年。"凌云"奖学金的条件是根据捐赠人的意愿来设计的,要求是:成绩不需要太好;社团活动较多;为学院取得一定的活动或比赛方面的荣誉,这个条件是仿照刘先生在校期间的表现而量身打造的,他也参加了获奖学生的挑选过程。

X所是地处宝山的一家小型律师事务所,律师人数7人,年创收额约为200万—300万元。律所主任范律师也是F大学校友,1986年在

F 大学的前身就读,后来由于同属法律行业,和 F 大学联系比较多。X 所在 F 大学设立了"X 所奖学金",每年资助 3 万元,已持续 4 年。除了在 F 大学捐赠了"X 所奖学金"以外,他还捐赠了多个高校,甚至在甘肃省敦煌市捐赠了一个九年制学校,以其自己的名字命名,这个在上海市律师界是独一无二的。

G 所有 28 名律师,主要业务以非诉讼业务为主、诉讼业务为辅。G 所曾获得上海市律师协会颁布的"2011—2015 年度上海市优秀律师事务所"称号和上海市司法局颁布的"2014 年度上海市司法行政系统先进集体"称号。G 所多年来一直热心教育慈善捐赠活动。G 所在 F 大学设立了"G 所奖学金",每年捐赠 3 万元,已持续发放数年。

A 公证处是上海市一流的公证法律服务机构。在公证体制改革之前,原隶属于上海市司法局,后独立出来单独运营。而 F 大学以前作为行业办学院校,也隶属于上海市司法局,现在隶属于上海市教委,双方有着以前共同隶属于同一个上级单位的渊源,同属于司法系统,虽然现在这种隶属关系改变了,但历史渊源使得两个单位联系较多,F 大学的学生有很多到 A 公证处实习和就业。A 公证处在 F 大学设立了"公证奖学金",每年捐赠 3 万元,已持续数年。其做慈善捐赠已有 20 多年的历史,A 公证处每年盈利约一亿多元,捐赠资金约几十万元。除 F 大学外,每年还向上海财经大学捐赠 5 万元,向爱心帮教基金捐赠 10 万元,在社区与访贫问苦等方面每年捐赠数额不等。

四、捐赠企业的案例分析与主要发现

(一)税收减免和财政匹配对捐赠企业的影响表现各异

S 公司的奖学金捐赠都是通过青浦区慈善基金会的一个 S 公司慈善基金账户来完成的,因为是青浦区的企业,青浦区慈善基金会希望通过他们这个渠道来完成捐赠,这样做有利于提升他们的工作业绩,税务

减免的处理也比较方便。S 公司对宋庆龄基金会的模式比较推崇,因为他们是最早采用网络跟踪方式的,可以在网上查到所有捐赠资金的去向,最让捐赠者放心。宋庆龄基金会甚至可以接受股权的捐赠,这个管理难度也是很大的。据李副总介绍,S 公司的捐赠目前基本上没有考虑到税收减免的因素,但作为外商投资企业,S 公司的利润在汇到国外,分配给外国的公司投资者时,在已缴纳 25% 国内所得税的基础上,还需要缴纳 10% 的外国公司所得税,他表示如果未来在这方面能有一些优惠的鼓励捐赠的政策,比如捐赠了多少,在征 10% 的外国公司所得税时能扣除一部分,那么捐赠方或许可以多做些事情。对于财政匹配,李副总不是太了解,没有太多看法。

B 公司的创始人刘先生认为财政匹配会极大地促进捐赠,是个很好的举措。他对税收减免促进捐赠的作用感觉不大,认为减税也减不了多少,他甚至从来没打听过税收减免的事宜,因为自己本来也不是为了这个来捐赠的,但财政匹配能够增加总的捐赠额,对自己还是很有吸引力的。

X 所的主任范律师认为自己的捐赠没有考虑税收减免因素,他做捐赠也不在乎税收减免,他甚至是以个人名义来进行捐赠的,对财政匹配,他表示不了解,也没有什么看法。但他认为政府在这方面的扶持政策是有必要的,以鼓励有钱人来做捐赠。

G 所认为,在我国税收体制内,税收减免政策只对企业所得税有效,而律所属于合伙人制度,不能享受对慈善行为的税收减免扶持政策,也就是说律所并不能将所捐赠资金在纳税时扣除。他们认为我国目前对慈善捐赠的财政扶持政策并不完善,许多公司必须通过各级慈善中介机构(如各区的慈善基金会)捐赠来获得税收的减免,但这种方式并不能取得很好的效果。首先,目前慈善中介机构数量不多,且手续烦琐,这让企业在捐赠时走了很多弯路。其次,一些慈善中介机构内部管理不当,企业的捐赠难以实实在在地落在需捐赠之处,事件曝光之后更加打击了企业的捐款意愿和信心。这些原因都限制了企业捐赠。他们认为应参考国外比较完善的政策,捐赠资金可以在个人所得税和企业所得税中减免,另外,企业如果真实地向社会进行捐赠了,不管是否持有国家认可的慈善中介机构的认定,只要有真实的凭证,都应该享受税收减免的政策。

A 公证处表示对税收减免和财政匹配政策都不了解,对这些也不关注或在意,捐赠都不是出于这方面的考虑。

捐赠单位对税收减免和财政匹配的看法如表 8-3 所示。

表 8-3　捐赠单位对税收减免和财政匹配的看法

捐赠单位	行业	性质	规模	看法	
				税收减免	财政匹配
S 公司	食品业	外资企业	大型	外资企业将利润汇回母国要征 10% 的税,该公司提出,若自己捐赠,能否在这 10% 的税中扣减	没有看法
B 公司	服务业	中资企业	小型	没有看法	是很好的举措
X 所	法律服务业	中资企业	小型	认为扶持政策有必要	认为扶持政策有必要
G 所	法律服务业	中资企业	中型	个人所得税的捐赠税收减免应加强,不通过慈善中介机构的捐赠也应获得税收减免	没有看法
A 公证处	法律服务业	事业单位	大型	没有看法	没有看法

从表 8-3 可以看出,规模是影响企业是否看中税收减免因素的一个主要变量,大型(S 公司)和中型企业(G 所)由于纳税较多,税收减免对刺激他们捐赠可能还是有一定效果的,小型企业则可能效果不大;

另外,企业性质可能也是一个影响变量,作为事业单位的 A 公证处虽然也是大型单位,但对税收减免因素不太关注,S 公司作为外资企业,对汇出国的利润另外征税也是敏感的,如果能考虑对该部分金额有捐赠的税收减免,更能刺激这类外资企业捐赠。

(二)精神收益的影响比较普遍,品牌效应不一而足①

S 公司的上一代"掌门人"是菲律宾华人,作为老一辈华人,长期受传统的儒家文化的熏陶,有浓厚的爱国情怀和慈善情结,认为捐赠能给自己带来心理上的满足感,这是 S 公司多年来坚持捐赠的一个主要原因;另外,作为企业,其捐赠在一定程度上也是出于对树立品牌形象的考虑,从而反过来促进企业的发展。

B 公司的创始人刘先生认为自己在 F 大学期间如鱼得水,发展非常顺利,大学对自己的改变非常大。虽然学习成绩不算很好,但是社团活动给了自己很大锻炼和非常全面的训练,经常代表系里参加各种学术大赛并取得不错的成绩。如参加了第一届案例分析大赛获得冠军,甚至还曾创业,虽然失败了,但收获很大,这个在校期间的愉快经历是决定他此后捐赠的非常重要的因素,捐赠母校让他觉得可以获得非常大的满足感。

范律师认为做慈善捐赠能让自己开心,一个感激的眼神就能让他觉得做慈善是很值得的,是出于内心的价值追求,他希望能通过自己的行为,提高学生学习的积极性,让学生有个学习的榜样,在学生的心中种下一颗爱的种子,将来去帮助社会上的其他人。他认为善良的教育和爱的教育是现在的社会最缺乏的,希望自己能在这方面有所贡献。

G 所的捐赠主要是从精神收益出发的,他们认为:律所既然从社会中受益,那么就希望能尽律所微薄之力为社会作出一些贡献,不求回

---

① 出于平衡文字篇幅的考虑,品牌效应的内容和精神收益部分合并在一起整理论述。

报。这种心理的满足感是物质收益难以满足的。此外,脚踏实地一直是律所崇尚的,也是对贫困受助学生选拔的一个标准。律所希望能够以设立奖学金捐赠的方式来鼓励大学生脚踏实地,让这种精神可以在当代大学生中发扬光大。同时以奖学金的方式可以在大学内打开一定知名度,吸引心怀感恩的优秀学生加入 G 所和他们一同发展,这对人才的吸引也有着很好的作用。

A 公证处认为,由于与学校联系紧密,在学生实习、老师接触中增加了对学校学生的了解,觉得困难学生都非常不容易,从而希望帮助学校里的困难学生,通过捐赠为他们出一份力,并不注重宣传带来的收益,认为捐赠做了就是做了,不需要用公益为自己塑造形象。事业单位当然也需要宣传自己,但更倾向于以自己的专业、服务宣传自身而非依靠一些慈善捐赠活动。

所有的捐赠单位的捐赠都包含了对精神收益的追求,但并不是所有捐赠单位都看重企业品牌效应,规模和性质仍然是影响追求品牌效应的因素,作为大型企业的 S 公司和作为中型企业的 G 所对捐赠提升品牌效应是有考虑的,但小型企业 B 公司和 X 所则不太关注,A 公证处虽然规模很大,但由于是事业单位,也不太关心捐赠对品牌效应的帮助(见表8-4)。

表8-4　捐赠单位对精神收益和品牌效应的看法

捐赠单位	行业	性质	规模	看　　法	
				精神收益	品牌效应
S 公司	食品业	外资企业	大型	心理与精神上的满足感	社会形象和品牌的提升
B 公司	服务业	中资企业	小型	心理与精神上的满足感	没有考虑
X 所	法律服务业	中资企业	小型	心理与精神上的满足感、社会正义	没有考虑

捐赠单位	行业	性质	规模	看　　法	
				精神收益	品牌效应
G 所	法律服务业	中资企业	中型	心理与精神上的满足感、社会声望	在同行业的大学打开知名度，吸引学生加入
A 公证处	法律服务业	事业单位	大型	心理与精神上的满足感、怜悯同情	没有考虑

（三）受赠高校与捐赠企业的联系纽带因素可能是促成捐赠的催化剂

五个受访企业都和受赠高校 F 大学有着各种的联系，但由于各自情况不同，这个联系表现在不同方面。

S 公司地处 F 大学所处的上海市青浦区，而 F 大学是青浦区唯一的一所全日制高校，双方的管理层在青浦区组织的会议等一些场合经常碰面，李副总是青浦区政协委员，青浦区政协经济委员会组织了一次校企合作的活动，李副总到 F 大学参观，遇到 F 大学学工部部长，促成了这个"S 公司"奖学金，"地域"可被归结为 S 公司参与 F 大学学生资助的一个最重要联系纽带，向本地高校捐赠可以获得在当地的声望，并有利于和地方政府的关系，这些对企业可能都是有益的。

B 公司是 F 大学校友创办的企业，据刘先生介绍，他之所以捐赠是因为在 F 大学度过了非常美好的时光，各方面的发展都非常顺利，因此想回报学校，而且他读书时接触较多的辅导员后来调到经济法学院做分管学生工作的党总支副书记，因此虽然他不是毕业于经济法学院，但捐赠的奖学金却落在经济法学院，后来即使那位副书记调离了经济法学院，他也继续延续了"凌云"奖学金的捐赠。B 公司也和 F 大学签订过实习基地协议，但一直没有接纳学生来实习过，因为刘先生发现 F 大学外国语学院的学生只是普通的英语专业学生，达不到自己公司专业英语的要求,但未来他还是希望能和 F 大学探索出一条合适的产学研道路。因此,"校友"可能是 B 公司创始人捐赠母校奖学金的最重要的联系纽带。

X 所也是校友企业,范律师就读 F 大学已经是 30 年前的事情了,正是由于在 F 大学就读,才走上了法律从业的道路,现在他也是 F 大学的兼职教授,对母校一直怀有深厚的感情,另外律所和 F 大学同属于法律行业,"校友"和"行业"也是范律师捐赠母校奖学金的最重要的联系纽带。

G 所的创始人并不是 F 大学的校友,高管里也没有 F 大学的校友,实际上,只有一位律师毕业于 F 大学,但前不久跳槽了。因为都属于法律行业,G 所创始人曾经到 F 大学做过讲座,也接受 F 大学的学生到 G 所实习和就业,有了这层联系,G 所在捐赠教育时自然考虑到了 F 大学,"行业"可能是 G 所捐赠 F 大学奖学金的关键词。

A 公证处是事业单位,工作人员有 200 多名,早些年和 F 大学一样,都归属于上海市司法局管辖,同属于一个系统,这种历史渊源决定了双方的联系较多,另外,很多 F 大学的毕业生到 A 公证处实习、就业,一些校友更做到了较高的职位,这更加深了双方之间的联系,在一定程度上促成了 A 公证处对 F 大学的捐赠。"行业""校友"可能是 A 公证处捐赠 F 大学奖学金的关键词。

受赠高校和捐赠企业之间的联系纽带如表 8-5 所示。

表 8-5　受赠高校和捐赠企业之间的联系纽带

捐赠单位	行业	性质	规模	联系纽带		
				地域	校友	行业
S 公司	食品业	外资企业	大型	√		
B 公司	服务业	中资企业	小型		√	

续表

捐赠单位	行业	性质	规模	联系纽带		
				地域	校友	行业
X 所	法律服务业	中资企业	小型		√	√
G 所	法律服务业	中资企业	中型			√
A 公证处	法律服务业	事业单位	大型	√		√

从表 8-5 可以看出,对 F 大学这样的以法学为主要学科的中小型文科高校来说,校友和行业联系还是最主要的吸引捐赠的纽带,在访谈的五个样本中有三个样本具有这方面的联系;地域则只有一个样本体现出这方面的特征。这给高校一定启示:在吸引企业捐赠时,主要应通过校友以及行业这个联系纽带来发掘和寻找捐赠企业,同时也要注意发掘高校所处同一个地域的企业。

综合来看,图 8-2 显示了物质收益因素和精神收益因素是如何影响企业捐赠困难学生,以及行业、地域、校友、规模和性质这些联系纽带因素是如何作用到影响因素,进而发生催化效应,最终传导到企业捐赠的决策的。

(四)捐赠企业对高校配合举措的看法

S 公司希望用于慈善捐赠的资金能用到刀刃上,真正发扬正能量的作用。另外,李副总认为,学校现在经费也比较充足,但不要认为人家捐的资金少了,就不当一回事,这会给捐赠方带来不好的感受。

B 公司首先希望 F 大学能开具证明捐赠的发票,以在账务上证明这笔钱是捐给学校了,但 F 大学目前一直没有给他开具过发票,可能的原因是还没有成立学校的教育发展基金会,导致不能开具发票,这是他希望尽快解决的。即使没有发票,最好能给他一个官方的捐赠证明。他对通过青浦区慈善基金会这个渠道捐赠学校也不是非常乐意,即使

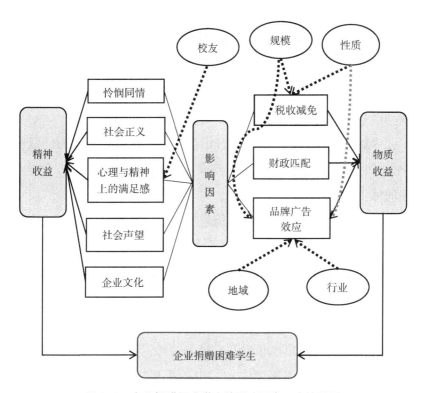

图 8-2　企业捐赠困难学生的影响因素研究结果图

那样可以获得捐赠发票,可以用于税收减免。另外,颁发奖学金的仪式可以更正式一些,以留存一些影像资料,用于企业的宣传。

范律师对高校配合方面的举措没有要求,他也没有参加奖学金的评奖,他甚至不关心捐赠资金的去向。

G 所考虑到慈善捐赠中介机构也需要运营成本等原因更加偏向直接与受赠对象接触,直接捐赠给学生,越过慈善捐赠中介机构的渠道,因为慈善中介机构毕竟是中间人,这让捐赠公司难以实际掌握资金的流向。但是对于学生资助对象的选择,G 所偏向于让校方做选择,他们认为学校更加了解学生,也更加公正与公开。而在资金用途方面 G 所也更希望慈善资金可以用于困难补助方面。

A公证处每年会要求学校出示明细单,有时学校也会提供获得奖学金学生的名单,希望学校在信息公示方面进一步完善。

(五)捐赠企业对捐赠投向的看法

S公司目前主要的捐赠投向都在奖学金这个方面,未来他们会继续推动这些项目,其他领域他们会关注并研究可行性。

在今后的捐赠领域方面,B公司愿意出资聘请实务界的师资来训练学生,以帮助学生适应职业需要;或者建立奖教金,奖励F大学素质过硬的师资,来给学生授课。

范律师认为捐赠的投向最好能够有助于学生树立正确的人生观和价值观。另外,锻炼学生的动手能力和实务能力,将知识融会贯通、灵活运用也非常重要,他认为捐赠投向今后可在这方面多做考虑。

G所在从事慈善事业以来,发现其捐赠机制有许多的不足与问题。譬如在对F大学的捐赠中发现对受赠学生的选择标准太过于宽泛,同时捐赠单位与受赠对象也很少有直接的接触,这产生一些问题,比如慈善资金不能够到达真正需要它的学生的手里。但是G所也开始着手改进,限制了选择标准,更加注重对贫困学生的选择。G所也表示由于社会的快速发展,一些家庭贫困的学生在完成学业过程中有很大的压力,慈善的捐赠会让这些学生有自卑感,社会上还是会有一些异样的眼光来看待慈善捐助。G所也希望捐赠单位的慈善活动可以不仅仅局限于大学内部,除了奖学金或是校内的勤工助学,也可以为大学生提供一些直接的工作岗位,让学生能够走出校门更早接触社会,使学生认识到他们可以通过自己的努力改善生活条件,从而增加其责任感,提高心理素质,不再害怕异样的眼光。

A公证处偏向以奖学金的形式直接捐赠给大学,捐赠的资金由学校负责发放,由于捐赠数额不多,A公证处认为奖学金的方式相对比较适合。

五、案例启示

随着经济的发展、社会的进步和高等教育体制的转型,民间资金的捐赠已经成为高等教育重要的资金补充,也起着推动社会慈善文化建设的作用。使用上市公司年报数据、问卷调查等来研究企业捐赠的已有很多,本书通过对上海市一个行业背景高校的案例研究,从微观上揭示了企业捐赠参与学生资助的影响因素,构建了一个新的理论框架。

从本案例研究中可以发现,基本上捐赠企业的股东或创始人都会出于精神收益进行捐赠,但不同企业的具体情况如企业规模、性质、是否为校友等,决定了其精神收益有不同侧重点。

慈善的税收减免影响则没有想象中那么大,这可能与中国目前的税制有关,访谈结果显示:大型和中型规模企业对税收减免的敏感性较强,而小型规模企业和合伙企业则明显对税收减免不太敏感,这也是未来设计慈善捐赠的税收减免政策时可以着力的地方,即按照规模来设计不同的税收减免政策,以精确对应不同捐赠方的需求。

关于慈善的财政匹配影响,几乎所有的受访企业都没有给出积极的回应,这反映了财政匹配政策在当前形势下对慈善捐赠的撬动效应基本不大,但并不意味着未来财政匹配就没有作用,应该加大对财政匹配政策的宣传,让捐赠方充分了解这个政策。事实上,在访谈中,一个企业的创始人在了解了财政匹配政策后,表示这是个很好的政策,未来如果再做捐赠,他更偏好财政匹配政策而不是税收减免政策。

品牌效应则因企业而异,大型和中型规模企业(有同行业背景)比较敏感,小型规模企业和事业单位则明显不敏感。这也比较好理解,小型规模企业的顾客群比较有限,捐赠带来的广告效应本身就达不到精准广告所带来的效应,不敏感在意料之中,事业单位因为没有盈利要求,对此自然也不关心。未来如何利用好广告效应,吸引大型和中型规模企业捐赠,是很值得研究的问题。

综合来看,小型规模企业较多出于单一收益来进行捐赠,即只关心精神收益;但大型和中型规模企业会出于多种收益来进行捐赠,即包括了精神收益、税收减免以及广告效应,对于受赠方来说,应针对每一个潜在捐赠方的具体情况,考虑对方可以获得的哪些收益,来作出有针对性的吸引捐赠计划,可能会得到比较好的效果。

第二节　捐赠民企视角的案例研究
——以 D 公司为例

企业捐赠参与学生资助的实证研究主要集中于大型的上市公司,选取一个比较有代表性的大型上市公司,进行案例研究,还是比较可行的,也可以对前述研究形成一个必要的补充。本节选择中国具代表性的某捐赠企业——D 公司,通过深度访谈的方式,探究企业捐赠参与学生资助的影响因素,以有针对性地出台扶持政策,更好地吸引企业捐赠参与到学生资助中来。

对企业这个"经济人"来说,捐赠教育的动机一般是获得一定的收益,包括股东或高管的精神收益、企业品牌的塑造和提升、税收减免和财政匹配的获得等,这些已由研究所验证。个人进行捐赠很大程度上是出于精神收益的需要;股东和管理层的精神收益同样是企业进行捐赠的一个重要影响因素。综合上述已有的研究,企业进行捐赠中股东和高管可以获得精神收益可能包括:怜悯同情、社会正义、心理与精神上的满足感、社会声望、企业文化的提升等。企业和个人相比,可能在一定程度上更重视物质收益。通过捐赠,企业获得的不只是精神收益、税收减免和财政匹配,还可以塑造自己的品牌形象,有一定广告效应。

本节的研究设计框架是:基于文献回顾,提出如下假设,即企业捐赠参与学生资助的影响因素主要包括精神收益和物质收益。精神收益包括怜悯同情、社会正义、心理与精神上的满足感、社会声望、企业文化的提升等;物质收益则包括税收减免、财政匹配(即财政资金匹配企业捐赠的一定比例)等财税方面的收益,以及品牌广告效应等。作为"经济人",企业会出于上述收益的考虑参与学生资助;本次深度访谈的内容也是验证这些假设,并探究哪些因素最能打动作为企业的捐赠方,从而出台有针对性的扶持政策,以更好地鼓励他们进行捐赠。除此之外,在访谈中还探寻了捐赠企业希望高校配合的举措,以及未来捐赠的偏好等问题。

一是查阅资料。在确定捐赠企业后,联系其负责捐赠事务的经办人员或高管,通过各种方式查阅了这些企业的资料。

二是深度访谈。2017 年 8 月,笔者到受访企业——D 公司集团总部,与具体负责捐赠事务的 D 公司基金会经理进行了详细的交谈。访谈时均进行了录音以备核对数据。访谈时首先请 D 公司基金会经理介绍自己企业的情况,捐赠的具体事宜,然后由笔者提出问题。访谈的主要内容是公司参与学生资助的具体情况、影响捐赠的因素主要有哪些、对政府的其他扶持政策的看法及对高校配合捐赠的看法等等。

一、案例背景介绍

(一)捐赠企业介绍

D 公司于 2004 年正式涉足电商领域。2016 年,D 公司市场交易额达到 9392 亿元,净收入达到 2601 亿元,同比增长 43%。2016 年 7 月,D 公司上榜 2016 年《财富》全球 500 强。

D 公司业务涉及电商、金融和物流三大板块。主营的电商业务 D 公司商城已成长为中国最大的自营式电商;D 公司金融集团于 2013 年 10 月开始独立运营,定位为金融科技公司。D 公司金融集团依托生态平台积累的交易记录数据和信用体系,向社会各阶层提供融资贷款、理财、支付、众筹等各类金融服务。D 公司金融集团现已建立九大业务板块,分别是供应链金融、消费金融、众筹、财富管理、支付、保险、证券、金融科技和农村金融。2017 年正式成立 D 公司物流子集团,为合作伙伴提供包括仓储、运输、配送、客服、售后的正逆向一体化供应链解决方案服务、物流云和物流科技服务、商家数据服务、跨境物流服务、快递与快运服务等全方位的产品和服务。①

(二)捐赠企业的教育捐赠情况

2014 年 D 公司公益基金会成立,此后的教育捐赠都通过 D 公司公益基金会来完成,其注册资金是 200 万元。教育扶贫一直是 D 公司公益基金会的主要方向,起着承上启下的作用。在成立基金会之前,教育捐赠就是 D 公司一个主要的方向,在 D 公司只有 38 个员工的时候,就认领了 38 个孩子的学费等资助,另外,也曾开展过西藏玉树地区一些孩子的学费资助活动。近年来,D 公司大的教育捐赠活动还包括:向中国传媒大学捐赠 1000 万元设立"D 公司新闻奖学金",支持中国传媒大学的新闻人才培养、国际传播项目及科研创新。2017 年 D 公司创始人向家乡和母校捐赠数亿元人民币,设立基金,用于办学及贫困学生资助等。基本上,每年向教育领域的资金投入量占 D 公司公益基金会总资金投入量的一半以上。

作为互联网企业,D 公司的教育捐赠也包含着创新的因素,将教育捐赠和 D 公司在物流及技术等方面的优势结合起来,例如最近推出的一种新的捐赠模式,包括一手教育用品的捐赠,即捐赠人在 D 公司上购买教材、文具等教育用品,D 公司只收取进货价,然后物流直接将商品配送到受赠人那里,捐赠人可以从 D 公司查询到整个物流过程,充

---

① 以上内容来自于 D 公司官网,为避免出现该公司信息,不再标明来源。

分了解捐赠资金(商品)的流向;以及二手教育用品的捐赠,即捐赠人有希望捐赠的物品,D公司会上门回收这些物品,然后还会匹配一定的教育产品,再配送到受赠人那里,捐赠人同样可以在网上查到整个物流过程。D公司通过这种创新的方式吸引大众的教育捐赠,同时满足了捐赠人追求信息透明的需要,打消了捐赠人这方面的担忧。

D公司在教育领域的捐赠一般包括以下方面:奖学金、奖教金、捐助楼宇建设、人文学科发展、课题、创新创业的学生资助等,一般都是限定性的捐赠,即指定用途。

二、关于教育捐赠的公共财政扶持政策及其他问题的看法

(一)捐赠企业对税收减免和财政匹配的看法

D公司绝大部分子公司都还没有盈利,因此目前的税收扶持政策还无法应用到D公司的教育捐赠,D公司在捐赠时没有过多考虑税收方面的政策扶持。另外,D公司曾经向美国某大学进行过一次捐赠,关于捐赠国外大学的税收扶持及扣税政策(指该大学在获得捐赠前需要扣除相应的税额,并由D公司代扣代缴)希望更加明晰一些。

财政匹配是个很好的事情,但高校希望政府匹配资金的使用应比较透明,要管理好,制定好用途,这部分国家资金也是纳税人的钱,也应该使效益最大化,需要对其用途进行监管。财政匹配方面应该有其他的一些制度配合,才可以发挥更好的效果,这样企业也才更愿意捐赠。政府资金一定要有效益、要透明,不是简单地给高校就了事。

(二)精神收益和品牌效应方面的影响

精神收益方面,主要是创始人对身边的人的一种关切,对母校和家乡的感恩,近年来相关的一些教育捐赠如建设校舍、给母校学生的奖学金、资助学生的创新创业大赛等都包含着这种朴素的情感。

很多捐赠单位的捐赠都包含了对精神收益的追求,但并不是所

有捐赠单位都看重企业品牌效应,D公司没有表示捐赠是追求品牌效应。

(三)受赠学校与捐赠企业的联系纽带因素仍然是促成捐赠的催化剂

D公司的创始人对教育领域的捐赠主要投给了家乡的一些学校,尤其是本科的母校,这种联系纽带再次验证了其促成捐赠的催化效应,在D公司的案例中,这种联系纽带体现为母校和家乡两种因素。

(四)捐赠企业对高校配合举措的看法

高校作为受赠人,自身应加强受赠资金使用的透明化,以及受赠资金的使用效率,把捐赠资金用出效果,这样才能吸引捐赠单位更多的捐赠。另外,捐赠活动最好能带动学生的长远发展,推动学生实践能力的提高。这方面,D公司已经有了一些尝试,作为奖教金的延伸,并符合D公司创新的精神,D公司举行了一些创新创业大赛作为教育捐赠项目的补充,希望通过这种方式来促进学生的全面发展,把自身互联网企业的优势和教育捐赠、学生资助、学生培养很好地结合起来。

(五)捐赠企业对捐赠投向的看法

D公司的捐赠都是限定性捐赠,即指定用途的捐赠,目前主要是奖学金、奖教金、学科建设领域以及创新创业大赛,其希望通过产学研相结合,带动学生的长远发展。另外也会考虑受赠高校的具体情况和D公司公益基金会的宗旨和特色,即强调创新。尤其体现在创新创业大赛方面,办创新创业大赛是奖学金资助的延续,D公司提供资源,鼓励做出项目,更能发挥比单纯捐钱更好的效益。作为互联网企业,D公司强调创新的捐赠特色可以把自己的优势和捐赠有效地结合起来,更好地发挥资助和培养学生的综合效应,并扩大社会影响。

第三节　捐赠国企视角的案例研究

——以 Z 银行为例

本节的研究沿袭上一节的研究设计框架,提出同样的研究假设。2017 年 7 月,笔者通过电话访谈了 Z 银行总部负责捐赠事务的工作人员。访谈的主要内容是 Z 银行参与学生资助的具体情况,影响捐赠的因素主要有哪些,对政府的其他扶持政策的看法,对高校配合捐赠的看法,等等。

一、案例背景介绍

(一)捐赠企业介绍

Z 银行是在上海证券交易所挂牌上市的全国性股份制商业银行,总行设在上海。截至 2017 年年末,公司总资产规模达 6.14 万亿元。目前,Z 银行已在境内外设立了 41 家一级分行、约 1800 家营业机构,拥有超过 5.2 万名员工,架构起全国性国际化商业银行的经营服务格局。近年来,Z 银行加快国际化、综合化经营发展,以中国香港、新加坡、伦敦分行开业为标志,国际化经营步伐不断加快,积极推进综合化经营。目前,Z 银行是国内为数不多同时获得三大国际评级机构投资级以上评级的股份制商业银行之一。深耕金融服务的同时,Z 银行积极践行社会责任,致力于打造优秀企业公民。2017 年 Z 银行获评中国银行业协会"年度公益慈善贡献优秀项目奖""年度社会责任最佳绿色金融奖""年度最佳社会责任特殊贡献网点奖"。①

---

① 以上情况来自于 Z 银行官网介绍,为避免出现该银行信息,不再标注来源。

(二)捐赠企业的学生资助捐赠情况

据介绍,Z银行在学生资助领域的捐赠由来已久,以下是部分Z银行对学生资助的捐赠情况:2005年1月,Z银行上海地区总部向上海交通大学捐赠了68000元用于贫困学生寒假返家路费。2010年起于天津大学捐赠设立励志奖学金,至今已持续资助6年,共资助学生1000余人;2017年Z银行再次向天津大学捐赠人民币50万元,继续用于天津大学励志奖学金的发放。Z银行广州分行与广东金融学院、广州大学长期合作,通过为学生提供有偿实习机会和就业机会等方式扶贫助学。也曾对华南理工大学、广东中医药大学等高校的贫困大学生进行捐助,Z银行南京分行也在高校设立过奖学金。

二、对捐赠的公共财政扶持政策的看法

Z银行的社会捐赠,带有较浓的国有企业的烙印,又由于规模较大,分支行等网点众多,且属于金融企业,具有较强的经济实力,因此各种捐赠都参与较多,地方政府也会第一时间想到Z银行,希望它们在捐赠方面作出较大的贡献。Z银行根据额度对捐赠做了分类,20万元以下由捐赠部门即总行办公室审批即可,20万元以上需要由分行报送总行行务会审批,并看看其他金融机构捐赠的多少,了解下行情,再酌情决定。

对税收减免的看法,该行负责捐赠的工作人员认为,对Z银行这种金融大国企来说,税收减免在捐赠时考虑得很少,这个税收减免在企业所得税中的占比也不大,不会出于税收减免的目的才进行捐赠,但在捐赠时Z银行要求必须拿到捐赠的证明。

对财政匹配的看法,该行工作人员表示,Z银行不是很了解财政匹配政策,之前鼓励分行优先使用政府奖励资金(以前一些分行有过这样的实践),但很欢迎这种财政匹配政策。

Z银行的捐赠更多是由政府主导的,当发生一些需要社会捐赠的

事情时,很多捐赠由地方政府推动,Z银行作为大型金融国企,也需要和政府保持较好的银政关系,因为很多业务需要政府的支持。地方政府的对口管理部门(银监局或金融办之类)很多情况下直接以摊派的形式希望Z银行捐赠,可称为行政主导型的捐赠,因此反而对税收减免和财政匹配不太敏感了。

另外,业务方面的联系也是促成捐赠的一个因素,如有的高校将全校学生银行卡的开户行设为Z银行。作为回报,Z银行也会适当地对这些高校的学生资助进行一些捐赠。

第四节　受赠高校捐赠管理部门的案例研究
——以K大学教育基金会为例

2017年8月,笔者在K大学教育基金会办公地点对基金会理事兼秘书长进行了深度访谈。

一、案例背景介绍
(一)受赠高校教育基金会介绍

K大学教育基金会成立于2004年,是对国内外捐赠给K大学教育事业的资金进行管理的专业性非营利性社会组织,是独立的非公募基金法人,致力于争取国内外的团体和个人的支持和捐助,并妥善管理和运营资金,以推动教育事业的发展,为社会公益事业服务,并于2013年被国家民政部门评为"5A级社会组织"。

基金会的宗旨:遵守宪法、法律、法规和国家政策,遵守社会道德风尚,致力于争取国内外的团体、个人的支持和捐助,并妥善管理和运营资金,以推动教育事业的发展,为社会公益事业服务。

（二）受赠高校教育基金会受赠发展情况

基金会收益主要用于以下资助项目:改善教学设施;奖励优秀学生及优秀教师,资助家庭经济困难的学生;资助基础研究、教学研究和著作出版;资助教师出国深造及参加国际学术合作和国际学术会议;等等。2016 年,基金会累计收到社会捐赠 7271 余万元,公益支出 2829 余万元。

2010 年以后,互联网、金融等行业迅速发展,社会的捐赠氛围良好,教育捐赠屡掀高潮。与清华大学、北京大学、浙江大学等动辄几十亿元的受赠资金相比,K 大学所获的教育捐赠相对较少,这在很大程度上是由地域因素决定的,目前总的受赠金额在 2 亿元左右,其中最大的一笔捐赠来自校友,金额为 1 亿元,并被用来建设教师发展中心;设立 K 大学"智德"基金,支持学校若干学院、研究所在学生奖助、师资引进、学术交流等诸多方面的发展与建设。

K 大学教育基金会着重开发了三个系统,即客户、项目和资金系统,以完善捐赠的流程,科学管理教育捐赠,因为这些对后续的捐赠都是有重要决策参考意义的。以一个细节为例,捐赠人以前对 K 大学的捐赠,学校回赠的物品都要严谨记录下来,以便捐赠人再次捐赠时,学校不至于回赠同样或类似的礼品,引起捐赠人的不快,吸引捐赠有时这样的细节必须注意。内部建设不重视是基金会建设的主要问题。

二、对捐赠的公共财政扶持政策的看法

中国对捐赠的财政扶持政策目前作用不大,但美国的类似政策作用很大,另外,税收减免可能存在一定的地方保护主义,如湖北一个校友想要捐赠 K 大学,就要先捐给湖北一个基金会,再转给 K 大学基金会,通过这个方式规避地方保护主义。

个人教育捐赠可以在个人所得税的纳税所得中扣除,目前的手续

太烦琐,企业的教育捐赠可以在企业所得税的纳税所得中扣除,由于一般企业都有专门的财务机构和团队,反而比较容易和方便,但个人申报教育捐赠的税收扣除非常复杂。

中美教育捐赠的税收减免政策差距主要在于遗产税的作用,这方面可以多下功夫,美国相对福利好,观念和中国也不同,认为没必要留太多钱给后代。

公司匹配员工的捐赠这种举措效果也很好,政府的财政匹配还要加大力度,比例可以再提高,最近湖北省内高校的教育捐赠的财政匹配政策也出台了。

关于企业捐赠是否追求广告效应的问题,可以分为两个阶段来考虑。第一阶段,企业与高校战略合作,也注重广告效应,注重宣传,以非校友企业捐赠为主、校友捐赠为辅,即使校友企业也比较注重广告效应;第二阶段则主要表现为以校友捐赠为主,也可能是未来的发展趋势,但未必完全是为了广告效应,一些校友在这方面反而有矛盾心态。如某位捐赠人是时任 K 大学校长的学生,不是 K 大学的校友,出身清华,因为和校长的关系来捐赠 K 大学,反而不希望宣传获得广告效应,因为对母校清华的捐赠还没有到位,担心影响公众对自己的看法;还有位捐赠人,捐赠时担心捐赠金额比师兄多,引起非议,也担心从此找来募捐的人太多,其不希望引起注意,也不注重广告效应。

关于教育基金会的问题,基金会是社团法人,钱和学校是分开的,未来基金会应和学校脱钩,通过章程来界定双方的关系。

小　结

如前文所述,在民间资金参与学生资助的过程中,不同的参与主体对民间资金参与学生资助的公共财政扶持政策的核心观点如表8-6所示。

表8-6　参与主体对税收减免和财政匹配的核心观点

参与主体	身　份	看　　法	
		税收减免	财政匹配
S公司	捐赠方	外资企业将利润汇回母国要征10%的税,该公司提出,若自己捐赠,能否在这10%的税中扣减	没有看法
B公司	捐赠方	没有看法	是很好的举措
X所	捐赠方	认为扶持政策有必要	认为扶持政策有必要
G所	捐赠方	个人所得税的捐赠税收减免应加强,不通过慈善中介机构的捐赠也应获得税收减免	没有看法
A公证处	捐赠方	没有看法	没有看法
D公司	捐赠方	没有过多考虑税收方面的政策扶持	高校对政府匹配资金的使用应比较透明;财政匹配方面应该有其他的一些制度配合
Z银行	捐赠方	不看重税收减免	现在不了解,但欢迎财政匹配
K大学教育基金会	受赠高校捐赠管理部门	税收减免有一定的地方保护影响;个人所得税减免太复杂,企业所得税相对好些	政府的财政匹配还要加大力度,比例可以再提高

由表8-6的总结可以看出,当前捐赠企业比较普遍的观点是:民间资金参与学生资助的公共财政扶持政策效果还不太明显,因为对它们而言,都不是主要因为税收减免和财政匹配才进行捐赠的;但另一方面,对这方面的公共财政扶持政策也抱有一定的期望,尤其是对财政匹配政策,由于政府实打实拿出资金来,并且出资比例一般比税收减免金额要大,同时也能增加捐赠额,因此对财政匹配政策的评价更加积极一些;认为税收减免政策需要改进,主要集中在放宽捐赠形式(如不通过慈善机构的捐赠也应享受税收减免的待遇)、简化税收减免的手续等。

第九章　民间资金参与学生资助的公共财政扶持政策的系统动力学仿真

第一节　民间资金参与学生资助的公共财政扶持政策的改革方案

　　基于民间资金参与学生资助的理论分析,基于民间资金参与学生资助的国际比较的借鉴,基于个人捐赠参与学生资助的量化研究的结论,基于企业捐赠参与学生资助的质性研究的结论,基于对大学基金会的访谈结论,在这些基础上总结出未来民间资金参与学生资助的公共财政扶持政策的改革方案,以供系统动力学仿真测试。

一、个人捐赠参与给付类学生资助公共财政扶持政策的改革

　　基于前文个人捐赠参与学生资助的实证研究,当前,在所得课税[①]还不是我国的主体税种、商品课税[②]仍然为主体税种的环境下,对普通

---

① 对纳税人的所得额征收的税。
② 对流转环节中商品的生产、消费以及劳务征收的税。

大众来说,个人所得税相对于发达国家来说负担仍然不重,捐赠的税收减免效应相对不强,弱于财政匹配的效应。因此,针对个人捐赠参与学生资助,可把公共财政扶持政策的重点放在财政匹配政策方面,以税收扶持政策辅之,待将来个人所得税重要性提升后,再视情况提升税收扶持政策的比重。

(一)个人捐赠参与学生资助的财政匹配政策主要改革内容

财政匹配政策的核心内容是政府匹配捐赠资金的比例,匹配比例高反映了政府财力较宽裕,同时扶持捐赠的决心较大;匹配比例低则一般是由于政府财力有限或扶持捐赠的决心较小。综合各国已有的财政匹配政策的设计,新加坡的比例最高,有的类型的教育捐赠可以达到1∶3,即捐赠1元,财政匹配3元;最低的是英国,对一些类型的教育捐赠维持3∶1的比例,即捐赠3元,匹配1元;美国的政策中捐赠比例则以1∶1居多。目前在我国的中央政府和地方政府的财政匹配教育捐赠的政策中,财政匹配的比例有的采取不定比例的做法,确定比例的有1∶0.5、1∶1和1∶1.5三种比例,另外有的地方政府限定了财政匹配的资金总额,实际上是达不到名义上的比例配比的。参考其他国家的做法,结合我国的国情,即目前个人捐赠参与学生资助的资金额度还不算多,一般而言,富豪巨额捐赠的方式都不是通过个人捐赠的方式进行的,而是通过富豪控股的公司进行捐赠的,个人捐赠困难学生一般都是日常的小额捐赠,单笔资助金额超过100万元的很少,对个人捐赠参与学生资助可以适当提高财政匹配的比例(从1∶1到1∶1.5的范围内)。之所以没有采取新加坡1∶3的比例,是因为新加坡毕竟是个小国,经济实力还不如我国四个一线城市①,全国的捐赠总额也不大,财

---

① 《修订后广深 GDP 逆袭,四大一线城市集体超越新加坡》,2017 年 12 月 6 日,http://finance.ifeng.com/a/20171206/15848462_0.shtml。

政匹配的压力不大；而我国是个大国，慈善捐赠发展迅速，同时又是发展中国家，财政还比较紧张，过高的财政匹配比例可能会带来较大的财政压力，因此需要谨慎设定财政匹配比例，而且从政策的角度考虑，先设定一个较低比例，将来再提高比例，大众比较容易接受，如果先设定一个较高比例，将来再降低，恐怕会激起一定的社会反弹。另外，根据受赠高校的吸引捐赠基础的好坏，也应该做一定区分，英国和新加坡都采取了这样的做法，对吸引捐赠基础不好的高校应提高匹配比例，以激励公众和企业对这些学校进行捐赠，解决不同高校之间吸引捐赠的贫富不均的问题，同时捐赠基础不好的高校一般吸引的捐赠金额较少，提高匹配比例也不会给政府太大的财政压力；对那些吸引捐赠基础较好的高校则维持较低的匹配比例，因为即使这样，凭借其自身的基础，包括校友资源、学校地位等因素也能吸引到比较大额的捐赠，政府匹配的激励效应有限，只有采取这些细化的匹配举措才能充分激励捐赠人的热情，同时使政府的财政负担维持在可承受的范围内。

（二）个人捐赠参与学生资助的税收扶持政策主要改革内容

税收扶持政策的核心是减免比例。减免比例高反映了政府财力较强，有能力承受税收减少的压力，同时反映了政府扶持捐赠的决心；减免比例低反映了政府财力较弱或扶持捐赠的决心较低。如前文实证研究的发现，个人捐赠参与学生资助对税收扶持不太敏感，重点可放在财政匹配政策上，因此可维持现有的个人所得税减免比例，即在应纳税所得额中扣除不超过 30% 的比例；但增加向后续结转的规定，允许捐赠人向后续结转 3 年，由于目前的工资薪金（这是最普遍的个人所得税征税项目，可能是最普遍的捐赠扣除的选择项目）的个人所得税是按月计征的，因此，相当于是向后续结转了 36 个月，这个设计基本上能够满足非巨额捐赠困难学生的财务安排。如上所述，富豪的巨额捐赠基本是通过富豪控股的公司进行的，属于企业所得税税收扶持的考量范围,个人捐赠困难学生一般都是日常的小额捐赠,超过 100 万元的很少,因此向后续结转 3 年的规定足够满足捐赠人的财务需求。

二、企业捐赠参与给付类学生资助公共财政扶持政策的改革

基于前文企业捐赠参与学生资助的质性研究的发现,企业的规模是区分企业偏好税收扶持还是偏好财政匹配的主要因素(当然,还有所有制结构、行业等因素的影响),大企业似乎更偏好税收扶持政策,中小企业则与个人一样,更偏好财政匹配政策。因此,可以按照企业规模及捐赠金额来进行划分,对大企业主要采取税收扶持政策来吸引捐赠,即在企业所得税的应纳税所得额中进行捐赠额的减免,以财政匹配政策辅之;对广大的中小企业则主要采取财政匹配政策,以税收扶持政策辅之。

(一)企业捐赠参与学生资助的财政匹配政策主要改革内容

在捐赠时,大企业对财政匹配政策的偏好不及税收扶持政策,中小企业则对财政匹配政策更加偏好一些,因此,应对中小企业加强财政匹配政策,对大企业维持现有的财政匹配政策。具体而言,可以对中小企业的捐赠提高财政匹配的比例(从 1∶1 到 1∶1.5),对大企业维持目前的 1∶1 的匹配比例,具体还应结合企业的捐赠金额来统筹确定匹配比例,以精确满足捐赠企业的需求,激发他们更好地捐赠困难学生。

(二)企业捐赠参与学生资助的税收扶持政策主要改革内容

如上所述,企业的规模是区分企业偏好财政匹配还是偏好税收扶持的主要因素,因此可区分对待,对大企业增加企业所得税的税收减免,由于企业捐赠往往比较高,因此税收减免相对于财政匹配还是比较节省资金的(按照现行企业所得税税率以及最普遍的捐赠比例安排,企业捐赠 1 元,税收扶持需政府支出 0.25 元,而匹配则需政府支出 1 元或更多),相对可承受。现有的企业所得税捐赠减免是可以在应纳

税所得额中扣除不超过企业利润总额12%的部分,并可以向后续结转
3年。可以提高在企业所得税中捐赠的扣除比例,从现在的企业利润
总额的12%提高到20%—30%,维持向后续结转3年的制度安排,中小
企业则维持原有的企业所得税减免政策。为了更好地满足捐赠企业的
实际偏好,也可以让企业自选税收减免和财政匹配方案。表9-1对上
述改革方案做了简要总结。

表9-1　个人和企业捐赠参与给付类学生资助的
税收扶持和财政匹配政策设计

捐赠主体		捐赠资金数额	受赠主体	财政匹配政策	税收扶持政策
个人		一般较少,很少超过100万元	捐赠基础较好的高校	1∶1的匹配比例	个人所得税应纳税所得额中扣除不超过30%的比例,允许捐赠人向后续结转3年
			捐赠基础不好的高校	1∶1.5的匹配比例	
企业	大企业	一般较多	捐赠基础较好的高校	1∶0.5的匹配比例	提高在企业所得税中捐赠的扣除比例,如利润总额的20%—30%
			捐赠基础不好的高校	1∶1的匹配比例	
	中小企业	一般较少	捐赠基础较好的高校	1∶1的匹配比例	维持现有的在企业所得税中捐赠的扣除比例,即利润总额的12%
			捐赠基础不好的高校	1∶1.5的匹配比例	

三、未来民间资金参与贷款类学生资助的发展

　　民间资金参与学生资助的投向也需要拓展,除原有的奖学金、助学
金等给付类学生资助外,助学贷款这种贷款类学生资助的捐赠是一个
很值得大力拓展的、新的民间资金参与学生资助的重要领域。在现有
的学生资助六种形式中,奖学金、助学金和助学贷款本来就是最大的三
个资助领域。前两个领域中,已经有较大规模的民间资金以无偿资助
的方式参与;助学贷款领域,则可以通过无偿和有偿的方式,更多更好

地吸引民间资金的参与,政府也可以通过税收减免和财政匹配方式进行扶持,这一方面,其他国家已经做了很好的尝试,很值得我们借鉴。参考国际经验,未来民间资金在助学贷款领域参与学生资助可以通过以下方式:一是无偿方式,即企业和个人帮助借款的困难学生归还部分或全部数额的助学贷款,这方面的资助应采取与前述其他给付类资助相同的财税扶持政策;二是有偿方式,即企业或个人作为出资方,直接提供助学贷款给困难学生,企业和个人也可以获得一定的收益,在这方面已经有了一些有益的探索,如有些个人贷款给大学生,等大学生毕业后归还,可以按照正常的贷款本息归还,也可以根据大学生每年收入的一定比例归还(类似按收入比例还款的模式)。对这些新兴的资助模式应采取不同的财税扶持政策,应鼓励这种新兴的民间资金参与学生资助的有偿模式,因为这客观上也起到了资助学生的目的,同时由于资助主体本身也获得了一定收益,因此相对于给付类资助,对其财税扶持政策采取政府补贴较少的做法,由于这种资助方式中资助主体更加看重自身收益,根据前述实证研究的结果,财政匹配的效果预计不太理想,可采取一定程度的减税举措;但与给付类资助相比应减税较少一些。个人主体采取这种有偿贷款类资助的,对其收益可以在其个人所得税应纳税所得额中扣除不超过30%的比例,但不允许结转;企业主体采取这种有偿贷款类资助的,对其收益可以在其企业所得税应纳税所得额中扣除不超过12%的比例,同样不允许结转。图9-1反映了不同类别资助的区别财税扶持政策。

四、未来民间资金参与学生资助的中介改革趋势

为进一步吸引民间资金参与学生资助,应放宽政策限制,在中介环节要拓宽渠道,不只限于现有的大学教育基金会、社会慈善机构和政府机关,还应包括高校自身、科研院所等其他教育机构,放宽到高校自身

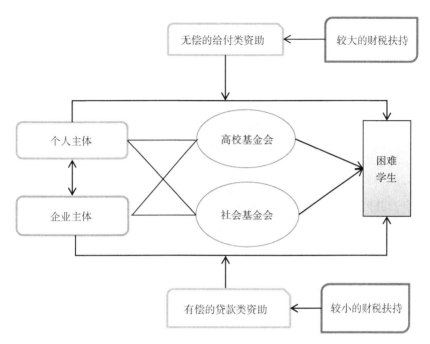

图 9-1 不同类别资助的区别财税扶持政策

的原因是:现有的法律法规对成立大学的教育基金会还有一定的资金和其他条件限制,不是所有的大学都能够顺利地成立自己的教育基金会,尤其是受名声和地位所限,本身就处于捐赠事业末端的高校,这个问题在本书访谈的高校中已经得到证实。因此,将捐赠的中介放宽到高校自身,允许将他们出具的捐赠证明作为企业和个人申请税收减免的证据,将会极大地激励民间资金对学生资助的参与。放宽到科研院所的原因是:科研院所会招收硕士及博士研究生,对他们的资助也应纳入民间资金的视野。同时,科研院所由于规模较小,更难成立专门的教育基金会来吸引捐赠,允许将他们自身开具的捐赠证明作为企业和个人申请税收减免的凭证,同样有助于民间资金参与学生资助。

第二节　系统动力学仿真的必要性和可行性

前面章节通过实证研究揭示了个人和企业对学生资助捐赠的偏好,通过国际比较分析了其他国家成熟的税收减免和财政匹配政策,并在实证研究和国际比较的基础上提出了中国未来民间资金参与学生资助的公共财政扶持政策的制度设计。但是这些不同的制度设计各自能发挥多大的效果,在未来若干年内能带来多少的民间资金对学生资助的捐赠,政府又会承担多少税收减免支出和财政匹配支出,会不会带来较大的财政压力,以及政府用于激励民间资金捐赠学生资助的资金能否发挥较大的效应,会不会最后激励民间资金捐赠的效果并不理想?这些问题都要由本章民间资金参与学生资助的公共财政扶持政策的系统动力学仿真的内容来验证和选择。

系统动力学仿真是最早来源于工业工程学的一种研究方法,20 世纪 50 年代起源于美国麻省理工学院,后开始扩展到其他学科,尤其是广泛应用于管理学领域,特别是在管理科学与工程学科应用较多,在公共管理领域也有一定应用,教育经济与管理学科应用目前还较少。对于模拟政策未来运行效果而言,系统动力学仿真是个不错的研究方法,可以在模拟环境下,测试多种关键要素组成的不同政策效果,因此本书采用此方法,使用 Vensim 软件(PLE7.2a 版本)来对民间资金参与学生资助的公共财政扶持政策的政策效果进行模拟测试。

系统动力学仿真的基本内容包括系统边界的确定、回路分析、因果关系图、流图、方程设定以及仿真等。系统边界的确定是指研究的政策包括哪些子系统,它们之间的构成关系;回路分析是指政策要素之间的互相正负影响;因果关系图是用来解释政策要素之间的因果关系的,即哪些要素会导致什么样的结果,概括了所有的回路分析;流图则是界定不同的政策要素属于何种变量(水平变量、常量等),并显示它们之间的关系,为仿真搭建整体框架;方程设定是把政策要素通过方程联系起来,量化界定它们之间的关系;仿真则是整个研究方法的结束和核心,通过已经界定的因果关系和方程,并输入水平变量的初始值,模拟若干年(期间)的数值变化,并可以通过修改方程或关键指标来模拟不同政策的效果(不同政策是以不同的关键指标和方程来区分的)。①

民间资金参与学生资助的公共财政扶持政策是个复杂的系统,包括个人捐赠者、企业捐赠方、个人所得税减免的比例和结转时间、企业所得税减免的比例和结转时间、政府的财政匹配比例、政府的财力负担等多个政策要素,个人和企业所得税减免比例提高、财政匹配比例加大,固然会带来民间资金对学生资助的捐赠增加,但同时也会带来政府财力负担的增加,这些政策要素会互相作用、互相影响,到底会带来如何的政策执行效果,很难预测,如果进行政策的试点,则不仅面临着调整税收政策的现实困难(需要修订《中华人民共和国个人所得税法》以及《中华人民共和国企业所得税法》),而且牵扯面很广,费时费力,一旦政策效果不理想,则前功尽弃。因此不宜通过政策试点的方式来尝试,系统动力学仿真可以有效地回避这些问题,可以直接进行不同政策的仿真(出于缺乏数据的现实考虑,可能会做适当简化),并进行比较和取舍,是比较适合的研究方法。

第三节　系统边界的确定

民间资金参与学生资助的财政扶持系统主要由以下几个子系统组

---

① 李旭:《社会系统动力学:政策研究的原理、方法和应用》,复旦大学出版社 2013 年版,第 12—20 页。

成:(1)民间资金参与学生资助的税收扶持子系统,这个子系统主要反映的是企业所得税和个人所得税的减免以及向后续年度的结转会促进民间资金对学生资助的捐赠;(2)民间资金参与学生资助的财政匹配子系统,这个子系统主要反映的是政府的财政匹配会促进民间资金对学生资助的捐赠;(3)政府支出子系统,这个子系统主要反映的是政府为刺激民间资金参与学生资助而支出的总额。

第四节　因果关系模型及因果关系分析

如图 9-2 所示,民间资金参与学生资助的财政扶持政策包括的回路如下。

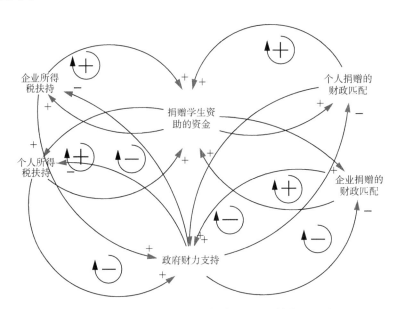

图9-2　民间资金参与学生资助的财政扶持政策的因果关系图

回路 1:捐赠的个人所得税减免→捐赠资金→捐赠的个人所得税

减免。

这个回路主要反映的是对个人参与学生资助的个人所得税增加减免比例和向后续结转以后,会带来更多的个人对学生资助的捐赠,捐赠越多越会要求更多的个人所得税减免,是一个正反馈回路。

回路2:捐赠的个人所得税减免→政府财力→捐赠的个人所得税减免。

这个回路主要反映的是个人所得税的减免虽然会带来捐赠的增加,但也会带来政府税收收入减少的资金压力,反过来会造成减少个人所得税减免的压力,是一个负反馈回路。

回路3:捐赠的企业所得税减免→捐赠资金→捐赠的企业所得税减免。

这个回路主要反映的是对企业参与学生资助的企业所得税增加减免比例和向后续结转以后,会带来更多的企业对学生资助的捐赠,捐赠越多越会要求更多的企业所得税减免,是一个正反馈回路。

回路4:捐赠的企业所得税减免→政府财力→捐赠的企业所得税减免。

这个回路主要反映的是企业所得税的减免虽然会带来捐赠的增加,但也会带来政府税收收入减少的资金压力,反过来会造成减少企业所得税减免的压力,是一个负反馈回路。

回路5:个人捐赠的财政匹配→捐赠资金→个人捐赠的财政匹配。

这个回路反映的是政府对个人参与学生资助进行财政匹配,会带来更多的个人对学生资助的捐赠,捐赠越多越会要求更多的对个人的财政匹配,是一个正反馈回路。

回路6:个人捐赠的财政匹配→政府财力→个人捐赠的财政匹配。

这个回路反映的是政府对个人参与学生资助进行财政匹配,会带来更多的个人对学生资助的捐赠,但也会带来政府财政匹配资金

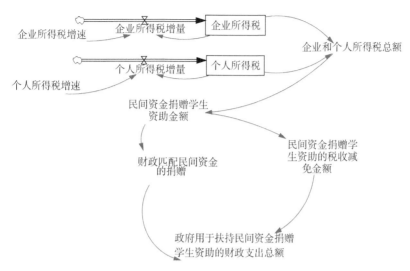

图 9-3　民间资金参与学生资助的公共财政扶持政策的流图

（4）个人所得税增量＝个人所得税×个人所得税增速＋135.472（截距值）

（5）个人所得税增速＝0.118

（6）个人所得税＝个人所得税初始值＋个人所得税增量

（7）企业和个人所得税总额＝企业所得税＋个人所得税

（8）民间资金捐赠学生资助金额＝企业和个人所得税总额×税收捐赠系数×财政匹配加成系数

（9）财政匹配加成系数＝1.2、1.5、1.8、2.4

（10）税收捐赠系数＝0.0397%、0.0422%、0.0448%

根据教育部学生资助管理中心每年公布的《中国学生资助发展报告》，2013—2017 年，高等教育阶段的学生资助资金中，民间资助资金的金额分别为 18.24 亿元、12.33 亿元、19.99 亿元、18.53 亿元、19.50 亿元，但没有进一步区分企业和个人各自的捐赠份额。因此无法将企业所得税和企业捐赠学生资助的金额，以及个人所得税和个人捐赠学生资助的金额单独联系起来,只能把企业所得税和个人所得税加总起来对应企业和个人共同捐赠的学生资助总额来进行分析。2016年的高等教育阶段学生资助中,民间资金的金额是18.53亿元,当年的企业所得税(28851.36亿元)和个人所得税(10088.98亿元)合计38940.34亿元,剔除掉财政匹配加成系数的效应后(因为捐赠除了税收减免的激励效应外,还有一定的财政匹配的激励效应),民间资金捐赠学生资助占当年企业所得税和个人所得税总额的比重为0.0397%,这是当前的税收减免比例下的税收捐赠系数。

根据前文中的研究结论,个人的捐赠对个人所得税税收减免不太看重,因此可以在税收捐赠系数中主要考虑企业所得税的激励效应,而将个人捐赠的激励效应放在方程(9)的财政匹配加成系数中考虑。除了税收的激励效应以外,民间资金捐赠学生资助还会受到财政匹配的激励,因此还需要考虑到财政匹配的激励效应,才能完整地反映民间资金捐赠学生资助的全貌,因此需要增加一个财政匹配加成系数,来反映财政匹配的激励效应,财政匹配激励效应的实证研究在中国还未得见,根据本书研究,将财政匹配加成系数暂时估算为1.2、1.8、2.4一组(这是较高水平的财政匹配加成系数,下一组会调低财政匹配加成系数,以测试不同条件下的政策选择),以及1.2、1.5、1.8一组(这是较低水平的财政匹配加成系数),之所以有不同的财政匹配加成系数,是因为如果采取不同的财政匹配比例,对捐赠的激励效应显然是不同的。

关于慈善捐赠的税收抵扣的价格弹性研究,这方面国内外学者都做过一些研究,考虑到国情等因素,这里采取国内学者的研究作为参考。根据国内学者的研究(郭健,2009),慈善捐赠的税收价格弹性为-2.14,即捐赠的税收价格①每降低1%,捐赠额会增加2.14%,如果

---

① 捐赠的税收价格=1-所得税率×可在税前扣除金额÷捐赠总额。

捐赠的税收价格提高1%,捐赠额会降低2.14%。[1]

现行的捐赠的税收减免比例为在应纳税所得额中减免不超过利润总额的12%,为方便计算,设计另外两种政策的减免比例分别为24%和36%,并假设企业会捐赠出其利润总额(这种情况下激励效应最大,同时政府的补贴最多)以此测算政策激励捐赠的最大效应和政府财力的最大承受,则分别可以计算出24%减免比例下税收捐赠价格降低了3%,相应的捐赠会增加6.42%,则税收捐赠系数为0.0397%×(1+6.42%)=0.0422%;36%减免比例下税收捐赠价格降低了6%,相应的捐赠会增加12.84%,则税收捐赠系数为0.0397%×(1+12.84%)=0.0448%。

(11)财政匹配民间资金的捐赠=(民间资金捐赠学生资助金额÷财政匹配加成系数)×匹配比例

(12)匹配比例=0.5、1、1.5(这个比例指政府资金匹配捐赠金额的比例)

1∶0.5的财政匹配比例是最节省财力的匹配比例,国内的试点省市中,深圳市在捐赠额度达到一定水平后采取了该匹配比例;财政匹配比例1∶1是世界上比较流行的做法,如美国和英国都采用这种匹配比例(英国还有最低到1∶$\frac{1}{3}$的比例,不过那个是针对吸引捐赠有较好基础的高校的,不适合中国目前还缺乏慈善捐赠基础的国情现状);财政匹配比例1∶1.5是参考新加坡的做法,这种较高的匹配比例适用于财政匹配这种激励政策实行的初期,以撬动民间资金的捐赠,形成良好的社会捐赠氛围,国内试点财政匹配的省份中,湖北省也采取过这个匹配比例,同时1∶1.5的匹配比例可能也是中国这个发展中国家的财力所能承受的最大比例了。

---

[1]　郭健:《社会捐赠及其税收激励研究》,经济科学出版社2009年版,第134页。

（13）民间资金捐赠学生资助的税收减免金额＝民间资金捐赠学生资助金额×25%

如前文所述，目前个人的捐赠对个人所得税税收减免不太看重，因此可以在税收捐赠系数中主要考虑企业所得税的激励效应，而根据调研的实践也可以证实，绝大多数个人捐赠者甚至都没有去申请个人所得税的税收减免，一是程序太麻烦，二是减免的金额也很少（富豪的捐赠则一般是通过名下企业或基金会捐赠的，基本没有以个人身份捐赠的）。因此，这里的税收减免金额以企业所得税的比例税率25%为参照计算得出。

（14）政府用于扶持民间资金捐赠学生资助的财政支出总额＝财政匹配民间资金的捐赠＋民间资金捐赠学生资助的税收减免金额

第六节 仿真结果

一、财政匹配加成系数较高水平下的仿真结果

通过流图分析和方程设定，可以对多种民间资金参与学生资助的公共财政扶持的政策进行仿真和模拟。民间资金参与学生资助的公共财政政策设计的关键在于两个指标：一个是税收领域的指标，即税收减免比例12%（现行政策）、24%、36%；另一个关键指标是财政支出领域的，即财政匹配比例1∶0.5、1∶1（大部分地方的现行政策）、1∶1.5。本节设计了三种政策组合，对2016—2025年的民间资金参与学生资助的公共财政扶持情况进行了动态仿真与分析，之所以要从2016年开始，是因为数据方面的原因，在关键的几个数据中，企业所得税和个人所得税的情况，国家统计局刚刚公布到2016年，民间资金参与学生资助的情况教育部学生资助管理中心则公布到2017年，因此从2016年开始

模拟既可以全面使用数据,还可以对照 2017 年的实际情况进行比较和修正,是一个比较理想的时间节点。三种政策组合包括如下内容。

A 政策:税收减免比例维持目前的 12% 不变,财政匹配比例为 1:0.5(捐赠资金比政府资金),这是激励效应最小、政府补贴经费所需最少的一种政策。相应的关键指标分别为:税收捐赠系数 0.0397%,财政匹配加成系数 1.2,财政匹配比例 1:0.5。

B 政策:税收减免比例为 24%,财政匹配比例为 1:1(捐赠资金比政府资金),这是激励效应居中、政府补贴经费居中的一种政策。相应的关键指标分别为:税收捐赠系数 0.0422%,财政匹配加成系数 1.8,财政匹配比例 1:1。

C 政策:税收减免比例为 36%,财政匹配比例为 1:1.5(捐赠资金比政府资金),这是激励效应最大、政府补贴经费最多的一种政策。相应的关键指标分别为:税收捐赠系数 0.0448%,财政匹配加成系数 2.4,财政匹配比例 1:1.5。

（一）财政匹配加成系数较高水平下民间资金捐赠参与学生资助金额的仿真结果

（单位:亿元）

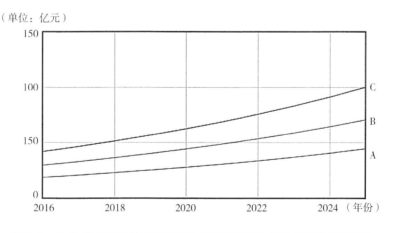

图 9-4　A、B、C 三种政策下民间资金捐赠参与学生资助金额的仿真结果

如图 9-4 所示,在 A 政策即现行政策下,民间资金捐赠参与学生资助的金额从 2016 年的 18.53 亿元发展到 2025 年的 44.36 亿元;B 政策下民间资金捐赠参与学生资助的金额从 2016 年的 29.58 亿元发展到 2025 年的 70.73 亿元;C 政策下民间资金捐赠参与学生资助的金额从 2016 年的 41.87 亿元发展到 2025 年的 100.11 亿元,可见三种政策的激励效应差别还是比较大的,无论是现在还是 10 年后 C 政策的激励效应都是 A 政策的一倍有余,这个差异对于政策的激励效应来说是相当可观的,当然,这仅是公共财政扶持政策的收益,还需要结合下文的政策成本——政府用于扶持民间资金捐赠参与学生资助的财政支出总额来综合衡量政策的效应。

(二)财政匹配加成系数较高水平下政府用于扶持民间资金捐赠参与学生资助的财政支出总额的仿真结果

（单位：亿元）

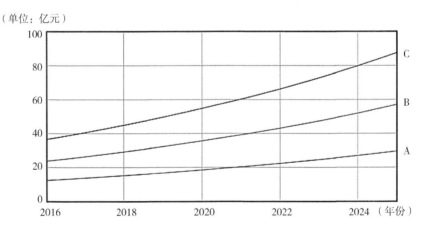

图 9-5 A、B、C 三种政策下政府用于扶持民间资金捐赠参与学生资助的财政支出总额的仿真结果

如图 9-5 所示,在 A、B、C 三种政策下,2016 年政府用于扶持民间资金捐赠参与学生资助的财政支出总额分别为 12.37 亿元、23.83 亿元和 36.64 亿元。到 2025 年,政府用于扶持民间资金捐赠参与学生资助的财政支出总额分别达到 29.57 亿元、56.97 亿元和 87.6 亿元,差别也是非常大的,而 A、B、C 三种政策下 2025 年民间资金捐赠学生资助的金额分别为 44.36 亿元、70.73 亿元和 100.11 亿元,根据成本收益分析理论,求出 2025 年 A、B、C 三种政策下的成本收益比(即收益除以成本,在本例中为民间资金捐赠学生资助的金额除以政府用于扶持民间资金捐赠学生资助的财政支出总额,衡量的是每 1 元财政支出带来的捐赠额)分别为 1.5 元、1.24 元和 1.14 元,这样看来,在财政匹配加成系数为 1.2、1.8 和 2.4 的条件下,三种政策的成本收益比都是正的,验证了民间资金参与学生资助的公共财政扶持政策的有效性;但仅从经济核算的角度看,最有性价比的政策是 A 政策,B 政策和 C 政策虽然带来了较多的民间资金的捐赠,但成本也随之提高,主要是财政匹配的比例较高,导致较高的财政支出,因此纯经济核算不如 A 政策性价比更高。但民间资金捐赠学生资助的公共财政扶持政策并不能仅仅考虑经济效应,税收减免和财政匹配还能起到宣传慈善事业、培育慈善文化的作用,尤其是在中国这方面政策实行的初期,更起着培育教育捐赠的作用,这些方面的隐性收益是巨大的。因此,如果财力能够承担,综合考量,C 政策可能是更加全面发挥政策效应的选择,而且 C 政策的成本收益比和 A 政策的成本收益比相差毕竟不是很大。

二、财政匹配加成系数较低水平下的仿真结果

前述研究是在财政匹配加成系数较高水平下的仿真结果,但财政匹配的效应在中国还没有被检验过到底有多大,这一方面是因为中国实行财政匹配政策的时间较短。中央政府是由财政部和教育部在 2009 年开始推行,但仅覆盖教育部直属高校;地方政府中,浙江省 2012 年开始推行,深圳市和北京市是 2016 年开始推行,山东省和湖北省是 2017 年才开始推行,都比较晚,同时覆盖规模都比较小,社会大众对这

项政策的了解也比较浅。另一个方面是因为学术界对财政匹配政策的研究也比较少,主要集中在对发达国家财政匹配政策的介绍、分析和评价上,包括梁显平和洪成文(2017)对英国高等教育财政匹配政策进行了评析①,洪成文和牛欣欣(2018)提出了西部地区财政匹配政策的推进建议②,冯涛和程宝燕(2016)对美国教育的财政匹配政策进行了评析③,但教育捐赠的财政匹配效应大小还没有学者进行过测算,因此本书只能通过设定不同水平的财政匹配加成系数来进行仿真,以全方位地检验公共财政扶持政策的效应。

笔者仍然设计三种政策,具体内容如下。

D 政策:税收减免比例维持目前的 12% 不变,财政匹配比例为 1∶0.5(捐赠资金比政府资金),这是激励效应最小、政府补贴经费所需最少的一种政策。相应的关键指标分别为:税收捐赠系数 0.0397%,财政匹配加成系数 1.2,财政匹配比例 1∶0.5。这种政策和前文论述中的 A 政策是一样的设计。

E 政策:税收减免比例为 24%,财政匹配比例为 1∶1(捐赠资金比政府资金),这是激励效应居中,政府补贴经费居中的一种政策。相应的关键指标分别为:税收捐赠系数 0.0422%,财政匹配加成系数 1.5,财政匹配比例 1∶1。

F 政策:税收减免比例为 36%,财政匹配比例为 1∶1.5(捐赠资金比政府资金),这是激励效应最大,政府补贴经费最多的一种政策。相应的关键指标分别为:税收捐赠系数 0.0448%,财政匹配加成系数

---

① 梁显平、洪成文:《英国高等教育财政配比捐赠政策的产生、实施效果及启示》,《比较教育研究》2017 年第 4 期。

② 洪成文、牛欣欣:《西部高等教育振兴视角下高校社会捐赠财政配比政策研究》,《重庆高教研究》2018 年第 4 期。

③ 冯涛、程宝燕:《美国民间资金捐赠教育的政府匹配政策评价及启示》,《高教探索》2016 年第 11 期。

1.8,财政匹配比例 1∶1.5。

与前述 A、B、C 三种政策的财政匹配加成系数分别采用 1.2、1.8、2.4 相比,D、E、F 三种政策的财政匹配加成系数分别采用了 1.2、1.5、1.8,这个水平显著较低,下面进行这三种政策的仿真。

(一)财政匹配加成系数较低水平下民间资金捐赠参与学生资助金额的仿真结果

（单位：亿元）

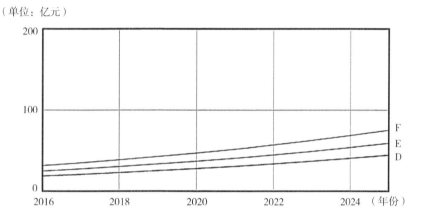

图 9-6　D、E、F 三种政策下民间资金捐赠参与学生资助金额的仿真结果

如图 9-6 所示,在 D 政策下,民间资金捐赠参与学生资助的金额从 2016 年的 18.53 亿元发展到 2025 年的 44.36 亿元;E 政策下民间资金捐赠参与学生资助的金额从 2016 年的 24.65 亿元发展到 2025 年的 58.94 亿元;F 政策下民间资金捐赠参与学生资助的金额从 2016 年的 31.4 亿元发展到 2025 年的 75.08 亿元,激励效应差别还是较大,2025 年 F 政策下民间资金捐赠参与学生资助的金额接近 D 政策下的一倍。

(二)财政匹配加成系数较高水平下政府用于扶持民间资金捐赠参与学生资助的财政支出总额的仿真结果

如图 9-7 所示,D、E、F 三种政策下,2016 年政府用于扶持民间资金捐赠参与学生资助的财政支出总额分别为 12.37 亿元、22.6 亿元和

（单位：亿元）

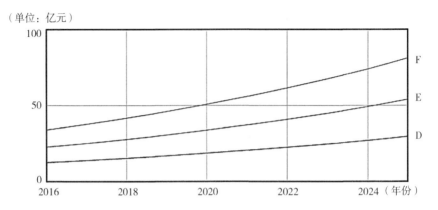

图 9-7　D、E、F 三种政策下政府用于扶持民间资金捐赠
参与学生资助的财政支出总额的仿真结果

34.02 亿元。到 2025 年，政府用于扶持民间资金捐赠参与学生资助的
财政支出总额分别达到 29.57 亿元、54.03 亿元和 81.34 亿元，差别也
是非常大的。而 D、E、F 三种政策下 2025 年民间资金捐赠参与学生资
助的金额分别为 44.36 亿元、58.94 亿元和 75.08 亿元，根据成本收益
分析理论，求出 2025 年 D、E、F 三种政策下的成本收益比分别为 1.5、
1.09 和 0.92，这样看来，在财政匹配加成系数为 1.2、1.5 和 1.8 的条
件下，仅从经济核算的角度看，最有性价比的政策还是 D 政策（A 政
策）。当然，如果同样考虑到政策的综合效应的话，E、F 政策似乎也可
以考虑，但在财政匹配加成系数较小的情况下，E、F 政策的成本收益比
和 D 政策的成本收益比相差较大，显得性价比没有那么高了，这一点
也应纳入政策考量。

小　结

经过两轮仿真，六种政策的仿真结果总结如表 9-2 所示。

表 9-2　六种政策的仿真结果总结　　　　（单位：亿元）

| 政策 | 较高水平的财政匹配加成系数 | | 较低水平的财政匹配加成系数 | | 成本收益比 |
	2025 年民间资金捐赠参与学生资助金额	2025 年政府用于扶持民间资金捐赠参与学生资助的财政支出总额	2025 年民间资金捐赠参与学生资助金额	2025 年政府用于扶持民间资金捐赠参与学生资助的财政支出总额	
A	44.36	29.57			1.50
B	70.73	56.97			1.24
C	100.11	87.60			1.14
D			44.36	29.57	1.50
E			58.94	54.03	1.09
F			75.08	81.34	0.92

　　从表 9-2 的仿真结果总结中可以发现,提高税收减免比例、增加财政匹配比例确实能极大地激发民间资金对学生资助的捐赠,起到很好的政策刺激效果(尤其是在财政匹配加成系数较高水平的情况下),在两种条件下,即无论在何种财政匹配加成系数水平下,最高的税收减免比例和财政匹配比例的政策组合所带来的捐赠额的增加都是显著的,基本达到或超过了最低的税收减免比例和财政匹配比例的一倍左右,这将会较大程度上改善学生资助经费中资金主要来源于政府经费的局面,并为后续民间资金参与学生资助进一步打下良好的基础;但与此同时政府用于这方面的财政支出(包括税收减免和财政匹配)也会随之有一个较大幅度的提升,运用成本收益分析可以发现,在短期内(10 年)维持较低的税收减免比例和财政匹配比例单纯从经济上看是最划算的。但民间资金捐赠参与学生资助的公共财政扶持政策并不能仅仅考虑经济效应,税收减免和财政匹配还能起到宣传慈善事业、培育慈善文化以及在政策初期发挥启动效应和扩大政策效应的作用,这些方面的效应是隐性的,无法用金钱来衡量的,也是本章系统动力学仿真

没有涵盖的内容。因此,对政府而言,如果仅仅考虑经济因素,那么维持较低的税收减免比例和财政匹配比例是最划算的;但是,如果财力允许,采用较高的税收减免比例和财政匹配比例也许更能发挥鼓励慈善捐赠的综合效应,尤其是考虑到中国当前还处在激励民间资金参与学生资助乃至整个高等教育的初期阶段,很需要这样力度较大的政策来推动教育捐赠事业的发展,等到教育捐赠事业发展到比较稳定的阶段(如10年后),将税收减免比例和财政匹配比例降到一个合理的水平可能才是较好的政策选择。

第十章　民间资金参与学生资助的公共财政扶持的主要结论

第一节　民间资金参与学生资助的公共财政扶持政策的理论分析

学术界对学生资助的理论分析，一般使用人力资本理论、教育机会公平理论和高等教育成本分担理论较多，再将其运用到民间资金参与学生资助的公共财政扶持政策的分析中没有太大新意。经过对相关问题与理论的整理与思考，发现已有的经济学和管理学理论中，公共产品理论、成本收益分析理论和公私合作理论等可以用来分析民间资金参与学生资助的公共财政扶持政策这种行为的机理，为这种行为提供理论基础。

公共产品理论界定了学生资助的产品属性，为政府部门和私人部门的混合资助提供了理论基础，说明了通过政府的公共财政扶持，激励民间资金参与学生资助的过程正是政府部门和私人部门的混合资助，符合公共产品理论的界定和属性，提供了民间资金参与学生资助的公共财政扶持政策的经济学基础。

成本收益理论则从资助的民间资金来源的角度,解释了私人部门中的企业和个人作为"经济人",在公共财政扶持政策下参与学生资助的决策的合理性,为这种行为提供了经济学理念下的可行性根据,符合"经济人"的决策思维。

市场营销理论和社会责任投资理论则分析了企业参与学生资助可以获得的相关收益。

公私合作理论则从资助机构运行效率的角度解释了私人部门可以作为资助机构,这也已经被新经济主体参与学生资助的实践所证明。

第二节　学生资助未来的发展方向

未来学生资助政策的制度设计应秉持扩大化、精准化、育人化、社会化、科技化的"五化"指导方针,扩大化是指覆盖范围要适当扩大,额度要适当提高;精准化是指对困难学生的资助要按照不同个体的实际情况有针对性地开展;育人化是指不能仅仅提高金钱资助,还应结合新时期社会主义核心价值观综合培养困难学生;社会化是指要把全社会都纳入学生资助中来,吸纳各方面的资金和力量参与学生资助;科技化是指在学生资助过程中要多运用大数据、人工智能等科技手段去鉴别困难学生,合理分配资助资金。

具体发展方向包括:精确鉴别困难学生的真实经济状况;大力吸引民间资金参与学生资助;整合目前的六种资助方式,对困难学生进行量身定做的评估资助;国家助学贷款和国家助学金需要提高额度。未来发展方向之一就是学生资助的民间资金参与,这不仅可以补充政府资金,还可以进一步在全社会宣扬慈善文化,并对学生起着综合育人的作用。而在经济社会中,作为"经济人"的企业和个人,需要满足一定的收益,包括物质收益和精神收益,才愿意进行捐赠,这就需要政府在税收减免和财政匹配两个方面对其进行扶持,满足它们的收益,才能扩大学生资助的民间资金来源。

第三节　民间资金参与学生资助的公共财政扶持的国际比较

民间资金参与学生资助的公共财政扶持政策主要包括税收扶持政策和财政匹配政策,这两方面的政策积极配合,给捐赠方(包括企业和个人)带来物质收益和精神收益,使其获得一个比较好的成本收益比,才有动力进行捐赠。发达国家在这方面已经有了较长时间的政策积累和有益的实践。

有代表性的国家的税收扶持政策对中国民间资金参与学生资助的税收减免政策的借鉴,主要集中在以下方面:放宽合格的受赠组织的范围,除大学的受赠机构——大学教育基金会以外,还可以扩展到专门的学生资助慈善机构,如民间奖学金机构等;扩大民间捐赠的减免来源,不仅限于现金捐赠,还应包括财产等;提高个人所得税和企业所得税税前的减免比例(如个人所得税的50%)并允许向后续结转更多年度(以满足大额捐赠能够充分地扣减完);等等。

有代表性的国家的财政匹配政策对中国民间资金参与学生资助的财政匹配政策的借鉴包括:对不同的高校设定不同的财政匹配比例,扶持弱校的发展;培训财政匹配政策的操作人才;各级政府也可以采用不同财政匹配比例参与;在中国当前形势下,允许经济发达地方试点财政匹配政策;等等。

民间资金参与助学贷款成为近年来的一个发展趋势,公共财政扶持政策在这个过程中应在以下方面加以扶持:企业为雇员归还的助学贷款(包括本金和利息)都可以算作企业对教育事业的捐赠,允许其在企业所得税的应纳税所得额中减免,以鼓励企业替雇员还款;其他方面的民间资金如果捐赠给借款学生,以帮助其减少自己的助学贷款,减轻未来还款负担的,同样应看作是对教育事业的捐赠,如果是个人捐赠的,在个人所得税应纳税所得额中减免,如果是企业捐赠的,在企业所得税应纳税所得额中减免。

建立专门的学生资助民间慈善机构也是大力推动民间资金参与学生资助的一个未来发展趋势。在这个过程中,公共财政扶持政策可以在以下方面加以扶持:一方面,认定学生资助民间慈善机构的慈善身份,使得向其捐赠的主体都可以获得税收减免的待遇,帮助其吸引资金;另一方面,对学生资助的民间慈善机构所有收入都给予免税待遇,帮助其积累资金,以更好地进行学生资助工作。

第四节　民间资金参与学生资助的实证研究的发现

个人对学生资助进行捐赠主要看重的还是精神因素,这就需要在这方面采取一些措施来满足捐赠人的精神需求,如在新闻媒体上定期刊登捐赠人的信息、向其所在工作单位通报等。物质的激励因素方面,他们更加看重政府匹配自己捐赠金额的一定比例,而且这方面的影响系数接近精神因素的影响系数,而不是太看重税收减免这种能给自己带来直接的物质利益的方式。随着经济的发展和经济结构的转型,随着税收制度的不断完善,随着社会公平的要求不断提高,未来税收制度的主体很可能由商品课税向所得课税转变,个人所得税也会提高到一个比较重的程度,这可能就会给税收减免的慈善捐赠拉动效应带来很大的空间。

当前捐赠企业(单位)比较普遍的观点是:民间资金参与学生资助的公共财政扶持政策效果还不太明显,因为对它们而言,主要不是因为税收减免和财政匹配才进行捐赠的;但是,它们对这方面的公共财政扶持政策也抱有一定的期望,尤其是对财政匹配政策,由于政府实打实拿出资金来,并且出资比例一般比税收减免金额要大,同时也能增加它们的捐赠额,因此它们对财政匹配政策的评价相对更加积极一些;它们也认为税收减免政策需要改进,主要集中在:放宽捐赠形式(如不通过慈善机构的捐赠也应享受税收减免的待遇),简化税收减免的手续等。

本章将结合实证研究结果,根据国际比较的政策借鉴,提出中国未来民间资金参与学生资助的公共财政扶持政策的改进方案,但这还不是最终方案,需要经过系统动力学仿真来最后确定。

第五节　系统动力学仿真确定的公共财政扶持政策的改进方案

提高税收减免比例、增加财政匹配比例是未来民间资金参与学生资助的公共财政扶持政策的核心举措,这个举措确实能极大地激发民间资金对学生资助的捐赠,起到很好的政策刺激效果(尤其是在财政匹配加成系数处于较高水平的情况下),在两种条件下(即无论何种财政匹配加成系数水平下最高的税收减免比例和财政匹配比例的政策组合所带来的捐赠额的增加都是显著的,基本达到或超过了最低的税收减免比例和财政匹配比例的一倍左右),将会较大程度上改善学生资助经费中资金主要来源于政府经费的局面,并为后续民间资金参与学生资助打下良好的基础;但与此同时政府用于这方面的财政支出(包括税收减免和财政匹配)也会随之有一个较大幅度的提升。

通过成本收益分析可以发现,在短期(10年内)维持较低的税收减免比例和财政匹配比例单纯从经济上看是最划算的,但民间资金捐赠参与学生资助的公共财政扶持政策并不能仅仅考虑经济效应,税收减免和财政匹配还能起到宣传慈善事业、培育慈善文化以及在政策初期发挥启动效应和扩大政策效应的作用,这些方面的效应是隐性的、无法用金钱来衡量的,也是系统动力学仿真没有涵盖的内容。因此,对政府而言,如果仅仅考虑经济因素,那么维持较低的税收减免比例和财政匹配比例是最划算的。但是,如果财力允许,采用较高的税收减免比例和财政匹配比例也许更能发挥鼓励慈善捐赠的综合效应,尤其是考虑到中国当前还处在激励民间资金参与学生资助乃至整个高等教育的初期阶段,很需要这样力度较大的政策来推动教育捐赠事业的发展,等到教育捐赠事业发展到比较稳定的阶段(如经过10年),将税收减免比例和财政匹配比例降到一个合理的水平可能才是较好的政策选择。

第六节　民间资金参与学生资助的公共财政扶持政策设计总结

一、未来短期(10年)的政策设计

中国目前还处在一个慈善捐赠不太发达的阶段,但未来的发展前景比较乐观,因此要充分利用这样一个黄金时期——未来10年,随着

经济实力的进一步增长,慈善文化的不断深入人心,将会迎来慈善捐赠的一个爆发阶段。根据笔者的观点,在这个阶段,可以采取对民间资金参与学生资助扶持力度较大的公共财政政策,以契合慈善捐赠大发展的机遇,实现民间资金参与学生资助的规模更广、力度更大,发挥更好的资助和育人的综合效应。

(一)短期税收减免政策的设计

税收减免政策方面的设计包括以下内容。

在捐赠的入口,放宽合格的受赠组织的范围,尤其是在原有的各大学的教育基金会的基础上,鼓励建立一些专门的面向学生资助的社会慈善机构,如未来允许社会筹建中国民间奖学金基金会等,允许将它们开立的捐赠票据作为捐赠方申请税收减免的依据。

扩大民间捐赠的减免来源,不仅限于现金捐赠,还应包括财产、知识产权等,对这些捐赠的资产做好评估工作,按照捐赠时的真实市场价值确定其捐赠金额,帮助困难学生缴纳学费的也应被认定为对学生资助的捐赠,可以按照实际缴纳金额申请税收减免。另外,参加与学生资助有关的志愿者服务的,也应认定其劳务的货币价格,允许其申请税收减免。

满足对学生资助的捐赠条件的企业,按不同类别实行不同的税收减免政策。中小微型企业的企业所得税可以在应纳税所得额中扣减利润总额的12%—20%,当年不能扣减完的可结转到后续五年;大型企业的企业所得税可以在应纳税所得额中扣减利润总额的20%—30%,当年不能扣减完的同样可结转到后续五年。大型企业和中小微型企业的分类标准参照工业和信息化部、国家统计局、国家发展和改革委员会、财政部于2011年发布的《关于印发中小企业划型标准规定的通知》(工信部联企业〔2011〕300号)。

满足对学生资助的捐赠条件的个人,在没有彻底转变为综合按年征收个人所得税之前①,应允许税收减免可以向后续月份结转,可向后续结转 12 个月,个人所得税可以扣减应纳税所得额的 30%,如果以后个人所得税改为按年计征(这是未来的趋势),则当年不能扣减完的也可以结转到后续五年。

便利税收减免的申请手续,受赠机构必须开具捐赠证明(票据),在条件许可的情况下,由受赠机构直接向税务部门提供捐赠证明(票据),这样捐赠方在申请税收减免时不用再向税务部门提供,方便其税收减免的申请。另外,对于一些发达国家比较成熟的捐赠专项安排,可以在中国借鉴建立类似的制度安排,如从工资里定时扣除,直接捐赠给特定的受赠机构,应做好雇主、受赠机构和税务部门之间的信息传递,方便捐赠方的办理手续。

(二)短期财政匹配政策的设计

允许经济发达地区试点财政匹配政策的创新设计,尽快推动财政匹配政策在全国范围内的铺开和推广。相对于税收减免政策,财政匹配政策出现得更晚一些,更不为大众和企业所了解,这个在笔者的调研过程中也得到了证实。但财政匹配政策对吸引民间资金参与学生资助的效应是明显的,因此在当前中国慈善捐赠的发展还处于一个早期阶段的情况下,更应该尽快完善财政匹配政策,允许经济和教育发达地区进行试点,以点带面,全面铺开。

培训财政匹配政策的专业人员。一般而言,税收减免政策有专门的税务人员处理捐赠方的申请,并随后作出如何减免、减免多少的安排。财政匹配则是一个较新的领域,也没有现成的税务人员负责处理,各大学都需要培养一批专门的负责财政匹配的工作人员,以处理复杂

---

① 2018 年 8 月通过的新《中华人民共和国个人所得税法》虽然规定了对个人的综合所得实行按年计征,但要求扣缴义务人按月预扣预缴,本质上还是和按月计征类似。

的财政匹配事务。可以先由教育部牵头,邀请发达国家具有丰富财政匹配工作经验的人员来华,对教育部部属院校负责财政匹配的人员进行授课、培训,然后让他们结合中国财政匹配工作的实践,培养自己的财政匹配事务经验,未来再培养地方大学的财政匹配工作人员,为财政匹配工作打好人力资源的基础。

对受赠高校的财政匹配比例有所区分。根据前文中的研究结论,对受赠高校而言,财政匹配原则上采取1∶1的匹配比例,但对不同的高校设定不同的财政匹配比例,以扶持捐赠基础较弱的高校的发展,对基础较弱的高校可以设定不超过1∶1.5的捐赠匹配比例;对捐赠基础较好的高校可以设定不超过1∶1的捐赠匹配比例(受赠高校按照捐赠基础的分类还可以再细致一些,这里只是简化的结论)。

对捐赠方的财政匹配比例也有所区分。根据前文的研究结果,中小企业和个人对财政匹配的偏好较大(相对于税收减免而言)。也就是说,财政匹配更能激励他们对学生资助进行捐赠。因此,可对中小微型企业和个人对学生资助的捐赠设定不超过1∶1.5的财政匹配比例,大企业对学生资助的捐赠设定不超过1∶1的财政匹配比例,以精确区分不同捐赠主体的偏好,有针对性地激发他们对学生资助进行捐赠。

受赠高校和捐赠方的财政匹配比例统一问题。前文分别设定了对受赠高校和捐赠方的不同财政匹配比例,因此可能会遇到财政匹配比例不统一的问题,如捐赠方是个人,但受赠高校是捐赠基础较好的高校,遇到这种情况,则规定服从较高的比例办理财政匹配,上例中捐赠方是个人,财政匹配比例为不超过1∶1.5,受赠高校捐赠基础较好,财政匹配比例为不超过1∶1,则最终财政匹配比例可以确定为不超过1∶1.5。

精神鼓励举措和财政匹配举措相配合。发达国家的捐赠实践证明,精神鼓励举措和财政匹配举措搭配运用,会取得更好的政策效果。

因此,可以采取已被证明是成熟的命名楼宇、冠名奖学金、冠名助学金等方式和财政匹配搭配,向捐赠方进行推介,以全面满足其物质收益和精神收益,吸引其对学生资助进行捐赠。

二、未来长期(10年后)的政策设计

等到过了10年这个阶段以后,慈善捐赠已经发展到成熟阶段,民间资金参与学生资助的局面也已经打开(是否实现这些目标要根据对捐赠数据的具体观测来确定),形成一个良性循环,则可以将公共财政的扶持力度适当减小一些。这一阶段,其他方面的政策设计或已经完成,如培训财政匹配工作人员、放宽合格的受赠组织的规定等,或和短期政策设计基本一致,如精神鼓励措施等,只有关键性的几个指标设计略有区别。

(一)长期税收减免政策的设计

满足对学生资助捐赠条件的企业,按不同类别实行不同的税收减免政策。中小微型企业的企业所得税可以在应纳税所得额中扣减利润总额的12%—15%,当年不能扣减完的可结转到后续五年;大型企业的企业所得税可以在应纳税所得额中扣减利润总额的15%—20%,当年不能扣减完的同样可结转到后续五年。

满足对学生资助的捐赠条件的个人,个人所得税可以扣减应纳税所得额的20%—25%,当年不能扣减完的也可以结转到后续五年(那时个人所得税应已改为按年计征)。

(二)长期财政匹配政策的设计

对受赠高校的财政匹配比例有所区分。可对不同的高校设定不同的财政匹配比例,仍扶持捐赠基础较弱的高校的发展,对基础较弱的高校可以设定不超过1:1的捐赠匹配比例;对捐赠基础较好的高校可以设定不超过1:0.5的捐赠匹配比例。

对捐赠方的财政匹配比例也有所区分。可对中小微型企业和个人对学生资助的捐赠设定不超过 $1:1$ 的财政匹配比例,大企业对学生资助的捐赠设定不超过 $1:0.5$ 的财政匹配比例。

受赠高校和捐赠方的财政匹配比例统一问题。可对受赠高校和捐赠方财政匹配比例不统一的情况,规定服从任一方较高的比例办理财政匹配。

第七节　本书的研究局限和未来改进的方向

虽经努力,本书对民间资金参与学生资助的公共财政扶持政策做了较为全面的研究,从理论分析、未来发展方向、国际比较、量化研究、质性研究、系统动力学仿真等方面对此问题进行了综合研究,最终确定了民间资金参与学生资助的公共财政扶持政策的短期和长期的政策设计,并草拟了一部《民间资金和组织参与学生资助促进法(草案)》①,供有关部门决策和未来相关主题立法参考。但受各种条件限制,本书未来在以下方面还可以进一步改进。

一是企业捐赠参与学生资助的实证研究样本还相对较少,虽经多方联系,但受制于研究的主题,大部分企业抱有顾虑,担心被外界误解为捐赠学生资助是为了税收减免等物质收益,进而影响了企业形象,因此愿意接受访谈的就比较少,导致样本数量相对较少,今后如果开展进一步的研究,应尽量联系,解释清楚,打消企业的顾虑,获得更多的访谈样本,以更加全面地刻画企业捐赠学生资助的偏好和对公共财政扶持政策评价,为后续政策的改进提供参考。

---

①　见附录 1。

　　二是当前国内关于民间资金参与学生资助的公共财政扶持问题的实证研究开展得还比较少,缺乏这方面的很多关键问题的结论,这在系统动力学仿真时影响到了个别指标的选取,进而在一定程度上可能影响仿真的结果,但这也是系统动力学仿真研究本身固有的缺点之一,即一些指标的确定需要依赖已有研究的成果,今后随着这方面研究的不断丰富,将可以使系统动力学仿真的研究更加逼真,为决策提供更好的参考。

参 考 文 献

一、中文专著

[1][美]埃尔查南·科恩、特雷·G.盖斯克:《教育经济学》,范元伟译,格致出版社、上海人民出版社 2009 年版。

[2][美]布鲁斯·约翰斯通、帕玛拉·马库齐:《高等教育财政:国际视野中的成本分担》,沈红、李红桃、孙涛译,华中科技大学出版社 2014 年版。

[3]范国睿等:《教育政策的理论与实践》,上海教育出版社 2011 年版。

[4]高晓清:《美国高校社会捐赠制度研究》,湖南师范大学出版社 2011 年版。

[5]郭健:《社会捐赠及其税收激励研究》,经济科学出版社 2009 年版。

[6]李洁:《大学社会捐赠运行机制研究》,华中师范大学出版社 2012 年版。

[7]李旭:《社会系统动力学:政策研究的原理、方法和应用》,复旦大学出版社 2013 年版。

[8][美]罗伯特·K.殷:《案例研究方法的应用》,周海涛、夏欢欢译,重庆大学出版社 2014 年版。

[9]吕旭峰:《我国教育捐赠问题研究》,浙江工商大学出版社 2015 年版。

[10][美]迈尔斯、休伯曼:《质性资料的分析:方法与实践》,张芬芬译,重庆大学出版社 2008 年版。

[11]沈红等:《中国高校学生资助的理论与实践(1997—2016)》,中国社会科学出版社 2016 年版。

[12]王增忠主编:《公私合作制(PPP)的理论与实践》,同济大学出版社2015年版。

[13]吴合文:《高等教育政策工具分析》,北京师范大学出版社2011年版。

[14]吴明隆:《问卷统计分析实务——SPSS操作与应用》,重庆大学出版社2010年版。

[15]范国睿、杜成宪主编,吴遵民编著:《教育政策国际比较》,上海教育出版社2009年版。

[16]杨坦、何小锋、荀继尧、朱喆煜:《大学捐赠基金的运作与管理模式研究》,上海交通大学出版社2017年版。

[17]张继华等:《美国高校社会捐赠机制研究》,高等教育出版社2015年版。

[18]张文彤、邝春伟编著:《SPSS统计分析高级教程》(第2版),高等教育出版社2011年版。

[19]周贤日:《国外高校社会捐赠制度研究》,中国法制出版社2015年版。

[20]朱忠明、祝健等:《社会责任投资:一种基于社会责任理念的新型投资模式》,中国发展出版社2010年版。

二、中文学位论文

[1]郭昕:《我国普通高校贫困生资助问题研究》,华中师范大学博士学位论文,2013年。

[2]胡妍:《英国高等教育学生资助政策研究》,西南大学硕士学位论文,2015年。

[3]屈哲:《基础设施领域公私合作制问题研究》,东北财经大学博士学位论文,2012年。

[4]王临珅:《中国高等教育金融支持研究》,武汉大学博士学位论文,2014年。

[5]伍宸:《日本国立大学非政府办学经费拓展研究》,北京师范大学博士学位论文,2013年。

[6]杨娟:《慈善税收优惠法律制度研究》,重庆大学博士学位论文,2017年。

三、中文期刊论文

[1]陈有春、奉艳云:《新中国高校学生资助制度的历史嬗变》,《湖南农业大学学报(社会科学版)》2006 年第 1 期。

[2]陈军:《公私合作理论基础研究》,《延边大学学报(社会科学版)》2009 年第 4 期。

[3]陈晓宇、冯倩倩:《我国高校的捐赠收入及捐赠人行为研究》,《北京大学教育评论》2011 年第 1 期。

[4]陈艳:《国外高校筹资的主要方式与启示》,《江西科技师范学院学报》2004 年第 4 期。

[5]陈远燕、罗怡霏:《美国高等教育税收激励机制的借鉴与启示》,《国际税收》2016 年第 11 期。

[6]段宝霞:《大学生私人教育支出和付费意愿问题的调查研究》,《教育与经济》2003 年第 1 期。

[7]范先佐:《我国学生资助制度的回顾与反思》,《华中师范大学学报(人文社会科学版)》2010 年第 6 期。

[8]范晓婷、曲绍卫:《经济新常态下全国高校学生资助经费管理研究——基于 2007—2013 年学生资助发展报告统计数据分析》,《教育发展研究》2015 年第 19 期。

[9]费蕾英:《新加坡理工学院的学生资助计划》,《世界教育信息》2005 年第 6 期。

[10]公伟庆:《新加坡国立大学学生资助政策特点研究》,《东南亚纵横》2012 年第 11 期。

[11]郭健:《社会捐赠运行机制及其影响因素的经济学分析》,《经济学家》2009 年第 7 期。

[12]郭垍、何娟、洪成文:《高校校友捐赠收入影响因素研究》,《中国高教研究》2017 年第 2 期。

[13]韩丽丽、李廷洲:《改革开放 40 年我国高等教育资助体系的回顾与展望》,《中国高教研究》2018 年第 6 期。

[14]洪成文、牛欣欣:《西部高等教育振兴视角下高校社会捐赠财政配比政策研究》,《重庆高教研究》2018 年第 4 期。

[15]胡滨、郑联盛:《"贷款+保险":国家助学贷款市场化机制研究》,《保

险研究》2014 年第 8 期。

　　[16]黄道余:《海南省慈善发展水平影响因素分析》,《社会保障研究》2018 年第 3 期。

　　[17]黄桂香、黄华清:《税收政策影响慈善捐赠行为的经济学分析》,《价格月刊》2008 年第 2 期。

　　[18]焦旭、孙宇:《促进教育公平　提高国家助学贷款落实效率》,《中国高等教育》2015 年第 10 期。

　　[19]金荣学、张迪、张小萍:《中美高等教育捐赠税收制度比较》,《教育研究》2013 年第 7 期。

　　[20]孔令帅、周志发:《当前美国低收入家庭学生高等教育入学机会影响因素分析》,《外国教育研究》2008 年第 5 期。

　　[21]赖丹馨、费方域:《不完全合同框架下公私合作制的创新激励——基于公共服务供给的社会福利创新条件分析》,《财经研究》2009 年第 8 期。

　　[22]李冬梅:《日本高等教育资助体系的现状与未来》,《世界教育信息》2016 年第 6 期。

　　[23]栗燕杰:《我国慈善税收优惠制度的问题与出路》,《中国公共政策评论》2015 年第 9 卷。

　　[24]连锦:《澳大利亚:专家呼吁改革学生资助系统》,《比较教育研究》2013 年第 5 期。

　　[25]梁显平、洪成文:《西方发达国家高等教育社会筹资:经验、特点及趋势》,《比较教育研究》2018 年第 3 期。

　　[26]梁显平、洪成文:《英国高等教育财政配比捐赠政策的产生、实施效果及启示》,《比较教育研究》2017 年第 4 期。

　　[27]刘翠航:《美国大学生资助状况及特点》,《中国高等教育》2013 年第 17 期。

　　[28]刘和忠、赵贵臣:《我国大学生资助政策的历史演变》,《东北师大学报(哲学社会科学版)》2010 年第 5 期。

　　[29]刘牧:《日本国立大学社会捐赠研究》,《高教探索》2011 年第 6 期。

　　[30]刘信洪:《大学生对国家资助政策态度的调查分析》,《高教探索》2016 年第 12 期。

　　[31]罗公利、杨选良、李怀祖:《面向大学的社会捐赠行为的经济学分

析》,《经济理论与经济管理》2007 年第 5 期。

[32]马陆亭、罗建平:《高水平大学资源配置有效性研究——美中两国几所知名大学的对比》,《华中师范大学学报(人文社会科学版)》2013 年第 2 期。

[33]曲绍卫、纪效珲、魏力:《中央直属高校大学生资助绩效评估研究——基于第三方教育评估机构的数据分析》,《中国高等教育》2016 年第 9 期。

[34]史秋衡:《教育率先现代化:实现国家现代化的必然选择——纪念邓小平"三个面向"题词 30 周年》,《教育研究》2013 年第 9 期。

[35]史秋衡、康敏:《探索我国高等学校分类体系设计》,《中国高等教育》2017 年第 2 期。

[36]史秋衡、卢丽君:《大学文化:提升学生学习的育人文化》,《云南师范大学学报(哲学社会科学版)》2012 年第 3 期。

[37]唐恒书、何万波、梁丽:《基于行为经济学的企业赈灾捐赠机制研究》,《软科学》2011 年第 4 期。

[38]陶冶、陈斌:《美国个人慈善捐赠税制安排的现状、特点与启示》,《河北大学学报(哲学社会科学版)》2016 年第 5 期。

[39]武晋晋、黎志文:《慈善捐赠行为的经济学分析》,《经济视角(下旬刊)》2010 年第 5 期。

[40]武立勋、胡象明:《高校家庭经济困难学生资助政策实施效果研究——基于对北京部分高校本科毕业生的调查分析》,《国家教育行政学院学报》2016 年第 2 期。

[41]王洪才、邹海燕:《金融危机中的美国高校:现状、对策及思考》,《比较教育研究》2010 年第 2 期。

[42]王金瑶、来明敏:《美国私立高等教育发展的资金支撑体系及启示》,《高等工程教育研究》2003 年第 4 期。

[43]王占雄、范渊:《完善捐赠税前扣除政策 助推公益事业发展》,《中国税务》2017 年第 7 期。

[44]徐国兴:《日本国家助学贷款制度的本金筹措机制及启示》,《江苏高教》2013 年第 4 期。

[45]徐来群:《"哈佛帝国"的建立——哈佛大学筹资研究》,《高教探索》

2010 年第 2 期。

［46］严建骏、喻源、孙倩：《高校经济困难学生资助方法探究》,《黑龙江高教研究》2013 年第 11 期。

［47］杨阳：《高等教育成本分担与机会均等的探析——基于美国高等教育学费制度启示》,《电子科技大学学报（社会科学版）》2013 年第 5 期。

［48］曾建光、张英、杨勋：《宗教信仰与高管层的个人社会责任基调——基于中国民营企业高管层个人捐赠行为的视角》,《管理世界》2016 年第 4 期。

［49］曾晓洁：《美国的学生贷款丑闻与贷款监管和资助制度改革》,《比较教育研究》2009 年第 11 期。

［50］张敦力、汪佑德、汪攀攀：《慈善捐赠动机与后果研究述评——基于经济学视角》,《广西财经学院学报》2013 年第 4 期。

［51］张继华：《美国大学社会捐赠良性生态系统形成及特征》,《比较教育研究》2014 年第 12 期。

［52］张继华、滕明兰：《美国大学校友捐赠长盛不衰的组织要素考察》,《比较教育研究》2012 年第 1 期。

［53］张磊：《新制度经济学视角下我国高校社会捐赠制度之建构》,《江苏高教》2013 年第 4 期。

［54］张小萍、周志凯：《中国高校捐赠收入现状、问题及对策》,《教育发展研究》2012 年第 23 期。

［55］赵海益、史玉峰：《我国个人公益性捐赠所得税优惠政策研究》,《税务研究》2017 年第 10 期。

［56］赵建军：《中国现代学生资助政策体系建立 30 年回望》,《教育财会研究》2016 年第 6 期。

［57］赵正洲、程祥、丁燕祥：《中国高等教育捐赠税收优惠制度的反思》,《湖南农业大学学报（社会科学版）》2017 年第 3 期。

［58］朱浩、方云：《奥巴马政府力推〈学生援助权利法案〉的背景、内容及争议》,《外国教育研究》2016 年第 1 期。

［59］祝怀新、汪萍：《20 世纪 80 年代以来新西兰高等教育资助策略探析》,《外国教育研究》2007 年第 9 期。

四、英文期刊论文

［1］Anthony B.Atkinson, Peter G.Backus, John Micklewright, Cathy Pharoah, Sylke V.Schnepf, "Charitable Giving for Overseas Development: UK Trends over a Quarter Century", *Journal of Royal Statistical Society*, Vol.175, No.1, 2012.

［2］Catherine C.Eckel, Philip J.Grossman, "Subsidizing Charitable Contributions: a Natural Field Experiment Comparing Matching and Rebate Subsidies", *Experimental Economics*, Vol.11, No.3, 2008.

［3］C.Clotfelter, "Who Are the Alumni Donors? Giving by Two Generations of Alumni from Selective Colleges", *Nonprofit Management & Leadership*, Vol. 12, No.2, 2001.

［4］Debra Z.Basil, "Charitable Donations as a Reflection of National Values: An Exploratory Comparison of Canada and the United States", *Journal of Nonprofit & Public Sector Marketing*, Vol.18, No.1, 2007.

［5］Drezner, N, "Recessions and Tax-Cuts: Economic Cycles'Impact on Individual Giving, Philanthropy, and Higher Education", *International Journal of Educational Advancement*, Vol.6, No.4, 2006.

［6］Gabrielle Berman, Sinclair Davidson, "Do Donors Care? Some Australian Evidence", *International Journal of Voluntary and Nonprofit Organizations*, Vol.14, No.4, 2003.

［7］Greg Chen, "Does Meeting Standards Affect Charitable Giving? An Empirical Study of New York Metropolitan Area Charities", *Nonprofit Management & Leadership*, Vol.19, No.3, 2009.

［8］Harry Kitchen, Richard Dalton, "Determinants of Charitable Donations by Families in Canada: A regional Analysis", *Applied Economics*, Vol.22, No.3, 1990.

［9］Holger Sieg, Jipeng Zhang, "The Effectiveness of Private Benefits in Fundraising of Local Charities", *International Economic Review*, Vol.53, No.2, 2012.

［10］J.Holmes, "Prestige, Charitable Deductions and Other Determinants of Alumni Giving: Evidence from a Highly Selective Liberal Arts College", *Economics of Education Review*, Vol.28, No.1, 2009.

［11］Jennifer Wiggins, Veronica Thomas, Joann Peck, "Do Specialized MBA Programs Cultivate Alumni Relationships and Donations?", *Journal of Marketing for*

Higher Education, Vol.20, No.1, 2010.

　　[12] John Peloza, Piers Steel, "The Price Elasticities of Charitable Contributions: A Meta-Analysis", *Journal of Public Policy & Marketing*, Vol.24, No.2, 2005.

　　[13] Jon Bakija, "Tax Policy and Philanthropy: A Primer on the Empirical Evidence for the United States and Its Implications", *Social Research*, Vol.80, No.2, 2013.

　　[14] M. J. Polonsky, L. Shelley, R. Voola, "An Examination of Helping Behavior-Some Evidence from Australia", *Journal of Nonprofit & Public Sector Marketing*, Vol.10, No.2, 2002.

　　[15] Marsha Blumenthal, Laura Kalambokidis, Alex Turk, "Subsidizing Charitable Contributions with a Match instead of a Deduction: What Happens to Donations and Compliance?", *National Tax Journal*, Vol.65, No.1, 2012.

　　[16] Michael Jay Polonsky, Laura Shelley, Ranjit Voola, "An Examination of Helping Behavior-Some Evidence from Australia", *Journal of Nonprofit & Public Sector Marketing*, Vol.10, No.2, 2002.

　　[17] Michelle H. Yetman, Robert J. Yetman, "How Does the Incentive Effect of the Charitable Deduction Vary across Charities?", *The Accounting Review*, Vol.88, No.3, 2013.

　　[18] Murat C. Mungan, Baris K. Yoruk, "Fundraising and Optimal Policy Rules", *Journal of Public Economic Theory*, Vol.14, No.4, 2012.

　　[19] Phanindra V. Wunnava, Michael A. Lauze, "Alumni Giving at A Small Liberal Arts College: Evidence from Consistent and Occasional Donors", *Economics of Education Review*, Vol.20, No.6, 2001.

　　[20] Roger Bennett, Anna Barkensjo, "Causes and Consequences of Donor Perceptions of the Quality of the Relationship Marketing Activities of Charitable Organizations", *Journal of Targeting*, *Measurement and Analysis for Marketing*, Vol.13, No.2, 2005.

　　[21] Roger Bennett, "Entry Strategies for 'Planned Giving' Donor Products Adopted by British Charities: An Empirical Investigation", *Journal of Financial Services Marketing*, Vol.9, No.2, 2004.

　　[22] Shih-Ying Wu, Jr-Tsung Huang, An-Pang Kao, "An Analysis of the Peer

Effects in Charitable Giving: The Case of Taiwan", *Journal of Family and Economic Issues*, Vol.25, No.4, 2004.

［23］ Sophia R.Wunderink, "Individual Financial Donations to Charities in The Netherlands: Why, How and How Much?", *Journal of Nonprofit & Public Sector Marketing*, Vol.10, No.2, 2002.

［24］ Vincent C.H.Chua, Chung Ming Wong, "The Role of United Charities in Fundraising: The Case of Singapore", *Annals of Public and Cooperative Economics*, Vol.74, No.3, 2003.

［25］ W Harbaugh, "What Do Donations Buy? A Model of Philanthropy Based on Prestige and Warm Glow", *Journal of Public Economics*, Vol.67, No.2, 1998.

附录 1　民间资金参与学生
资助促进法（草案）

第一章　总　　则

第一条　为帮助贫困学生完成高等教育,形成对政府、高校资助资金和助学贷款的有益补充,实现"不让一个孩子因为贫困而失去上大学的机会",根据宪法和教育法制定本法。

第二条　国家机关、高等教育机构以外的企业、社会组织或者个人,提供非国家财政性经费、劳务或其他有形或无形资产,向贫困学生提供资助以帮助其完成高等教育的,适用本法。

第三条　民间资金参与学生资助属于公益性教育慈善事业,国家对民间资金参与学生资助实行鼓励、扶持、依法管理的方针。

各级人民政府应当对民间资金参与学生资助提供必要的扶持。

第四条　民间资金参与学生资助应当遵守法律、法规,作为政府、高校资助资金和助学贷款的补充,致力于培养社会主义建设事业的各类人才。

第五条　国家对在民间资金参与学生资助事业中作出突出贡献的企业、社会组织和个人,给予适当的奖励和表彰。

国家出台相关的公共财政政策和其他金融经济政策,鼓励民间资金参与学生资助事业。

第六条 国务院教育行政部门、国务院财政部门和中国人民银行负责全国民间资金参与学生资助工作的鼓励、扶持和宏观管理工作。

第七条 县级以上地方各级人民政府的教育行政部门负责协调本行政区域内的民间资金参与学生资助的工作。

第二章 民间资金参与学生资助
社会组织的设立

第八条 申请举办民间资金参与学生资助事业的社会组织，应当具有法人资格。申请举办民间资金参与学生资助事业的个人，应当具有政治权利和完全民事行为能力。

第九条 设立民间资金参与学生资助社会组织应当符合当地高等教育发展的需求，满足教育法和其他有关法律、法规规定的条件。

第十条 举办本行政区域内的民间资金参与学生资助社会组织，由本行政区域人民政府教育行政部门按照法定权限审批；举办全国性的民间资金参与学生资助社会组织，由国务院教育行政部门按照国家规定的权限审批。

第十一条 申请筹设民间资金参与学生资助社会组织，举办者应当向审批机关提交下列材料：

（一）申办报告，内容应包括但不限于此：举办主体、拟资助规模、拟资助层次、资助具体形式、资助经费筹措与管理使用等；

（二）捐赠的资产来源、资金数额及有效证明文件，并载明产权。

第十二条 审批机关应当自受理筹设民间资金参与学生资助社会组织的申请之日起六十日内以书面形式作出是否同意的决定，同意筹设的,发给筹设批准书。不同意筹设的,应当说明理由。筹设期不得超过一年。超过一年的,举办者应当重新申请。

第十三条 申请正式设立民间资金参与学生资助社会组织的,举办者应当向审批机关提交下列材料:

(一)筹设批准书;

(二)筹设情况报告;

(三)组织章程、首届理事会或者其他决策机构组成人员名单;

(四)组织资产的有效证明文件;

(五)会长、秘书长、管理人员、财会人员的资格证明文件。

第十四条 申请正式设立民间资金参与学生资助社会组织的,审批机关应当自受理之日起三个月内以书面形式作出是否批准的决定,并送达申请人。

第十五条 审批机关对批准正式设立的民间资金参与学生资助社会组织发给许可证。审批机关对不批准正式设立的,应当说明理由。

第十六条 民间资金参与学生资助社会组织的性质为非营利性,不得设立营利性民间资金参与学生资助的社会组织。

非营利性民间资金参与学生资助社会组织的举办者不得取得收益,组织的所有结余全部用于学生资助。

第十七条 民间资金参与学生资助社会组织取得许可证后,进行法人登记,登记机关应当依法予以办理。

第三章　民间资金参与学生资助社会组织的组织运作与活动

第十八条 民间资金参与学生资助社会组织应当设立理事会或其

他形式的决策机构并建立相应的运营、管理和监督机制。

民间资金参与学生资助社会组织的举办者根据组织章程规定的权限和程序介入民间资金参与学生资助社会组织的运营和管理。

第十九条　理事会由举办者或者其代表、会长、工作人员代表、高等教育机构代表、有教育行政工作经验的社会人士等人员组成。其中三分之二以上的理事应当具有五年以上学生资助或财务工作或高级管理经验。理事会由五人以上组成,设理事长一人,理事长为决策机构负责人。理事长、理事名单报审批机关备案。

第二十条　理事会行使下列职权:

(一)聘任和解聘会长;

(二)修改组织章程和制定组织的规章制度;

(三)制定发展规划,批准年度工作计划;

(四)筹集学生资助经费,审核预算、决算;

(五)决定组织工作人员的编制定额和工资标准;

(六)决定组织的分立、合并、终止;

(七)决定其他重大事项。

其他形式决策机构的职权参照本条规定执行。

第二十一条　民间资金参与学生资助社会组织的法定代表人由理事长或者会长担任。

第二十二条　民间资金参与学生资助社会组织的会长为行政管理机构负责人,会长负责组织的经费筹集、增值、运用以及日常的行政管理工作,履行以下职责:

(一)执行理事会或者其他形式决策机构的决策;

(二)编制和实施学生资助的发展规划,拟订年度学生资助工作计划、财务预算和组织规章制度;

(三)聘任和解聘工作人员,实施奖励和惩罚措施;

（四）组织经费的筹集、增值、运用；

（五）负责组织日常管理工作；

（六）理事会或者其他形式决策机构的其他授权。

第四章　经费的筹集、增值、运用与财务管理

第二十三条　民间资金参与学生资助社会组织应当建立健全的财务、会计制度和资产管理制度。

第二十四条　民间资金参与学生资助社会组织对举办者投入的有形资产、受赠的财产、历年的投资积累以及无形资产等财产，享有法人财产权。

第二十五条　民间资金参与学生资助社会组织存续期间，所有资产由组织依法管理和用于学生资助事业，国家机关、其他社会组织和个人不得侵占。

第二十六条　民间资金参与学生资助社会组织可以向国家机构以外的企业、社会组织或者个人募集组织运营所需要的资金、劳务、各种有形及无形资产，并出具捐赠证明票据，该捐赠证明票据可作为法律承认的捐赠事实认定的证明，供捐赠方使用以实现捐赠的税收减免。

第二十七条　民间资金参与学生资助社会组织可以聘请专业人员对其资产进行境内外投资，投资应主要秉持安全原则，以实现资产的安全和保值增值。

第二十八条　民间资金参与学生资助社会组织的资金运用一般仅限于资助在中华人民共和国境内接受高等教育的中国籍学生。中国籍学生包括具有中国大陆、香港、澳门和台湾地区户籍的学生，以及在中华人民共和国境外居住和生活，但仍具有中华人民共和国国籍的学生。

资助的范围包括学费、住宿费、生活费、补习费、医药费及组织认为合理的其他支出。

第二十九条　民间资金参与学生资助社会组织如果认为确实必要，经其理事会批准，可以资助在中华人民共和国境外接受高等教育的具有中华人民共和国国籍的学生。

民间资金参与学生资助社会组织如果认为确实必要，经其理事会批准，可以资助在中华人民共和国境内接受高等教育的外国籍学生，鼓励资助来自"一带一路"沿线国家的外国籍学生以及来自国外华人家庭的学生。华人家庭的界定参照国务院侨务办公室的有关规定。

资助的范围包括学费、住宿费、生活费、补习费、医药费及组织认为合理的其他支出。

第三十条　民间资金参与学生资助社会组织资产的使用和财务管理受教育行政部门和其他有关管理部门的监管。

民间资金参与学生资助社会组织应当在每个会计年度结束时制作财务会计报告，委托知名会计师事务所依法进行审计，并公布审计结果。

第五章　扶持与奖励

第三十一条　民间资金参与学生资助社会组织享受国家规定的税收优惠政策，依法获得免税资格，即对组织合法获取的，来自中华人民共和国境内外的各种捐赠收入、资产以及投资收入等，免于征收各种税收。

第三十二条　民间资金参与学生资助社会组织依照国家有关法律、法规，可以接受公民、法人或者其他组织的捐赠。

国家对向民间资金参与学生资助社会组织捐赠财产的公民、法人或者其他组织按照有关规定给予税收优惠扶持和财政匹配，并予以精神方面的激励和表彰。

第三十三条 对捐赠财产的企业,可在其企业所得税的应纳税所得额中扣减本年利润总额的一定比例,具体比例由国务院税务部门根据经济发展情况确定并动态调整。

第三十四条 对捐赠财产的个人,可在其个人所得税的应纳税所得额中扣减一定比例,具体比例由国务院税务部门根据经济发展情况确定并动态调整。

第三十五条 个人为学生资助事业从事一定劳务的,可以换算为一定金额在其个人所得税的应纳税所得额中扣减,具体办法参照国务院劳动行政部门的有关规定执行。

第三十六条 企业和个人捐赠非现金财产的,应按照捐赠时的公平市场价值换算为一定金额在企业所得税和个人所得税的应纳税所得额中扣减。

第三十七条 省级及省级以上各级人民政府可以通过财政匹配措施对民间资金参与学生资助社会组织获得的捐赠予以匹配,财政匹配的比例由各级政府根据本地区的财力确定。

第三十八条 国家鼓励金融机构运用信贷手段,支持民间资金参与学生资助社会组织的发展。

第三十九条 各级人民政府委托民间资金参与学生资助社会组织承担学生资助工作的,应当按照委托协议拨付相应的学生资助经费并给予其他便利。

第六章 变更与终止

第四十条 民间资金参与学生资助社会组织的分立、合并,在进行财务清算后,由理事会报审批机关批准。

申请分立、合并民间资金参与学生资助社会组织的,审批机关应当自受理之日起三个月内以书面形式答复。

第四十一条 民间资金参与学生资助社会组织举办者的变更,须由举办者提出,在进行财务清算后,经理事会同意,报审批机关核准。

第四十二条 民间资金参与学生资助社会组织名称、层次、类别的变更,由理事会报审批机关批准。

第四十三条 民间资金参与学生资助社会组织有下列情形之一的,应当终止:

(一)满足章程规定的终止条件,并经审批机关批准的;

(二)被吊销许可证的;

(三)因资不抵债无法继续运行的。

第四十四条 民间资金参与学生资助社会组织终止时,应当依法进行财务清算。

民间资金参与学生资助社会组织自己要求终止的,由其组织清算;被审批机关依法撤销的,由审批机关组织清算;因资不抵债无法继续运行而被终止的,由人民法院组织清算。

第四十五条 对民间资金参与学生资助社会组织的财产按照下列顺序清偿:

(一)应发工作人员的工资及应缴纳的社会保险费用;

(二)偿还其他债务。

第四十六条 终止的民间资金参与学生资助社会组织,由审批机关收回许可证和销毁组织的印章,并注销登记。

第七章　法律责任

　　第四十七条　民间资金参与学生资助社会组织在活动中违反教育法及其他法律规定的,依照教育法和其他法律的有关规定给予处罚。

　　第四十八条　民间资金参与学生资助社会组织有下列行为之一的,由同级人民政府教育行政部门或者其他有关部门责令限期改正,并予以警告;有违法所得的,退还所收费用后没收违法所得;情节严重的,责令停止运营、吊销许可证;构成犯罪的,依法追究刑事责任:

　　(一)擅自分立、合并民间资金参与学生资助社会组织的;

　　(二)擅自改变民间资金参与学生资助社会组织名称、层次、类别和举办者的;

　　(三)管理混乱严重影响学生资助工作,产生恶劣社会影响的;

　　(四)提交虚假证明文件或者采取其他欺诈手段隐瞒重要事实骗取许可证的;

　　(五)伪造、变造、买卖、出租、出借许可证的;

　　(六)恶意终止学生资助工作、抽逃资金或者挪用学生资助经费的。

　　第四十九条　县级以上人民政府教育行政部门及其他有关管理部门有下列行为之一的,由上级机关责令其改正;情节严重的,对直接负责的主管人员和其他直接责任人员,依法给予处分;造成经济损失的,依法承担赔偿责任;构成犯罪的,依法追究刑事责任:

　　(一)已受理设立申请,逾期不予答复的;

　　(二)批准不符合本法规定条件申请的;

　　(三)疏于管理,造成严重后果的;

　　(四)违反国家有关规定收取费用的;

（五）侵犯民间资金参与学生资助社会组织合法权益的；

（六）其他滥用职权、徇私舞弊的。

第八章　附　　则

第五十条　本法所称的民间资金参与学生资助社会组织包括高等教育机构依法设立的教育（发展）基金会。

第五十一条　本法自×年×月×日起施行。

附录2 困难学生慈善捐赠的调查问卷

尊敬的受访人:

您好!

首先感谢您参与这次问卷调查!

本研究旨在了解国内学生资助的慈善捐赠状况。以下是与本研究有关的一些问题,请根据您的真实感觉作答,答案没有好坏之分。您所填写的资料纯供研究之用,并且为不记名问卷。问卷内容信息绝对保密,最后呈现的只是整体统计结果。您的参与和意见对本研究工作非常宝贵,期望您真实和自由的回答,同时也期待本研究结果能够对您有所帮助。

本问卷共6页,每个题目只能选择一个答案,请选择与您感知最接近的答案。为保证样本的有效性,敬请不要漏答。在您填写完成后,请交还发放问卷人或直接发送至 ftdctj@163.com(若是电子版)。如果您对该问卷中的问题存有疑问的话,可以通过以下方式与研究者取得联系:(移动电话号码)。

在此谨对您的慷慨协助,致上最诚挚的谢意!

上海政法学院经济管理学院

《民间资金参与学生资助的公共财政扶持政策研究》课题组

2015年3月

一、以下有关您的基本信息，请根据实际情况作出选择，并在选项上打"√"。

1. 您的性别：A. 男　　B. 女

2. 您的年龄：A. 18—22　B. 23—30　C. 31—40　D. 41—50 E. 51—60　F. 61 岁及以上

3. 您的最高学历：A. 博士　B. 硕士　C. 本科　D. 专科　E. 高中及以下

4. 您在大学期间的成绩水平位于：A. 前 25%　B. 25%—50% C. 50%—75%　D. 后 25%

5. 您长期的居住区域：A. 城区　B. 郊区　C. 农村

6. 您在工作单位的职位属于：A. 高层　B. 中层　C. 普通工作人员

7. 您工作所在的行业：A. 国有企业　B. 民营企业　C. 外资企业 D. 政府及事业单位　E. 个体经济　F. 其他

8. 您的年收入水平：A. 5 万元及以下　B. 5 万—10 万元　C. 10 万—30 万元　D. 30 万—80 万元　E. 80 万元及以上

9. 您的家庭财富水平：A. 很贫穷　B. 较贫穷　C. 一般　D. 较富足　E. 很富足

10. 您此前进行过慈善捐赠吗？　A. 是　　B. 否

11. 您此前对自己的母校进行过捐赠吗？　A. 是　B. 否

二、困难学生慈善捐赠的影响因素。请根据您的真实看法，在右边选择一个相应的数字，采用 5 分度量，1 分为完全不符合，5 分为完全符合，请根据您的真实情况作出判断，并依照符合程度选择相应程度分值，并在数字上打"√"。

测量条款	完全不赞同↔完全赞同				
12. 捐助困难学生是因为可以获得以下精神收益					
个人声誉	1	2	3	4	5
心理和精神上的满足感	1	2	3	4	5
符合我的价值观	1	2	3	4	5
社会风气改变的需要	1	2	3	4	5
喜欢帮助他人	1	2	3	4	5
共鸣和感同身受	1	2	3	4	5
社会责任	1	2	3	4	5
怜悯和同情	1	2	3	4	5
13. 捐助困难学生是因为可以获得以下物质收益					
希望自己在需要的时候也获得别人的帮助	1	2	3	4	5
会加强我和大学的关系比如同等条件下优先录取我的子女	1	2	3	4	5
会带来个人所得税的应纳税所得的减少	1	2	3	4	5
会使我的个人所得税率下降一个或几个层次	1	2	3	4	5
将来会获得困难学生的报答	1	2	3	4	5
14. 从中介角度来看,捐赠困难学生是因为					
大学和慈善机构的声望很好	1	2	3	4	5
大学和慈善机构的历史悠久	1	2	3	4	5
大学和慈善机构的财务良好	1	2	3	4	5
大学和慈善机构符合我的理念和风格	1	2	3	4	5
大学和慈善机构的慈善捐赠宣传做得很好	1	2	3	4	5
捐赠过程透明和公开	1	2	3	4	5
捐赠资金去向透明和公开	1	2	3	4	5
15. 从个人经历角度来看,捐赠困难学生是因为					
父母和老师从小的教育	1	2	3	4	5
有过慈善捐赠经历	1	2	3	4	5
家庭经济条件不太好	1	2	3	4	5
有过接受捐赠的经历	1	2	3	4	5

测量条款	完全不赞同↔完全赞同				
公益活动志愿者的经历	1	2	3	4	5
16. 从母校角度来看,捐赠困难学生是因为					
在校时获得了他人的资助	1	2	3	4	5
毕业后还获得了母校的帮助	1	2	3	4	5
对母校的认同感和归属感	1	2	3	4	5
母校的老师对自己很好	1	2	3	4	5
在母校我获得了很好的生涯发展	1	2	3	4	5
在母校我收获了同学的友情	1	2	3	4	5

三、困难学生慈善捐赠的偏好。请根据您的真实看法,在右边选择一个相应的数字,采用 5 分度量,1 分为完全不符合,5 分为完全符合,请根据您的真实情况作出判断,并依照符合程度选择相应程度分值,并在数字上打"√"。

测量条款	完全不赞同↔完全赞同				
17. 捐赠困难学生的中介偏好					
愿意捐赠给大学,由大学来挑选困难学生来进行资助	1	2	3	4	5
愿意捐赠给专门的慈善机构,由该机构挑选学生来进行资助	1	2	3	4	5
由我本人来参与到受资助学生的挑选过程,我才更愿意进行资助	1	2	3	4	5
18. 捐赠困难学生的用途偏好					
更希望捐赠资金用于奖学金	1	2	3	4	5
更希望捐赠资金用于困难补助	1	2	3	4	5
更希望捐赠资金用于勤工俭学	1	2	3	4	5
更希望捐赠资金用于减免学费	1	2	3	4	5
更希望捐赠资金用于对学生发放助学贷款,资金形成循环	1	2	3	4	5

四、困难学生慈善捐赠的财税扶持政策偏好。请根据您的真实看法,在右边选择一个相应的数字,采用 5 分度量,1 分为完全不符合,5 分为完全符合,请根据您的真实情况作出判断,并依照符合程度选择相应程度分值,并在数字上打"√"。

测量条款	完全不赞同↔完全赞同				
19. 捐赠困难学生的直接税收扶持政策应该包括					
捐赠金额在个人所得税的应纳税所得中扣除	1	2	3	4	5
捐赠金额如果本月在个人所得税的应纳税所得中没有扣除完,则顺延到以后月份	1	2	3	4	5
捐赠实物按照市价折算金额在个人所得税的应纳税所得中扣除	1	2	3	4	5
对持续捐赠困难学生的(如持续数月乃至数年),给予更加优惠的税收扣除安排	1	2	3	4	5
捐赠的发票及证明文件开立要便利化	1	2	3	4	5
如果我购买一些用于学生资助慈善捐赠的金融产品,政府也应该给予税收减免	1	2	3	4	5
20. 捐赠困难学生的间接税收扶持政策应该包括					
开征遗产税可以使得遗产继承成本很高,进而激励慈善捐赠	1	2	3	4	5
开征赠与税可以使得遗产无法转移,进而激励慈善捐赠	1	2	3	4	5
21. 捐赠困难学生的财政支出扶持政策应该包括					
政府直接匹配学生资助捐赠金额的一定比例	1	2	3	4	5
政府通过给予员工单位税收优惠激励单位匹配学生资助捐赠金额的一定比例	1	2	3	4	5
政府通过给予大学一定经费激励大学匹配学生资助捐赠金额的一定比例	1	2	3	4	5
政府通过给予慈善机构税收优惠激励慈善机构匹配学生资助捐赠金额的一定比例	1	2	3	4	5

五、未来对困难学生慈善捐赠的可能性。请根据您的真实看法,在右边选择一个相应的数字,采用 5 分度量,1 分为完全不符合,5 分为完全符合,请根据您的真实情况作出判断,并依照符合程度选择相应程度分值,并在数字上打"√"。

测量条款	完全不赞同↔完全赞同				
22. 未来捐赠困难学生的可能性					
随着社会环境的变化和政策的不断完善,我会资助困难学生	1	2	3	4	5
我会捐赠给母校的困难学生	1	2	3	4	5

调研内容至此,烦请您检查以确定没有漏选题项,再次感谢您的支持与帮助!

附录3　单位捐赠教育的访谈提纲

以下是本研究的访谈提纲,请根据贵单位的真实情况作答,答案没有好坏之分。您所填写的资料纯供研究之用,并且为不记名访谈。访谈内容信息绝对保密,最后呈现的只是整体统计结果。贵单位的参与和意见对本研究工作非常宝贵,期望您真实和自由的回答,同时也期待本研究结果能够对贵单位有所帮助。

在此谨对贵单位的慷慨协助,致上最诚挚的谢意!

上海政法学院《民间资金参与学生资助的公共财政扶持政策研究》课题组

一、贵单位的基本情况

贵单位和受赠学校的联系、历史渊源等情况。

二、贵单位慈善捐赠的历史和现状

包括慈善捐赠的年限,每年大概的捐赠额,占本单位盈利的百分比,主要向教育捐赠的投向是哪些方面? 如奖学金、奖教金、受助学校科研支出、楼宇建设等等。

三、希望政府扶持政策在哪些方面能做得更好?

作为捐赠方,贵单位希望政府在哪些方面能做得更好一些?

更多精神鼓励、宣传推广,如新闻媒体报道;

政府的捐赠税收减免方面力度更大一些；

政府的财政匹配（即单位捐赠多少，政府匹配一定比例）更多一些等；

以上未包括的其他方面。

四、希望高校在哪些方面能做得更好？

冠名；

简化捐赠手续；

更加信息透明；

其他方面；

五、捐赠教育的偏好

希望捐赠资金用于何种用途；

今后还可能愿意捐赠高校哪些方面？

六、贵单位对捐赠教育想表达的其他任何问题

附录4　接受捐赠的大学主管 人员的访谈提纲

　　以下是本研究的访谈提纲,请根据贵单位的真实情况作答,答案没有好坏之分。您回答的内容纯供研究之用,并且为不记名访谈。访谈内容信息绝对保密,最后呈现的只是整体统计结果。贵单位的参与和意见对本研究工作非常宝贵,期望您真实和自由的回答,同时也期待本研究结果能够对贵单位有所帮助。

　　在此谨对贵单位的慷慨协助,致上最诚挚的谢意!

上海政法学院《民间资金参与学生资助的公共财政扶持政策研究》课题组

　　一、贵校接受捐赠的基本情况

　　贵校和捐赠单位的各方面联系、历史渊源等情况。

　　二、贵校接受捐赠的历史和现状

　　包括慈善捐赠的年限,每年大概的捐赠额,受赠资金主要的投向是哪些方面? 如奖学金、奖教金、学校科研支出、楼宇建设等等。

　　三、希望政府扶持政策在哪些方面能做得更好?

　　作为受赠方,贵校希望政府在哪些方面能做得更好一些,才能更好地吸引到捐赠?

更多精神鼓励、宣传推广,如新闻媒体报道;

政府的捐赠税收减免方面力度更大一些;

政府的财政匹配(即单位捐赠多少,政府匹配一定比例)更多一些等;

以上未包括的其他方面。

四、您觉得高校自身在哪些方面做得更好才能吸引到更多捐赠?

冠名;

简化捐赠手续;

更加信息透明;

其他方面。

五、您觉得捐赠教育的资金用途哪些比较有效?

希望捐赠资金用于何种用途?

学校哪些领域更需要捐赠?

六、贵校对捐赠教育想表达的其他任何问题

后　　记

　　本书是我主持的国家社会科学基金教育学一般课题《民间资金参与学生资助的公共财政扶持政策研究》的最终成果。作为大学教师，申报课题显然是工作的重点之一，我之前的研究成果主要集中在助学贷款方面，因此申报各种课题时"以我为主"，主要申报的都是助学贷款主题的项目，虽小有斩获，但始终不能获得国家级课题，后不停反思，才悟出这样一个道理：申报人以为自己的研究很重要，甚至觉得做得也不错，但社会未必需要，课题发布方也没有这方面的政策考虑，因此无论自己觉得多重要，事实上也是很难立项的。所以在后面申报课题的时候，我转变了策略，从"以我为主"改成"立足需求，兼顾基础"，即申报课题主要考虑社会和课题发布方的需求，但也不能脱离原有的研究基础，否则课题发布方会觉得申报人没有能力和基础来完成课题，也无助于中标。指导方针对了，又经历了2—3年的申请过程，终于在2013年获得了这项国家社会科学基金教育学一般课题。

　　《民间资金参与学生资助的公共财政扶持政策研究》正是这样一个"立足需求，兼顾基础"的结果。一方面，随着高等教育的发展，对资金的需求不断增加，财政资金虽然也保持了较高的投入，但仍然满足不了高等教育的需求，尤其在学生资助领域，很需要吸引民间资金的投入;另一方面,我个人在学生资助领域有较长时间的研究积累,同时又在直辖市的财政局(地方税务局)工作过,对公共财政政策比较熟悉,有一定实务经验,因此两方面因素的结合,可能是促成这个课题立项的主要原因。

本书的写作历时近五年,内容涵盖民间资金参与学生资助的理论分析、已有政策的梳理、民间资金参与学生资助的公共财政扶持政策的国际比较、捐赠个人问卷调查的量化研究、捐赠企业和大学教育基金会深度访谈的质性研究、几种不同的公共财政政策的系统动力学仿真,等等。同时,也遇到一定的困难,如工作量较大;联系访谈的企业有顾虑,不愿接受访谈;一些关键指标的数据不太容易搜集;等等,但经过多方努力,这些问题都得到了较好的解决,使得本书得以顺利完成,呈现在读者面前。

民间资金参与高等教育的重要性已经得到学术界、行政管理部门和社会公众的普遍认可,民间资金参与私立大学的兴办、民间资金参与公立大学的科研与教学、民间资金资助兴建公立大学的楼宇并冠名等现象已经比较普遍,但民间资金参与学生资助的公共财政扶持政策的研究还比较少见,本书希望在这方面起到抛砖引玉的作用,吸引更多的学人投入到这个领域的研究中来,推动这个领域研究的进步,为更好地筹集学生资助的资金,更好地培养人才贡献思想和做好政策准备。

本书的完成首先要感谢厦门大学的史秋衡教授,如果说跟随他完成博士后研究报告是引领我走入教育学研究的门槛,那么他对本课题研究和本书写作的指导则带领我走上教育学研究的更高层次,他高屋建瓴的思想以及深邃的洞见对本书的写作启发颇多。我还要感谢南京大学教育研究院的孙俊华副教授,厦门大学教育研究院的文静副教授,同济大学高等教育研究所的李玲玲副教授,厦门大学教育研究院的博士生王芳、康敏、纯坤、玉婷、谢玲、春岭、陈勤和沈威,访学博士生梁彤,以及硕士生师妹璐蓉、玟希、希幔和邓媛,和他们在厦大校园中的漫步聊天、海韵宿舍旁边夜晚的饭局以及导师家里学术沙龙上的讨论对深化本书写作中的思想和方法助益颇多。

本课题是上海政法学院第一个立项的国家社科基金教育学课题,科研管理部门的领导和老师非常重视,在此要感谢张远新处长、赵运锋副处长和邹家珉老师,他们为课题研究和本书的写作提供了很多的便利。相关学术机构的多位教授在课题的开题、中期检查和最终的成果报告会上都提供了丰富的智力支持和思想启发。时任国际事务与公共管理学院院长袁胜育教授(现为教务处长)、时任学工办主任刘志强教授(现为经济管理学院院长)、经济管理学院康晓光教授、殷越男教授等人参与了本课题的开题和中期检查工作,袁胜育教授还专门购买赠送了企业社会责任方面的相关专著,供本书写作参考;刘志强教授提出了不少有价值的参考意见,并亲自联系了最大的捐赠企业受访者,为本书的质性研究助益颇多;康晓光教授也从自己企业调研实践的经历着手,对吸引企业捐赠困难学生提出了非常有操作性的建议。经济管理学院前院长王明华教授(现为图书馆馆长)、李强教授是课题组成员,也在本书写作中给予了宝贵的建议和指导,在此一并致谢。

我还要感谢上海政法学院的其他同事们,志刚、卫磊、进德、伟伟、卢伟、袁远、铁钊、汇丰、徐锐、德亭、李霞、洪全、洪亮、传成、智慧、诗来、存耀等人在课题研究和本书写作中都对我帮助颇多。志刚兄与我同年入校,颇有兄长风范,在本课题的研究中热心帮我介绍阶段性成果发表期刊;洪全兄当时在学工部任职,帮我介绍了本校所有的捐赠单位,这些构成了本书案例研究的主要样本;伟伟是我同校师弟,热心助人,帮我介绍了多个调研单位,并陪同调研了某企业,开展了企业捐赠困难学生的深度访谈;存耀当时在合作发展处工作,也提供了调研方面的大量帮助;徐锐、德亭、李霞、洪亮、传成、智慧、诗来积极参与了本课题的开题、中期检查和成果报告活动,并提出了宝贵的建议。与这些同事的相处,让我感觉到在上海政法学院工作和生活非常愉快,这为本书的写作提供了良好的工作环境。

在本课题研究和本书写作过程中,我还以访问学者的身份访问了美国夏威夷大学教育学院,接待教授是程宝燕副教授,在美期间,她基于自己在美国大学多年的经历,对美国民间资金参与学生资助的公共财政扶持政策的相关论文提出了评阅意见,丰富了本课题的研究,还有教育学院的刘敏副教授,同在教育学院访学的西北师范大学的熊华军教授、兰州交通大学的牟宜武副教授也对本书的写作提供了帮助。另外,在调研过程中,某银行总行的聂召博士帮助联系了该银行的调研;某大学直属单位党委书记牛文利副教授帮助联系了该大学教育基金会的调研;天津市教委财务处冯涛副处长提供了各省市财政匹配教育捐赠的资料。上海立信会计金融学院的王凤副教授、王平副教授,上海公安学院的李植老师,华东政法大学的万圆博士也对本书的写作提出了宝贵的建议,在此一并致谢。

在本书的出版过程中,人民出版社的李冰主任和其他编辑老师付出了辛勤的劳动,在此向他们表示衷心的感谢。

本书虽历时较久,但由于主题较新、自身水平有限、有些资料搜集不够丰富等原因,一定存在着很多不足,真诚希望师长、同行学者、读者和对这个主题感兴趣的公众提出宝贵意见,让我们共同为完善民间资金参与学生资助的公共财政扶持政策贡献自己的力量,让更多的民间资金能够投入到学生资助中来,让更多的学子可以顺利完成大学学业,并不断充实和提高自己,在微观上带动自己和家庭摆脱贫困,在宏观上为经济发展、社会进步和中华民族的伟大复兴提供源源不断的人力资本支持。